オリンピックVS便乗商法

まやかしの知的財産に忖度する社会への警鐘

友利昂

作品社

まえがき——応援し、祝福していただけなのに、ある日突然クレームが来る?

「○○選手、オリンピック出場おめでとう!」と書いた懸垂幕を掲げてはいけない。会社のウェブサイトに「当社所属の○○選手が金メダルを獲得しました!」と掲載することも禁止。どうやらそんなルールがあるようだという話が、ある時期に日本を駆け巡った。実際に日本オリンピック委員会(JOC)に問い合わせると、「ダメだ」とクレームがついた団体もあった。いったい何を根拠にしたクレームで、何のために存在するルールなのか、それは誰にもよく分からなかった。しかし、少なくない企業や学校が、「念のため懸垂幕は取り外して、公式のSNS等でオリンピックに言及しないよう箝口令をしきましょう」と判断した。こうして、「オリンピック」は禁句のように扱われたのである——このような混乱に接するたびに思う。クレームに弱い社会だ。ルールにがんじがらめの社会だと。

ふと社会を見渡せば、いつも誰かが謝っており、あるいはクレームを受けないように、ルールに抵触しないように細心の注意を払っている。こうした社会の在り方は、基本的には正しい。過ちを指摘されて真摯に正さなければ成長はないし、もしその過ちによって他人に損害を生じさせればその他人を損害から救済する責任が生じる。ルールがなければ社会に秩序はない。

問題は、クレームやルールへの向き合い方だ。クレームやルールに込められた意図や、それら自体の妥当性を考慮することなく、条件反射的な対応をしていないだろうか。「クレームが来たら困るから来ないようにする。クレームが来たらすぐに引っ込めて謝る。ルールなんだから守って当然」。そんな事なかれ主義、思考停止の風潮が、そこかしこで感じられる。

実はこの風潮は、悪用することが可能だ。誰かが自己の利益を追求しようと思ったとき、他人の自由と衝突することがある。もし利益追求を続けるなら、他人の自由を制限しなければならない。このとき、他人の行為が正当で合法なものであった場合、私益のために他人を押しのけるのはいかにも横暴で身勝手だが、そう思われないための方法がある。それは、その他人の行為が不正、不法であると相手や世間に信じ込ませるようにクレームし、あるいは不正、不法であると規制するルールをつくることだ。そうすれば、相手の方に後ろめたさを感じさせることが可能になる。ましてや、クレームを受けることを過敏に臆し、あるいはルールを「ルールだから」という理由だけで守ることが当然だと思っているような相手であれば、容易に行動を制限することができるだろう。

オリンピック競技大会を運営する国際オリンピック委員会（ＩＯＣ）は、長年、まさしくこうした手法を用いて自己の利益を最大化してきた。今や夏冬2回の大会で８０００億円以上もの収入を計上する巨大なビジネスになっているオリンピック大会だが、その収入の主要部分は、ＩＯＣが他人の正当行為を巧みに制限することによって手にした利権が源泉となっている。その利権とは「オリンピックの独占的商業利用権」である。彼らは、長い年月をかけ、様々な戦略を凝らすことによって、オリンピックを自らの占有資産とするルールをつくり、オリンピックを連想させるに過ぎないありとあらゆる表現に至るまで自己の支配下に置き、他人の使用を制限しようと画策を続けている。本当はそんなことをする根拠など十分に有していないのに、自身及び自身が認めた特定少数の者にのみ、オリンピックの独占的商業利用権を与え、その対価として巨万の富を得て、それ以外の者がオリンピックを活用する自由を奪ってきた。その積み重ねによって、スポーツビジネスの圧倒的覇者というポジションを獲得することに成功したのである。

そのため、今や善良な市民であっても、オリンピックを利用しようとすれば、そのやり方次第では、誰もがＩＯＣ以下、オリンピック関連組織からのクレームにさらされる可能性がある。これから東京で、北京で、パリで、ロサンゼルスで、誰かがオリンピックの開催を祝い、選手の活躍を祈れば、思いもよらない筋から、思いもよらない理由でクレームを受けることがあるだろう。恐ろしいことに、本書で紹介するように、既に実例は多数存在するのだ。もし、このようなクレームを受けた場合、われわれはいったいどうすればよいのだろうか。クレームに動揺し、「これからはルールを守ります」と、素直に従うしかないのだろうか。

本書は、こうした問題意識から書かれたものだ。オリンピック組織が、これまでどのようなアプローチで自己の利益を拡大してきたのか、そのために他人がどのような犠牲を強いられてきたのかを、できるだけ多くの具体例を紹介しながら総括し、それらを教訓として、正当行為に対するクレームや規制に、われわれはどのように向き合うべきかを考察している。

これは何もオリンピックに限った問題ではない。オリンピック組織が採用するアプローチは、すでにFIFAやNFLなどの他のスポーツイベント主催者にも広がっている。また、あらゆる事業者にとって、市場競争において他人を排除し、自らの権利と利益の最大化を目指すことは自然な欲求であることから、こうしたアプローチは他のあらゆる産業においても波及し得るものである。現に、例えば著作権などの知的財産権侵害にはあたらない他人の行為に対して、「パクリだ」などと公に非難するような事案が、コンテンツ業界などではしばしば起こっており、一部の作り手を過剰な自衛と自粛に走らせている。本書はこうした事案への向き合い方を考えるきっかけにもなるだろう。

本書の構成は以下の通りである。

第1章では、人々がオリンピックの盛り上がりに乗じて行ってきた合法的な広告宣伝や応援行為について、オリンピック組織が「便乗商法」(アンブッシュ・マーケティング)とレッテルを貼ってクレームの対象とし、規制している状況を、具体事例を交えながら概観する。

第2章では、なぜオリンピック組織がアンブッシュ・マーケティングを規制しようとしているのか、その背景を探る。また、アンブッシュ・マーケティングを規制するための手法の変遷についても述べ、彼らが「知的財産権」を活用するに至った経緯を明らかにする。

第3章では、オリンピックと知的財産権の関係を整理し、知的財産権法が本当にアンブッシュ・マーケティングを規制する根拠となり得るのかを検証する。

第4章では、知的財産権法では規制できないはずのアンブッシュ・マーケティングを、オリンピック組織がどのような手段で規制しているのか、その手法を分析し、それに対してどのような対応が取り得るのかを考察する。

第5章では、アンブッシュ・マーケティング規制の最終手段として、オリンピック組織がオリンピックを保護するための特別法の制定を試みてきた歴史を紹介し、また実際に諸外国で制定された法律の概要と問題点を指摘する。

第6章では、1964年の東京オリンピック大会における、オリンピックの利用規制と、これを担保する法律制定に向けての取り組み、また、それらに対して当時の日本人がどのように向き合っていたかを分析する。この分析に基づき、今日の日本人がアンブッシュ・マーケティング規制に対しどのように向き合うべきかを考察する。

本書を読むことで、誰かから突然投げかけられるかもしれないクレームに、少しだけ余裕を持って接することができるようになってもらえたら嬉しい。

オリンピックvs便乗商法＊目次

＊本書における引用文中、〔　〕で括った箇所は引用者による注記を表す。

オリンピックvs便乗商法

――まやかしの知的財産に忖度する社会への警鐘

第1章　便乗商法《アンブッシュ・マーケティング》とは何か

スポーツイベントに乗じた盛り上がりが規制される

日本代表チームが優勝したから店頭に「優勝おめでとう！」の横断幕。日本人選手が金メダルを獲ったらビール一杯無料。CMタレントがサッカーボールを掲げて「ニッポンを応援します！」。スポーツバーがスポーツ中継を放映して店内大盛り上がり。選手の所属企業が地域住民を集めて壮行会で選手を激励。企業のSNS広報の担当者が「○○選手、感動をありがとう！」。マラソン大会で会社のお調子者が企業マスコットの着ぐるみを着て出場。スタジアム近くの沿道で近所の焼き鳥屋が出張出店。

スポーツイベントに付き物のこうした市井の盛り上がりは、このままでは近い将来見られなくなるかもしれない。一部の有力な大会主催者が、スポーツイベントの盛り上がりに乗じて行われるあらゆる形のキャンペーンや広告宣伝などのマーケティング行為や、事業者による大会への祝福、選手への応援行為について「アンブッシュ・マーケティング」(便乗商法)と称し、規模の大小にかかわらず取り締まり、規制を強めているからだ。規制スタンスを取る大会主催者はいくつか存在するが、わけても、世界で最も規模の大きなスポーツイベント、オリンピック競技大会を主催する国際オリンピック委員会(IOC)とその関連組織(以下、まとめて「オリンピック組織」ということがある)はその代表格である。彼らは、アンブッシュ・マーケティングを「不正」で、「知的財産権法上問題がある」と強く主張、批判している。

例えば、日本において、2020年東京オリンピック・パラリンピック競技大会組織委員会(以下、単に大会組織委員会ということがある)は、「祝!東京五輪開催!」、「目指せ金メダル」、「2020へカウントダウン」といった、普遍的と思われる語句を含む「オリンピックを想起させる用語」の使用について、「アンブッシュ・マーケティングとして問題になる」、「合法的なマーケティング活動を妨害し、かつオリンピック・パラリンピックのブランドを損なわせる」と述べ、「使用しないでください」と注意喚起をしている。[1] また、日本オリンピック委員会(以下、JOC)は、「NO "AMBUSH MARKETING"! オリンピックイメージ等を無断使用した便乗広告にご注意ください!」とするアナウンスをウェブサイトに掲示し、「オリンピックのイメージ等の無断使用・不正使用ないし流用は法的にも罰せられます」と警告している。[2]

こうしたオリンピック組織の方針は、時にその妥当性が十分に検証されぬままにマスメディアで報道され、広く周知されたこともある。2020年東京オリンピックの開催が決定した2日後、『朝日新聞』は、「２０２０年東京開催決定記念」、「２０２０円」、「やったぞ！東京」などと謳ったセールやキャンペーンを行う事業者を紹介し、「こうした催しも思わぬ警告を受ける可能性がある。それが知的財産権だ[3]」と、オリンピックにかこつけたマーケティング活動が知的財産権を根拠とした警告を受ける可能性があると述べている。同時期の『日本経済新聞』も、「ウェルカム東京」、「おめでとう東京」などの文言について、「東京五輪を想起させる使い方は、商標法や不正競争防止法に違反する可能性がある」、「ＩＯＣやＪＯＣが問題視しており、使い続けると裁判で是非を判断[4]」と解説している。第４章で詳述するが、こうした解説は法的には完全なる誤りである。

オリンピックの成功を祈ったら処罰

また、オリンピック組織は、特にオリンピック大会の開催期間中を中心に、代理人を雇ってメディアの監視作業を行っており、ひとたびオリンピックを連想させるキャンペーンや広告などを見つければ、個別に警告を行い、中止を要請している。こうした要請にどのような根拠があるのか、明確に説明されることはほとんどないが、東京大会組織委員会によれば「すぐそれをやめていただけるというケースがほとんど[5]」だというから驚きだ。日本人が殊更に従順で警告に弱いというわけではない。海外でも、事業者がオリンピックへの盛り上がりに一役買おうと思えば、その規模や程度を問わず警告を受け、それに抗える者は少ない。多くの人がオリンピック組織は公的かつ巨大な存在だと信じているし、また彼らの説明するルールは法律に正しく則っており、従わなければならないと思い込んでいるからだ。しかし、少し丁寧に検証すれば、これらもすべて錯覚か幻想に過ぎないことが分かる。

警告や取り締まりの対象とされたオリンピックを用いた広告の中には、オリンピック組織に何らの損害や不利益をもたらすとも考えられない、善意に基づく、または些末な事例が多く含まれる。例えば、2008年北京オリンピックの前年、北京市にある韓国レストランが、ナプキンに「2008年北京オリンピックの完璧な成功を祈ります」と書いたところ、この店は商標権侵害等を取り締まる行政機関の工商行政管理局から処罰を受けている。店主は「これが処罰対象だといわれたとき、本当に驚いた。誰がこれを侵害行為だと思いますか？　われわれは良いことをしようとしたんだ。オリンピックの成功を祈っただけなんだよ」[6]と振り返る。

2012年の夏、イギリスのストーク＝オン＝トレントという町に、ティッシュペーパー細工のオリンピック・シンボルと聖火リレーのトーチのディスプレイを店先に掲げていた小さな花屋があった。この町はロンドンオリンピックのための聖火リレーのコースになっており、ディスプレイは店員がオリンピックの開催を祝福し、イギリス代表選手の活躍を願うために飾ったものである。この店もまた、模倣品の取り締まりなどを所轄する行政機関である取引基準局の局員から「このディスプレイを撤去しないと、ロンドン大会組織委員会に訴えられることになる」と警告を受けている。店員は当時メディアのインタビューに対し、「私はあまりにも巨大な組織である彼らに抵抗することはできませんでした。私は自分の店を潰したくない」[7]と恐怖を伝えている。祝福のために掲げた花飾りがあたかも違法であるかのような警告を受け、しかも祝福を向けたまさにその相手であるオリンピック組織から訴えられるぞと脅されれば、ショックで抵抗する気も起きなかったであろうことは想像に難くない。

ＳＮＳでオリンピックについてつぶやくのは禁止

リオデジャネイロオリンピックが開催された２０１６年には、アメリカのスポーツアパレルメーカー、オイゼルが、自社が後援する女子陸上選手ケイト・グレースがオリンピック出場を決めた全米陸上競技大会の模様をブログ等に掲載し、「おめでとうケイト！　私たちはあなたをとても誇りに思います！」と書いたところ、アメリカオリンピック委員会（ＵＳＯＣ）から、「オリンピックに関する言及を、ブログ、ＳＮＳ、その他のウェブサイトからすべて削除せよ」と警告を受けている。[8] これを受けて、オイゼルは記事を修正するまでの経緯をブログ記事で公開。そこでは、ＵＳＯＣに対する萎縮なのか皮肉なのかは定かではないが、「オリンピック」や「リオデジャネイロ」という言葉さえ使わず、「南半球で開催される大きなイベント」という表現を使っての釈明に終始している。あたかも「オリンピック」や「リオデジャネイロ」が禁句、タブーのような扱いになってしまっているのだ。

図１　修正されたブログ。選手のゼッケン胸元にモザイクがかけられた

結局、オイゼルはオリンピックに関する記事は残したが、記事中の写真に写っていた選手のゼッケン部分のＵＳＯＣのロゴマークにモザイクをかけて見えなくする措置を取った。オイゼルとしては、オリンピック・シンボルを含む商標であるＵＳＯＣのロゴマークを表示する行為に、最もリスクがあると判断し

たのであろう。しかしその結果、修正された記事の写真は、８人の女子陸上選手が、胸元をモザイクで隠しながら屋外を走り回るというなんとも異様なモノになってしまった（図1）。事情を知らない人がこの写真を見たら果たしてどう思うだろうか。

インターネット上でオリンピックに言及することすらままならない状況は、とても正常とは思えないが、ＵＳＯＣとしては、どうやらそれこそが望ましい状況であると考えているようだ。実は、このとき警告を受けたのはオイゼルだけではなかった。ＵＳＯＣはアメリカ国内の企業に手広く文書を送り、「事業者がＳＮＳでオリンピックやオリンピックの予選についての投稿をするのは禁止です。#Rio2016、#TeamUSAといったハッシュタグも使ってはいけません。大会で撮った写真も投稿できませんし、オリンピックの公式アカウントの投稿をシェアしたりリツイートするのも禁止です」と警告していたのである。

しかしこれは、ものすごい要請だ。おとなしく一人で中継でも見てろ、感動を共有するな、ということか。あくまで事業者に対する警告であり、一般人がオリンピックについてインターネットに投稿することについてまで禁止だと主張しているわけではないが、企業アカウントの担当者だって個人的な投稿をすることはあるし、個人事業主やタレントなど、公私の境目があいまいな投稿者だっている。この件はメディアで批判的に報じられたが、ＵＳＯＣは一歩も引かずにこう応じた。「ＵＳＯＣは、オリンピックの知的財産をスポンサーに独占的に使用させる必要があるのです」[9]。

スタジアムに広告を持ち込めばガムテープでぐるぐる巻き

オリンピックの広告利用に対する徹底的な規制スタンスは、選手の自由も制限する。まず原則として、オリンピック大会に参加する選手は、大会開催期間中、自らの肖像や氏名等を広告目的で利用することがＩＯＣによって禁じられている。[10]オイゼルと契約していたケイト・グレースもそうだが、プロのアスリートは、個人として企業にスポンサードされていることがあり、その見返りとして、スポンサー企業の商品を身に着けて露出したり、広告キャラクターとしてＣＭなどに出演することも多い。だが、このルールに基づき、大会期間中は選手の出演するＣＭも放送されないし、選手個人のＳＮＳなどでも、何かの商品について推奨するような投稿は許されない。もちろん、オリンピック大会のスタジアムで商品のＰＲを試みるなどもってのほかだ。[11]

図２　2018年冬季平昌大会。羽生の演技後、リンクに大量に投げ込まれる「くまのプーさん」

　このルール自体いかがなものかという意見もあるが、オリンピックの直接の利害関係者である選手が、主催者のルールに従ったうえで大会に出場するのは、ある程度は仕方がない（もっとも、このルールには選手からの反対の声が大きく、２０１６年から、オリンピックを連想させない形の広告で、自国のオリンピック委員会が事前に承認すれば、会場外に限り、大会期間中も広告活動ができるようになった）。だが、行き過ぎた規制が、オリンピックの価値を高めるうえで最も大切なはずの選手自身のモチベーションやパフォーマンスに悪影響を与えかねないのではと思われるケースもある。

フィギュアスケート金メダリストの羽生結弦《はにゅうゆづる》は、「くまのプーさん」のグッズを愛用しており、各種競技大会ではスタジアムにもぬいぐるみ型のティッシュカバーを持ち込むことが常であった。だが、２０１４年冬季ソチ大会と２０１８年冬季平昌《ピョンチャン》大会では、競技会場にいつものプーさんが持ち込まれることはなかった。この件について、羽生は「スポンサー的な問題があって、黄色いクマを持ってくることができなかった」[12]と事情を説明している。オリンピック組織からの指導があったのか、自ら配慮した結果なのかは明らかではないが、いずれにせよ、キャラクターやぬいぐるみの広告に該当すると見なされることが危惧されたのだろう。しかし、普段愛用している「お守り」が持ち込めなかったことで、選手の精神的なコンディションが影響を受けなかったのか心配だ。もっとも、羽生がプーさん好きであることはファンに周知だったため、平昌大会の演技終了時には、観客席から羽生を激励するために大量のプーさんのぬいぐるみがリンクに投げ込まれる事態となった（図２）。その模様は中継や新聞報道などで大いに露出したので、結局、いったい何のための持ち込み禁止だったのやらという気がしなくもない。

　羽生以上にえらい目に遭った選手もいる。２００２年の冬季ソルトレークシティ大会においてフリースタイルスキー種目で金メダルを獲得したチェコのアレシュ・バレンタは、競技で使用するヘルメットに、エナジードリンク「レッド・ブル」の協賛品を持ってきてしまった。協賛品といっても、ロゴマークや商品名などが表面にプリントされていたわけではなく、一見するとノーブランドのヘルメットである。そのため、競技開始まで問題視されることはなかった。だが、ヘルメットのデザインがレッド・ブルの象徴的な青と銀のツートンカラーで構成されていたのがまずかった。おそらく、競技を見ていた大会関係者が「あれは『レッド・ブル』じゃないか？」と気付いたのだろう。そこからの対処は迅速だった。気の毒なことに、彼は大事な晴れ舞台の合間に、頭をガムテープでぐるぐる巻きにされてしまったのである（図３、図４）。果たしてそこまでする必要があったのか。いわれなければほとんどの人はあれがレッド・ブルだとは気付かなかったはずである。

それにしても、羽生、バレンタ両選手とも、プーさん不在、ガムテープぐるぐる巻きという憂き目

図３　競技開始前のバレンタ。ヘルメットが「レッド・ブル」のツートンカラーである

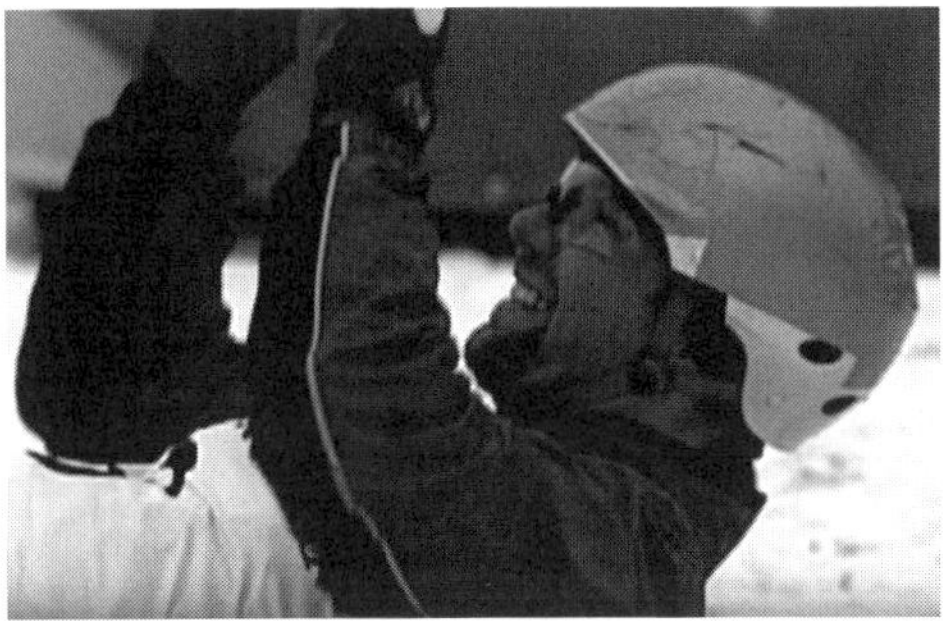

図４　競技終了直後のバレンタ。ヘルメットがガムテープでぐるぐる巻きにされている

に遭いながらも、そのときの競技でしっかりと金メダルを獲得しているのだからさすがだ。ものすごく逆境に強いタイプの選手なのだろう。

以上、シチュエーションは様々だが、「オリンピックに乗じた」と見なされる余地のある広告、または「広告らしきもの」まで、徹底して規制の対象となっていることがお分かりいただけると思う。いったい、いつからこんなことがまかり通るようになってしまったのか。

オリンピックや各種ワールドカップに代表される大規模なスポーツイベントの際には、その開催を祝したり、選手の活躍を祈ったり讃えたりするムーブメントは、街のあちこち、あるいは様々なメディアで昔から繰り広げられてきた日常的な風景だったはずだ。われわれに馴染みのある法律や社会通念に照らして考えれば、このような行為が、不正や不法といった誹りを受け、規制を受けなければならないとは思えない。本来合法で正当な行為であるはずの「スポーツイベントに乗じたマーケティング活動」が、いつから「アンブッシュ・マーケティング」と呼ばれるようになり、またいつからどのような規制にさらされるようになっていったのだろうか。以下では、その道のりを概括する。

アンブッシュ・マーケティングの誕生

スポーツイベントに乗じた大小様々なマーケティング活動は、人々の自然な営みとして昔から行われてきた。スポーツに限らず、あるイベントが集客力を持てば、そこに集う人々をターゲットとした経済活動が行われるのは市場の必然である。オリンピックもその例外ではなく、古くから競技会場周辺において、軽食やカメラ、日よけの帽子やサングラス、雨具などの観戦グッズや、競技の模様を撮影した写真などの記念品の販売が行われていた。オリンピック組織は、こうしたオリンピックに乗じたマーケティング活動を古くから散発的には問題視しており、最初期の例として、1932年ロサンゼルス大会において、選手村でパンを販売しようとした業者に対し、ロサンゼルス大会組織委員会が中止を要請した事件（後述）が記録されている。ただし、個別対処を超えて、オリンピックに乗じたマーケティング活動を全般的に規制対象とする方針が確立するのはかなり後になってからだ。それまでは、こうした活動を指す特定の用語すらなく、例えば1984年ロサンゼルス大会の公式報告書では「大会に対する非公式な関連付け」[13]などと呼ばれていた。

「アンブッシュ・マーケティング」という用語が誕生したのは1980年代後半のことである。この用語を編み出したのは、IOCなどのスポーツイベント主催者側の勢力ではなく、イベントに乗じたマーケティング活動を行う側の人間だった。当時、クレジットカード会社のアメリカン・エキスプレスでマーケティング・ディレクターを務めていたジェリー・ウェルシュである。[14]ウェルシュはアンブッシュ・マーケティングについて、「スポンサードされた資産をテーマとした領域との積極的な関連付け」と説明している。「スポンサードされた資産」というのは、スポンサー料を資金源とするオリンピックを含む各種イベントを指しており、前記ロサンゼルス大会報告書における「大会に対する非公式な関連付け」とほぼ同じ意味だろう。

ウェルシュは、アンブッシュ・マーケティングについて、後にIOCが主張するような不正・不法行為といった意味合いは持たせておらず、かえって、「特定のスポンサードされた資産自体を使ってさえいなければ、自然で、完全に合法な、マーケティングの通好みの手法」であり、また「重要で、倫理的にも正しく、非スポンサー企業がビジネスとイメージ構築のための競争力を高めることのできるツール」[15]であると位置付けていた。彼がアンブッシュ・マーケティングの正当性を強調した背景には、以前からスポーツイベントにおいては、イベントやチームのロゴマーク、マスコットなどに関する商標権や著作権などを侵害する、明らかな違法行為が横行しており、そうした違法行為と自身の行為との間に一線を引く意図があったものと考えられる。

なお、「アンブッシュ」とは、「待ち伏せ攻撃」を意味する英単語だが、ウェルシュがこのやや好戦的な単語を採用したのは、オリンピック大会の開催を〝待ち構えて〟仕掛けるマーケティング活動という特徴の形容に加え、大会のスポンサーが行う公式なマーケティング活動に対抗しようという彼自身の意気込みがあった。一般的に、オリンピックをはじめとするスポーツイベントには、運営資金等を提供するスポンサーがついており、彼らには、スポンサー料の拠出と引き換えに、当該イベントをマーケティングに活用することが公式に認められている。ウェルシュは、「イベントに乗じたマーケティング活動」という概念に、「イベントのスポンサーによる公式のマーケティング活動」と「非スポンサーによる非公式のマーケティング活動」という対立軸を設定し、後者を「アンブッシュ・マーケティング」と称したのである。

この対抗意識の背景には、もともとアメリカン・エキスプレスは、１９８４年ロサンゼルス大会において公式スポンサーの座についていたが、１９８８年の冬季カルガリー大会以降、その座を競合会社であるＶＩＳＡに奪われたという事情があった。ウェルシュは、非スポンサーの立場にあっても、スポンサーのＶＩＳＡに負けない成果を挙げなければならないという使命感を抱いていたのである。

非スポンサーが行うオリンピック活動に、存在意義と正当性を与えたいという思いが、彼に「アンブッシュ・マーケティング」という概念を生み出させたといえよう。

図５　1992年夏季のアメリカン・エキスプレスのCM。バルセロナを舞台に「スペインへ行くのにVISAは必要ありません」と呼びかけている

非スポンサーがスポンサーに仕掛けた広告戦争

こうした経緯から、この頃のアンブッシュ・マーケティングには、オリンピックへの祝福や応援、盛り上がりに貢献しようという意思よりも、商標法や著作権法に触れることなくオリンピックの盛り上がりに乗じ、かつ競合するスポンサー企業へ対抗しようという計算が前面に表れているものがしばしばあった。

１９９２年バルセロナ大会の時期に、アメリカン・エキスプレスがＶＩＳＡに対抗して放送したテレビＣＭはその最たるものだ。内容は以下の通りだ。まずバルセロナの街を舞台に、ナレーションがスペイン出身の芸術家、ピカソやジョアン・ミロ、ガウディを引き合いに芸術の街バルセロナの魅力を説明。そのままバルセロナの映像をバックに「アメリカン・エキスプレスのカードは、バルセロナにある４０００近くのお店で使えます。この夏、バルセロナに行くなら、パスポートとアメリカン・エキスプレスを持っていきましょう」と語りかけるというものであった（図5）。バルセロナ大会が開催される折も折、「この夏」、「バルセロナ」ときたら、視聴者はバルセロナ大会を連想するのが自然だ。間違いなくオリンピックに乗じたマーケティング活動ではあるのだが、「オリンピック」の「オ」の字も使っていないのが巧みな点だ。ウェルシュのいう「特定のスポンサードされた資産自体（＝オリンピック自体）を使ってさえいなければ、自然で、完全に合法な、マーケティングの通好みの手法」という発想を体現したテクニックである。さらに、ＣＭは次のナレーションで締めくくられる。

「それにお忘れなく。スペインへ行くのに、ＶＩＳＡは必要ありませんからね」。

この「ＶＩＳＡ」は、「査証」を意味するビザのことと受け取ることも可能だが、大会の公式スポンサーであるＶＩＳＡを揶揄し、または皮肉るメッセージとして理解する方が自然だろう。分かりやすくＶＩＳＡへの対抗措置として機能している。

同社のアンブッシュ・マーケティングは奏功し、オリンピックの熱狂とともに、アメリカン・エキスプレスの名は多くの視聴者や観客の印象に残ることになった。スポンサーシップに関する調査会社、パフォーマンス・リサーチ社の調査によれば、アメリカのオリンピック・ファンを対象にしたバルセロナ大会後のアンケートにおいて、５００人の回答者のうち3分の1以上が、アメリカン・エキスプレスをオリンピックの公式クレジットカードであると誤解していた。[16] まさにウェルシュの狙い通り、アメリカン・エキスプレスは、非スポンサーの立場でありながら、多額のスポンサー料を提供した公式スポンサーに負けない広告効果を生んだのである。このように、公式スポンサーへの対抗を意図したアンブッシュ・マーケティングを、特に「スポンサー対抗型アンブッシュ・マーケティング」と呼ぼう。

スポンサー対抗型アンブッシュ・マーケティングは、アメリカン・エキスプレスだけでなく、１９８０年代半ばから複数の企業が同時に採用していた。例えば、ナイキは１９８４年ロサンゼルス大会の際、メインスタジアムであるロサンゼルス・メモリアル・コロシアムの近辺を含む複数都市に、ナイキのスウォッシュロゴと、当時の陸上競技のスター選手を描いた屋外看板を掲出。また、自社のテレビコマーシャルのロケ地はもちろんロサンゼルスで、ＣＭソングにはランディ・ニューマンの「I Love L.A.」を採用し、エンドカットは「NIKE — this summer.」のメッセージで締めた。明らかにロサンゼルス大会を意識した広告表現のオンパレードである。ロサンゼルス大会の公式スポンサーには、ナイキの競合であるコンバースがついていたが、アメリカで正しくコンバースを公式スポンサーだと認知していた人は15パーセントだったのに対し、ナイキを公式スポンサーだと誤解していた人は42パーセントにのぼったという。[17]

図６　テレビ局 ABC が使用していたオリンピック番組のロゴ

ファストフードのウェンディーズは、１９８８年冬季カルガリー大会で、大会自体のスポンサーにはならなかったものの、アメリカのテレビ局ＡＢＣが放送するオリンピック中継の番組スポンサーとなり、ＡＢＣが使用していた番組ロゴ（現在ではＩＯＣが許可するとは考えられないが、オリンピック・シンボルとＡＢＣのロゴをドッキングさせたデザイン／図６）を店内掲示やナプキンなどに使用し、「１９８８年冬季オリンピックを放送するＡＢＣの栄えあるスポンサーです」とのスローガンを展開した。[18] 回りくどいが、確かにオリンピックに関与していると思わせる効果を発揮している。また、１９９２年冬季アルベールビル大会時には、同大会のフィギュアスケート金メダリスト、クリスティ・ヤマグチを広告キャラクターに起用。その結果、本当のスポンサーだったマクドナルドを公式スポンサーだと正しく認識していた人は37パーセントであったのに対し、ウェンディーズがスポンサーであると誤解した人は57パーセントにのぼったという調査結果がある。[19]

アンブッシュ・マーケティングは「寄生虫」だ

こうしたスポンサー対抗型アンブッシュ・マーケティングに対して、オリンピック組織はどのように向き合ってきたのだろうか。実は、１９８０年代の段階においては、彼らは抜本的な対応はほとんど取れていなかった。ＶＩＳＡやコンバースなどの公式スポンサーから促される形で、アンブッシュ・マーケティングを仕掛けた広告主への抗議や、メディアによる取材の中で苦言を呈するなどの対応はいくらか行ったものの、アンブッシュ・マーケティングの勢いを抑えることはできなかった。

また、ジェリー・ウェルシュをはじめとするアンブッシュ企業が、この手法を典型的な知的財産権侵害行為とは区別された「合法で倫理的にも正しいツール」と位置付けていたこともあり、世間の受け止め方も前向きなものであった。後に、アンブッシュ・マーケティング規制に重要な役割を果たす元IOCのマーケティング&ブロードキャスト・ライツ・ディレクターのマイケル・ペインは、アンブッシュ・マーケティングに対する当時のメディアの反応について、「大企業同士のゲームとしてとらえていた。どちらが敵の裏をかくのか、どのような戦略で相手を抑えるのか、どのようにして規制の抜け道を見つけ出すのか、それが各メディアの報道内容だった」と振り返り、アンブッシュ・マーケティングについて「クリエイティブで正当」という認識がなされていたと振り返っている。[20]

ウェルシュには、アンブッシュ・マーケティングによって、非スポンサーとスポンサーの間に健全な競争の雰囲気を作りたい[21]という目論見もあったようだ。非スポンサーによるオリンピックに乗じたマーケティング活動が「アンブッシュ・マーケティング」と呼ばれ始めた頃は、その目論見通り、経済活動における健全な競争行為として受け入れられていたのである。

だが、1990年代に入ると、オリンピック組織は明確かつ鮮明に「アンチ・アンブッシュ・マーケティング」の姿勢を打ち出すようになる。そのために彼らが取った手段とは、「合法で倫理的」なはずのアンブッシュ・マーケティングを「悪質な不正行為」と再定義し、それを広く一般に周知することであった。その周知の仕方は、好戦的なアンブッシュ・マーケティングを展開したジェリー・ウェルシュの手法より数倍も攻撃的であった。彼らは、アンブッシュ・マーケティングに対して、誹謗中傷といってよいほどの言動を伴う過激なネガティブ・キャンペーンを展開したのである。

このキャンペーンの中心にいたのがマイケル・ペインだ。彼は「アンブッシュ・マーケティング活動は、多くの場合、必ずしも法的境界線を越えるわけではありません」と、その法的正当性を認めつつ、当時のＩＯＣの取り組みをこう振り返る。

ＩＯＣは、アンブッシュの仕掛け人は、人のものだと知りつつ盗み出す泥棒であり、オリンピックを支援していると、大衆を騙すことで、オリンピック組織の営業権と価値を食い物にしている寄生虫であると非難しました。[22]

泥棒、大衆を騙している、寄生虫……。「法的境界線を越えるわけではない」相手に対する言いぐさとしては、ずいぶんと強い侮辱的表現ではないだろうか。実際、１９９３年頃には、ペインは「アンブッシュ・マーケティング」を「パラサイト・マーケティング」（寄生商法）と呼び換える運動も展開している。

このネガティブ・キャンペーンには、ペインだけではなく、オリンピック組織が一丸となって取り組んだ。例えば、マーケティング委員長のリチャード・パウンドは、雑誌のインタビューにおいて「パラサイト・マーケッターは混乱を引き起こし、オリンピックと選手たちを傷付けている」と発言。１９９６年アトランタオリンピック大会組織委員会でスポンサー保護局長を務めたスーザン・クラフも、「大衆にパラサイト・マーケティングが不法行為だと知らしめないといけない」と決意を語り、またこうしたマーケティング活動を行う業者に警告する広告を掲出し、場合によっては裁判所に送り込むと息巻いた。[23]

しかし、彼らは他人の合法行為について、あたかも違法であるかのように公言し、そうした印象を大衆に植え付けようとしているのだ。「大衆を騙している」のはいったいどちらだろうか。まして「寄生虫」などと強い言葉で侮辱しているわけで、一歩間違えればＩＯＣ側が競争法違反や営業妨害の罪に問われかねない危険な戦略だった。ペインによれば、ＩＯＣは、アンブッシュ・マーケティングを行った企業のＣＥＯの写真に「待て、泥棒！」のキャッチコピーを載せた全面広告を出稿することも計画していたという。[24]実現すれば、本当にＩＯＣの方が罪に問われていたかもしれない。

　こうしたＩＯＣの方針は、すぐに各国の下部組織である国内オリンピック委員会（ＮＯＣ）や、各オリンピック大会の運営を取り仕切る大会組織委員会にも通達され、各国でアンブッシュ・マーケティングに対する締め付けや、オリンピックの語に関する使用規制が強められている。１９９２年頃、日本においてはまだ「アンブッシュ・マーケティング」という言葉自体はほとんど伝わっていなかったものの、日本オリンピック委員会（ＪＯＣ）や、６年後の１９９８年の大会開催に向けて活動を開始していた冬季長野オリンピック大会組織委員会が、「オリンピック」や「五輪」という言葉を使用した国内の広告に対し次々にクレームを行っている。

　例えば、冬季長野大会の招致を記念した広告特集を企画した『信濃毎日新聞』には、地元企業などから「１９９８年長野冬季五輪を成功させよう」、「アルベールビルの感動

図７　長野大会組織委員会からクレームを受けた、冬季長野オリンピック招致を祝う地元企業の新聞広告のひとつ

を1998年長野で!!」、「成功させよう'98長野冬季オリンピック」といったメッセージを載せた広告が多数集まったが、こうした応援メッセージすらもクレームを受けている。当時、「オリンピック」の語を使った新聞広告に対するクレームの頻発を受けて、新聞業界の業界団体である日本新聞協会は、JOCに対し、「オリンピックは一般的な名詞」[25]、「オリンピックという用語の使用を規制することは、広告表現の自由を制限するものと考えられる」[26]との見解書を送付するも、JOCは『オリンピック』の言葉を許可なく商業使用することは許されない」の一点張りで、議論は平行線だったという。

1996年――アンブッシュ戦争勃発

IOC以下オリンピック組織による過激な「アンチ・アンブッシュ・マーケティング」のネガティブ・キャンペーンを経て開催され、その成果が注目されたのが1996年アトランタ大会だった。本大会では、まずナイキが、同大会で金メダルを獲ることになる女子バスケのリサ・レスリー選手をCMに起用し、「You don't win silver, you lose gold（お前は銀を獲ったんじゃない。金を逃したんだ）」とのナレーションで先制攻撃を仕掛けた。オリンピックに乗じたうえに、銀メダリスト批判とも取れるこのメッセージは一部で物議も醸したが、同時に強烈なインパクトを残した。IOCとUSOCは、すぐにナイキのCMにクレームを行い、その是非をめぐってはUSOCの役員とナイキの顧問が殴り合い寸前になるほど紛糾したという。[27]

日本の富士フイルムは、同大会の陸上十種競技で金メダルを獲ることになるダン・オブライエン選手を起用した屋外看板をアトランタ市内に12枚設置し、中には当時写真フィルムメーカーとして競合した公式スポンサー、コダックの看板の隣に設置したものもあった。ただし富士フイルムは、USOCからのクレームに従い、大会期間中、この看板に掲載された自社の企業ロゴの部分をカバーで覆う措置を取っている。[28]

コスタリカの水泳選手クラウディア・ポルは、水泳女子200m自由形で金メダルを獲得したが、競技中にペプシ・コーラの他、数社のブランドロゴが入ったキャップを被り（映像で見てもほとんど分からないが）、メダルの授与式ではジャージの下にもペプシのTシャツを着込んでいたことが分かったため、危うく金メダルを剝奪されかけた。[29]

図8　1996年アトランタ大会開会式のテレビ中継。スロープの背後にマクドナルドの看板が映り込んでいるのが分かる

アンブッシュ・マーケティングの取り締まりに血眼になったマイケル・ペインは、開会式の選手入場行進の際、スタジアムのスロープから入場してくる選手たちの背景に、遠くのマクドナルドの看板が映り込んでいることに気付くと、すぐに部下をこの店舗に走らせた。店舗は既に施錠されていたが、彼はドアを破って押し入るよう命じ、看板のネオンサインの電源を落とさせたという。どうやら、ペインはこれをマクドナルドによるアンブッシュ・マーケティングと見なしたらしく、後年、この事件を「予想外の侵入広告」[30]と振り返っている。相当、疑心

暗鬼になっていた様子がうかがえる。それにしても、マクドナルドの看板の「侵入」よりも、おたくの不法侵入の方がよっぽど問題ではなかろうか。

なお、当時NBCで放送された入場行進の映像を確認したところ、放送上でマクドナルドの看板が視認できたのは、カリブ海に浮かぶ島国国家、アンティグア・バーブーダの選手団が入場するときのわずかなシーンのみであった（図8）。おそらく、誰もこれをマクドナルドの広告だとは思わなかっただろう。

ジェリー・ウェルシュの敗北

以上のように、1996年アトランタ大会は、アンブッシュ・マーケティングの祭典の様相を呈し、また、その是非をめぐってアンブッシュ・マーケッターとオリンピック組織は激しい攻防を繰り広げた。だが、結局はスーザン・クラフがほのめかしたように、誰かが裁判所送りになるような事態は起こらなかったし、ついでにいえば「パラサイト・マーケティング」という称呼はその後まったく定着しなかった。

ただし、本大会の様子だけに目をやれば、確かにIOCの戦略は奏功しなかったようにも見えるものの、振り返ると本大会がアンブッシュ・マーケティングのピークであったことは間違いない。本大会を境に、少なくともオリンピックの公式スポンサーへの明確な対抗意識を前面に押し出したスポンサー対抗型アンブッシュ・マーケティングは鳴りを潜める。

また、「アンブッシュ・マーケティング」という言葉自体、この頃を境に後ろめたい響きを宿すようになり、企業や広告代理店側が堂々と使用する戦略用語ではなくなった。今や、この言葉はオリンピック組織やその他のスポーツイベントの主催者によって、批判的な文脈で使われることが大半だ。これは明らかにオリンピック組織によるネガティブ・キャンペーンの成果である。アメリカン・エキスプレスを引退後、マーケティング・コンサルタントとして独立したジェリー・ウェルシュは、後年『アンブッシュ・マーケティング』は、明らかに泥棒と同じような意味を持つようになってしまった[31]」と嘆いている。より正確にいえば、ＩＯＣが能動的に、アンブッシュ・マーケティングを「泥棒」と同じような意味に「すり替えた」のである。以下は、現在ＩＯＣが使用しているアンブッシュ・マーケティングの定義である。

アンブッシュ・マーケティングとは、意図的か意図的でないかを問わず、不正に、または無許可に、オリンピック・ムーブメントやオリンピック競技大会に対し商業的な関連付け（直接的か間接的かを問わない）を試みるあらゆる行為である。特に、無関係者による、オリンピック競技大会との関連を誤解させるような創造的取り組み、オリンピック表現を保護する法律に対する侵害行為、オリンピックのスポンサー、サプライヤー、ライセンシーの正当なマーケティング活動を妨げる行為を含むと解釈される。[32]

かつてウェルシュはアンブッシュ・マーケティングを、「合法」、「倫理的」と位置付けていた。だがＩＯＣの定義には、それとは真逆の「不正」、「誤解させる」、「正当なマーケティング活動を妨げる」などといったネガティブワードが含まれている点に注目されたい。これでは、「この人のやっていることはアンブッシュ・マーケティングですね」といえば、言外に不正行為であるとのニュアンスが伝達されることになる。また、定義の中に「オリンピック表現を保護する法律に対する侵害行為」を加えた点も見逃せない。そもそも、違法行為とは区別される活動であることを強調するために、「アンブッシュ・マーケティング」という概念が創出されたのに、その違法行為を定義に内包させてしまったのである。これに従えば、アンブッシュ・マーケティングの中には違法行為も含まれる、違法なアンブッシュ・マーケティングもあり得る、という理解を促してしまう。これも、ウェルシュの意図とは正反対である。IOCは、アンブッシュ・マーケティングを規制するために、これを恣意的に再定義してみせたのだ。そして今となっては、アンブッシュ・マーケティングはIOCの定義で理解されることの方が多い。ウェルシュはIOCとのアンブッシュ戦争において敗北したのである。

だが、アンブッシュ・マーケティングの規制派による恣意的な定義付けは、定義としての客観性を欠いているというべきだ。また、IOCの定義には、「意図的か意図的でないかを問わない」、「直接的か間接的かを問わない」など、解釈次第ではいくらでも広範に理解される表現がなされており、アンブッシュ・マーケティングに該当するかどうかは、ほとんどIOCの胸三寸となっている状況がある。これも定義として不適格だ。このため、この問題について客観的な研究を試みるスポーツマーケティングや法律の専門家の間においても、「何をもってアンブッシュ・マーケティングというかは、必ずしもはっきりしない[33]」、「広告業界の《業界用語》としては、広く使用されているにもかかわらず、一義的な定義がされているとは言いがたい[34]」との評価も散見される。本書では、アンブッシュ・マーケティングについて、ここで改めて以下のように定義する。

ある特定のイベントの開催を契機として、そのイベントと関連性のある何らかのテーマやモチーフを使って行う、もしくはイベントの盛り上がりに乗じたマーケティング活動のうち、当該イベント主催者とは無関係に行われるもの。

ＩＯＣによる定義にあった、不正、虚偽、妨害といった、活動の質に関する主観的な評価や印象は排除するが、その一方、活動の法的な評価を含めることについては避けるべきと考えた。というのも、第5章で述べるように、ＩＯＣは各国でアンブッシュ・マーケティングの法規制を試みており、その結果、従来は合法だったマーケティング活動が、地域や時期によっては違法となるような立法が各国で行われている。こうした現実を踏まえると、アンブッシュ・マーケティングの定義に法的な評価を含めると、同じ内容でも地域や時期によって定義への合致性が不安定になり、定義として成立しなくなるおそれがあるからだ。ただし、基本的には、著作権侵害や商標権侵害などの典型的な違法行為とは区別し、法的にも倫理的にも後ろめたい行為としては扱わない。アンブッシュ・マーケティングには、対象となるイベントに関心を持っている消費者の興味を引きつけ、またイベントで盛り上がっている世間の耳目を集める効果が認められる。

ちなみに、日本においては、「アンブッシュ・マーケティング」に対応する訳語として「便乗商法」という語をあてるケースが散見される。これは間違ってはいないが、近年「便乗」の語には言外に否定的なニュアンスを含む場合がある（本来は「ある機会を捉えて巧みに利用する」程度の意）ので、この訳語の適切性についてはなお慎重に観察する必要があると考える。本書では、このまま英語の「アンブッシュ・マーケティング」を用いる。

進化した確信犯型アンブッシュ・マーケティング

１９９０年代後半からスポンサー対抗型アンブッシュ・マーケティングが鳴りを潜めたからといって、アンブッシュ・マーケティング自体がなくなったわけではない。これ以降、アンブッシュ・マーケティングの在り方は、大きく二極化していく。

ひとつは、ジェリー・ウェルシュの手法の系譜と評価し得るもので、オリンピック組織の掲げるアンチ・アンブッシュ・マーケティングの方針を熟知したうえで、法令に抵触する要素はもちろんのこと、オリンピック組織が問題視するオリンピック関連ワードの使用を巧妙に避けながらも、それでもなおオリンピックを連想させる表現に到達させるという方針のものだ。あくまで「オリンピックを連想させること」が目的であり、公式スポンサーへの対抗姿勢はあまり感じさせない点が、１９８０～90年代のスポンサー対抗型アンブッシュ・マーケティングとの違いである。大手企業が、広告代理店などを交えて念入りに検討し、確信犯的に採用するケースが多く、以前よりも洗練された手法によって構築されたアンブッシュ・マーケティングといえる。以下、「確信犯型アンブッシュ・マーケティング」とする。

例えば、ナイキが２０１２年ロンドン大会に合わせて放送した「Find your Greatness」というプロモーション・ムービーは、「LONDON」と書かれた様々な看板や標識の前で、アマチュアのアスリートや子どもたちがスポーツに興じる様子を描いている（図9）。そこにナレーションが「どういうわけか、人々は『偉大さ（Greatness）』を選ばれた少数のスーパースターのためにある言葉だと考えている。しかし、『偉大さ』は特別な場所にだけあるのではない。見つけようとすれば、それはどこにでもあるのだ」と語りかける。サブリミナル的に表示される「LONDON」の単語を目にしながら、「少数のスーパースター」、「特別な場所」というキーワードに耳を傾ければ、それらがオリンピック選手、オリンピックスタジアムを暗示していると気付く人もいるだろう。だが、このCMには、「オリンピック」の語はもちろん、1980〜90年代のアンブッシュ・マーケティングに見られたような、「Games（大会）」、「Summer（夏）」、「2012（開催年）」といったキーワードすら使われていない。

2016年リオデジャネイロ大会の際には、自動車メーカーのフォードが、ソーシャル・メディアのスナップチャットで「We are All Fans（僕らはみんなファンだ）」というシリーズCMを展開。CMでは、同社のSUV車のルーフで鞍馬をする男たち（「僕らはみんな万能だ」のテロップ／図10）、地下鉄のつかみ棒（スタンションポール）でスピンする男（「僕らはみんな体操選手だ」のテロップ）、両方の手に料理いっぱいのトレイを持って運ぶウェイトレス（「僕らはみんな重量挙げの選手だ」のテ

図9　2012年夏季のナイキのCM “Find Your Greatness”

図10　2016年夏季のフォードのウェブ広告動画 “We are All Fans”

ロップ）、そして何かのイベントらしきものを見て熱狂する人々（「We are All Fans」のテロップ）といった様子が描かれた。ウェブ広告動画として配信されたものだが、リオデジャネイロ大会開会式のテレビ放送時には、これらの動画をサンバのリズムに乗せて編集したテレビCMも放送されている。キャンペーンを企画したフォードのデジタル・マーケティング・マネージャーは、「われわれはUSOCのガイドラインには非常に気を使い、これに反することは一切していない」[35]と述べている。

また、同じ時期、アップルのブラジル法人は、現地のアップルストアにおいて、世界各国のナショナルカラーやチームカラーをモチーフにしたアップルウォッチ用のバンド全14種を限定発売している。国旗の柄など、本来オリンピックとは何も関係がないが、発売時期と場所を考えると、オリンピックに乗じようという狙いを確かに感じる商品企画であり、リオデジャネイロ大会とタイミングを合わせることで意味を成すアンブッシュ・マーケティングといえるだろう。

確信犯はクレームに屈しない

こうした確信犯型アンブッシュ・マーケティングは、オリンピック組織にとって安易にクレームすることはできない手強い相手である。レベルの高い確信犯型アンブッシュ・マーケッターは、綿密なプランニングを練ることで、法的リスクや道義的責任を追及されるリスクを極小化しているため、そもそもクレームを受ける隙がほとんどない。加えて、オリンピック組織がアンブッシュ・マーケティング規制の意思を強く持っていることも承知しているため、「どんなに備えて、法的には問題がなくても、クレームを受けることもある」という可能性も織り込んでおり、さらにはクレームを受けたときの立ち回り方もシミュレーションしているものと思われる。そこまでの覚悟を持った相手に、脆弱な法的根拠でクレームを押し通すのは容易なことではない。

実際、オリンピック組織が確信犯型アンブッシュ・マーケティングに対して何らかの行動を起こすことは少なく、たまにあったとしても一筋縄ではいかない。例えば、２０１０年、冬季バンクーバー大会開催を控えたカナダでは、スポーツウェアブランドのルルレモンが「２００９年と２０１１年の間にブリティッシュコロンビア州[36]で開催されるクールなスポーツイベント」なる新ブランドラインの商品を発表。この、ブランド名としてのセンスを無視した当てつけがましい表現からは、法的リスクを回避する意図と同時に、オリンピック組織の過剰な表現規制に対する皮肉の意図も透けて見える。

これに対し、バンクーバー大会組織委員会は、ルルレモンには法的措置は取らないとしたうえで、「彼らが法律条文のことしか考えていないことには大いに失望した。カナダのアパレルメーカーにはもっとスポーツマンシップを持ってもらいたい[37]」とのコメントを公表した。一方、ルルレモンの広報担当者は、「これは、例えばワールドジュニアアイスホッケー選手権のような、２００９年から２０１１年にかけて行われるあらゆるスポーツイベントを指している。アンブッシュ・マーケティングだなんて思われるようなことは何もしていない」とうそぶいてみせたうえで、「大会組織委員会とは何も話をしていない。もし直接クレームがあれば、しっかりとわれわれの意図を説明する[38]」と引かなかった。

2012年ロンドン大会の開催直前の7月下旬、ブックメーカー（賭博屋、ノミ屋。イギリスでは合法）のパディ・パワーは、ロンドン市内の屋外看板及び主要各紙において、こんなキャッチコピーの企業広告を掲出した。「今年ロンドンで開催される巨大な競技イベントのオフィシャル・スポンサーです！（えっと、フランスのロンドンのことです）」。

解説すると、ここでいう「ロンドン」とはイギリスの首都ではなく、フランスの東部にある「ロンドン」という小さな村のことを指しており、同村ではちょうどこの年「卵を載せたスプーンを持って行う徒競走イベント」が予定されていたのである。パディ・パワーはそのイベントのスポンサーになったというわけだ。つまり、この広告のコピーには、虚偽は一切含まれていない（「巨大な競技イベント」という点は怪しいが）。だとしても、この時期に、こんな書き方をすれば、明らかにロンドンオリンピックを連想させる確信犯型アンブッシュ・マーケティングである。それもかなり挑発的な。

これに対し、ロンドン大会組織委員会は「ジョークであることは分かるが、組織委員会に対する挑発的な文言には制限をかけないといけない。それに、賭博業者がロンドン大会に関与しているなどとは誰にも思わせてはならない責任がある[39]」と述べ、それでも、パディ・パワーの確信犯ぶりを警戒してか、同社ではなく、この広告掲出を仲介したフランスの大手広告代理店、ジェーシードゥコーに広告撤去を要請するという手段に打って出た。すると、パディ・パワーはすぐさま対抗措置として、広告撤去を中止させるための裁判所命令を求めるつもりだと公言し、裁判所で法的に決着をつける姿勢を示したのである。第4章で述べるが、アンブッシュ・マーケティングに対する警告は法的根拠が薄弱なため、オリンピック組織はこの問題が法廷に持ち込まれることを好まない傾向がある。結局、大会組織委員会は「パディ・パワーには懸念を伝えたが、現段階ではこれ以上の追及をしないことを決定した。だが、引き続き状況は注視していく」[40]として、広告撤去をあきらめざるを得なくなった。それにしても、パディ・パワーはこの広告を出すためだけにフランスのロンドン村の卵スプーン大会のスポンサーになったわけで、「そうまでしてアンブッシュ・マーケティングをやりたかったんだ……」とその行動力には呆れるやら感心するやらである。

図11　2018年冬季のSKテレコムの応援映像

２０１８年冬季平昌大会時には、韓国通信大手のＳＫテレコムが、フィギュアスケート金メダリストのキム・ヨナを起用し、彼女がスノーボードやスキーに挑戦するという内容の映像を放送した。映像中、ヨナは「SEE YOU in PyeongChang!（平昌で会いましょう！）」と笑顔で呼びかけている（図11）。これは正確には企業ＣＭではなく、民放局のＳＢＳらと共同で製作した平昌大会に向けての応援映像であった。だが、先のフレーズは、実はＳＫテレコムが同時期に展開していた企業広告のキャッチフレーズ「SEE YOU TOMORROW!」のもじりであり、また映像のＢＧＭにも、企業広告のＢＧＭと同じ楽曲（スタンダード・ポップスの「君の瞳に恋してる」）を使用するなど、明らかに企業広告との連動性を意識したものであった。元の企業広告を知っていれば、キム・ヨナの映像を企業広告として認識することができるという手の込んだアンブッシュ・マーケティングである。ただし、この映像については、平昌大会組織委員会が放送中止等を求める警告書を送ると、ＳＫテレコムは違法性を否定しつつも、結局放送を中断している。[41]

無用なトラブルを避ける日本企業

日本では、知恵を絞って緻密に規制をかいくぐることに注力したような確信犯型アンブッシュ・マーケティングは、特に近年オリンピック組織による規制が強まって以降はあまり見られない。確信犯的にオリンピックに乗じる意図を持って立案したと思われる広告はあるが、企画過程においてその適法性を確認し、あるいはオリンピック組織の判断基準を慮ったうえで、許され得るだろう範囲の表現や態様を決定した、というレベルのものが散見される程度だ。その結果、確信犯的とはいっても、前記紹介した海外事例のように、挑戦的あるいは挑発的とまで評価できる内容のものはほとんどなく、比較的無難な印象を受けるものが多い。

例えば、２０１３年9月、２０２０年東京大会の招致が決定した直後から、ＬＣＣ（格安航空会社）最大手のジェットスター航空は、「東京」発着の国内線のチケットを、片道「２０２０円」で、「２０２０席限定」で販売するキャンペーンを行っている。しかも20時20分からスタートして20時間20分間限定で申し込みを受け付けるという、徹底して「２０２０」にこだわった企画だ。キャンペーンを告知する広告には、同社のマスコット、レッサーパンダのジェッ太くんが聖火のトーチを持ったイラストも掲載している（図12）。

また、リオデジャネイロ大会が開催された２０１６年の夏には、玩具菓子メーカーのエフトイズ・コンフェクトが「SPORTS GEAR」という玩具菓子を発売。テニスラケット、サッカーボールやユ

図12　2013年のジェットスター航空「スペシャルセール」告知画像

図13　エフトイズ・コンフェクト「SPORTS GEAR」商品パッケージ

ニフォームなどのスポーツ用具のフィギュアだが、パッケージのキャッチコピーには「世界で輝け！日本」、「Gold Rush NIPPON!」と書かれていた（図13）。

時代をさかのぼれば、日本企業にもアグレッシブなアンブッシュ・マーケティングの例がいくつか見られる。１９９２年バルセロナ大会時に放送されたハウス食品のスナック菓子のＣＭは、スペインの伝統芸能フラメンコにのせてタレントが躍り、「祝　バルセロナ」の垂れ幕を掲げるという内容だった（図14）。述べたように、当時ＩＯＣの指導によりＪＯＣらがオリンピック関連の知的財産保護および無断使用の規制を強めつつあった。そのような状況にあって、本ＣＭは、「オリンピック」の「オ」の字も使わず、それでいてバルセロナ大会を存分に連想させることに成功しており、同時期のアメリカン・エキスプレスやナイキのＣＭに遜色ないレベルのアンブッシュ・マーケティングとして成功している（なお、このＣＭは同年の「ＡＣＣ　ＣＭフェスティバル」でテレビＣＭ部門優秀賞を受賞している）。もっとも、作り手の意図としては、規制をかいくぐる気概で制作されたものではなく、本当は「バルセロナオリンピック」と謳いたかったところ、「無用なトラブルは避けたかった」[42]という広告代理店（博報堂）の判断によって、消極的にこの表現が採用されたようである。

先に紹介した欧米企業の確信犯型アンブッシュ・マーケティングと比べると、同じ確信犯型でも、広告検討に際しての気概や覚悟に程度の差があることが分かる。「場合によってはトラブルになることも織り込み済み」という強気な判断と、「無用なトラブルは避けたい」という弱気な判断のもとで行われたアンブッシュ・マーケティングでは、いざ警告を受けたときの対応方針に大きな差が生じるだろう。果たしてハウス食品や博報堂の担当者は、仮に警告を受けた場合、ルルレモンやパディ・パワーのように、引かない姿勢を見せることはできただろうか。

一方、引かない姿勢を見せていた日本企業もいる。富士フイルムだ。1996年アトランタ大会において、同社が陸上十種の金メダリストを起用した屋外広告を掲出し、USOCからのクレームを受け社名部分を隠したことは既に述べたが、実は2年後の冬季長野大会でもまったく同じことをやっている。長野市内に巨大な屋外広告を掲出し、「フジカラーは世界のNAGANOを応援します」とのキャッチコピーを載せたのだ。全然悪びれていなかったのである。これが大会組織委員会からクレームを受けると、当初同社は「県内開催のワールドカップ・スキー大会などに協賛していることをヒントにした言葉で、五輪を利用する意図はなかった」[43]と説明しつつ、その後キャッチコピーを「感動の瞬間は、フジカラーで」に変更している。もっとも、これにしてもオリンピックを意識したコピーであることは間違いなく、ギリギリの線を狙おうという意図を感じる。なお、これについて富士フイルムは「五輪とは全く関連性がない」と断言し、大会組織委員会の方が「確かに、五輪以外にも感動の場面はたくさんありますから……」[44]と根負けしたというから、まさに強気の確信犯型アンブッシュ・マーケティングだったと評価できる。

図14　1992年夏季のハウス食品「ジャック」CM

ボランティアの豚汁も禁止

今日のアンブッシュ・マーケティングのもうひとつの潮流として、オリンピックを意図的に自社の宣伝広告に利用して営業的なメリットを獲得しようと計画するのではなく、「オリンピックを盛り上げよう、開催を祝おう、自国の選手を応援しよう」という純粋な気持ちが先行して、非戦略的に、場合によってはマーケティング行為との自認すら乏しく、オリンピックに乗じるものが挙げられる。もちろん、商売っ気がゼロというわけでもないだろうが、クリスマスやエイプリルフールなどのイベント事を楽しむのと同じ感覚で、オリンピックの盛り上げや選手の応援に一役買おうという発想が起点にある。いわば、軽い気持ちで、よかれと思って行われるアンブッシュ・マーケティングが多いのである。これを「善意型アンブッシュ・マーケティング」と呼ぶ。このタイプは、特に1990年代後半以降に増えたというわけではなく、近代オリンピックの初期からごく自然に多くの国で見られたものである。だが、アンブッシュ・マーケティングの概念が生まれ、その規制の必要性が高まって以降、オリンピック組織は善意型アンブッシュ・マーケティングについても見逃すことはなくなり、規制の姿勢を強めている。

日本で善意型アンブッシュ・マーケティングが規制された事例として、1998年冬季長野五輪において、長野市の市民有志が、「ボランティアで豚汁などを振る舞いたい」と希望したところ、長野大会組織委員会から「〔敷地内には〕余地がなくスポンサーの権利も絡み不可能」と拒絶された事案を挙げる。真冬の積雪地帯で豚汁が配られていたら、普通は皆ありがたいと思うものなのだが……。もっともこの企画は、市民からの反発や、当時の長野市長が大会組織委員会に再考を促したこともあり、最終的には認められている。それでも、企業名などが表示された商品の配給は認められず、かつ長野大会の公式スポンサー企業と分野が重複する商品の提供も禁じられるなど、「スポンサーの権利」には最大限の配慮がなされたことも付け加えておこう。ちなみに、本大会のスポンサーについていた食品関連企業は、コカ・コーラ社、マクドナルド、キリンビール、山崎製パン、ハナマルキ、丸大食品、雪印乳業と多岐にわたる。各社の扱わない商品を選定した結果、豚汁、漬物、そして長野名物の「おやき」（小麦粉やそば粉でつくった皮で、あんこや山菜を包んで焼いたもの）の提供が許されたという。[45] 会場内で有料販売されている商品と競合する物品をタダで配られたら困るという事情は理解するものの、善意のボランティアよりもスポンサーの利益を優先する姿勢がこうも浮き彫りになってしまうと、興ざめを招いても仕方がない。

図15　亀田製菓から竹内への「ハッピーターン」の贈呈表明を報じる『日刊スポーツ』（2018年2月22日付）

善意型アンブッシュ・マーケティングは、個人事業主や飲食店、中小企業などによる小規模な取り組みに多く見られるが、大企業が行うこともある。例えば、製菓大手の亀田製菓は、2014年冬季ソチ大会銀メダリストでスノーボード選手の竹内智香《ともか》が、同社が販売するせんべい菓子「ハッピーターン」が好物という逸話を聞きつけ、201

8年冬季平昌大会において、竹内が金メダルを獲ったら5年分のハッピーターンを贈呈すると表明した。これがメディアで話題となり、スポーツ紙の全面で「大好物‼スノボ竹内のため亀田製菓動いた金ならハッピーターン5年分‼」と報じられた事案があった（図15）。この件はハッピーターンの宣伝に大いに貢献したが、経緯を考慮すれば善意型アンブッシュ・マーケティングといってよいだろう。なお残念ながら竹内は本大会ではメダルを逃したが、亀田製菓は労いの気持ちを込めて「4年分」のハッピーターンを竹内に贈呈している。

善意を踏みにじるアンブッシュ規制

善意型アンブッシュ・マーケティングは、2000年代以降のインターネット環境の向上、ソーシャル・メディアの発達により、小規模な取り組みでも可視化されやすくなったことで、その存在が広く認識されるようになっている。大規模スポーツイベントの開催や選手の活躍に関するニュースは、話題性が高く、また祝い事であることからこれに乗じた投稿が消費者に与える印象もよく、事業者のブログやSNSアカウント等においても、非常にカジュアルに取り上げられ、投稿される傾向にある。こうした投稿について、アメリカでは2016年にUSOCが、オリンピックに関する投稿を、ハッシュタグの使用、シェア、リツイートなども含めて禁止するよう通達し、物議を醸したことは既に述べた通りだ。

この他には、2012年ロンドン大会開催期間中のカナダにおいて、国内航空会社のポーター航空が、フェイスブック上で、同社のマスコットが聖火のトーチを振りながら、「2012年のオリンピックでがんばるすべての人を応援しよう！」と声援を送るイラストを掲載したところ、カナダオリンピック委員会（ＣＯＣ）が抗議し、投稿を削除させたという事例もある。このときＣＯＣはメディアのインタビューに答え「オリンピックのスポンサーでもない企業が、オリンピックをマーケティングに利用することは大変嘆かわしい」とのコメントを出している。[46] ＳＮＳで声援を向けたまさにその相手から「オリンピックをマーケティングに利用した」、「大変嘆かわしい」などといわれたら、担当者としては相当ショックではないだろうか。まさに、アンチ・アンブッシュ・マーケティングの姿勢が、企業市民の善意を踏みにじった格好である。

善意型アンブッシュ・マーケティングに対する最も分かりやすい「踏みにじり行為」が、２０１８年の冬季平昌大会時の日本で発生している。発端は、大会に先駆けてＪＯＣが加盟下の競技団体に対して配布したマーケティング・ガイドラインに、日本代表選手が所属する学校や企業であっても、公開形式で壮行会を開いてはいけないとの記載があったことだ。壮行会とは、選手の所属校・企業が仲間の健闘を祈って大会へ送り出すためのイベントで、従来は地元住民やメディアに公開することに事実上制限がなかった。ところが、ＪＯＣの方針を受け、一部の学校・企業がマスコミに事前案内していた壮行会の公開中止を通達し、通達を受けたマスコミが事態を報じたことでさらに多くの学校・企業で公開自粛が相次いだ。この過程で、ＪＯＣは、各校、各企業やマスコミの問い合わせに応じる形で、壮行会だけでなく、パブリック・ビューイング（同僚、同級生や家族、近隣住民らを呼んで選手たちの活躍をテレビで観戦するイベント）の公開、大会出場やメダルの獲得を祝う懸垂幕や横断幕などについても「アンブッシュに当たる」、「オリンピックを利用した宣伝に当たる」などの見解を次々に表明。混乱に拍車をかける事態となった。

この方針に対しては、後に『毎日新聞』が社説で「生徒らが母校の選手を励ます行為がなぜ商業利用なのか、理解できない」[47]と率直な疑問を呈しており、筆者もその通りだと思うが、当時は多くの学校や企業がこの方針に応じてしまった。例えば、女子スピードスケート金メダリストの小平奈緒《こだいらなお》が所属する相沢病院では、パブリック・ビューイングの開催にあたり、近隣住民からの参加要望を断り、横断幕も掲げず、院内の職員のみで実施。さらには、職員がその模様をSNSへ投稿するのを防ぐために撮影禁止まで呼びかけたというのだから、[48]これはもうちっとも「パブリック」ビューイングじゃない。単なる職場でのテレビ観賞である。また、女子フィギュアスケート選手の宮原知子《さとこ》が在籍する関西大学では、学内新聞への写真掲載も行えなかったという。[49]こうした事態を招いたJOCの方針は、各校、各社のみならず、シャットアウトされたマスコミからも困惑と反感を招き、「大会に水を差す」、「過剰な抑制」などと批判的に報じられる事態となった。

この事態が象徴しているが、オリンピック組織にとって、善意型アンブッシュ・マーケティングへの抗議や警告は、確信犯型アンブッシュ・マーケティングに対するそれとはまた別の意味でやりにくいものだ。多くの人が「よかれと思って」オリンピックに乗じている以上、それを無理に規制しようとすれば、善意を踏みにじる格好になり、当人はもちろん、社会からの反発も受けやすい。そうした事態はオリンピックのブランドイメージに対するリスクにもなるだろう。

だがオリンピック組織は、そうしたリスクを背負ってまで（ただし後述するように、様々な工夫によってそうしたリスクの回避を画策しながら）、善意型も含めたアンブッシュ・マーケティングに対する規制の手を緩めない。いったい、何が彼らをそうまでして「アンブッシュ・マーケティング狩り」に駆り立てるのであろうか。規制の根拠として、彼らは「スポンサーの権利保護」という言葉をたびたび持ち出すが、この権利とはいったいなんのことなのだろうか。オリンピック組織にとってどのように価値のある権利なのだろうか。次章では、この「スポンサーの権利」に着目し、オリンピック組織がアンブッシュ・マーケティングを敵対視する背景を探る。

コラム1　スタジアムはガムテープだらけ？——クリーン・ヴェニューの原則

第1章で、羽生結弦やアレシュ・バレンタが競技会場に商品や販促品を持ち込めなかったことに触れたが、実は選手に限らず、オリンピックの競技会場（競技会場の上空も含む）には誰もが広告物を持ち込むことが禁じられている。これは「クリーン・ヴェニュー（潔癖な会場）の原則」と呼ばれるオリンピックのルールによるものだ。

通常、スポーツイベントの競技会場といえば、オーロラビジョンはもちろん、バックネット、ベンチ周辺、外野周辺のフェンス、観客席に至るまで、スポンサーの広告で溢れ返っているものだ。しかし、オリンピックは違う。オリンピックの中継や写真をよく見ると、フェンスにも選手のゼッケンにも、広告の類が一切見当たらないのに気付かされるはずだ。このポリシーはほとんどオリンピック独自のものといってよく、オリンピックの崇高さ、清廉さ、独特さといったブランドイメージを演出する役割を果たしている。また選手や観客にとっても、広告を気にせずに競技に集中できるというメリットがあるとされている。

だが、このルールはあまりに厳格に適用されており、時にやり過ぎとしかいいようのない事態を招くこともある。２００４年アテネ大会では、リハーサルの段階から、会場の時計の文字盤、バックオフィスのコピー機、果てはトイレの便器に至るまで、すべての備品のメーカーロゴにテープが貼られていたという。[50]いったい誰が会場のトイレの便器のロゴを見て、それをメーカーの広告だと受け取るというのだろうか。また、ＩＯＣの支配下にある国際柔道連盟は、１９９２年バルセロナ大会以降、日本選手が着用する柔道着に、名前を漢字で刺繡することを禁じている。その理由は「漢字名が広告に間違えられる恐れのあるため[51]」だという。一万歩譲って「あのアジア風の文字は何かの広告なのかな」と思われることが仮にあったとしても、読めなければ広告の役割なんか果たすはずがないし、読めたならば名前だと気付くだろう。厳格主義もここまでいくと狂気である。

クリーン・ヴェニューのわずかな例外が、競技の記録計時を行う公式タイムキーパーのロゴと、選手のユニフォームや競技用具における、スポーツウェアメーカーや用具メーカー自体のワンポイントロゴである。ただし、ロゴの大きさや数には制限が課せられている。２０１８年冬季平昌大会では、ウェアのロゴは最大で30㎠までで、ロゴが2つ入っている場合、２つ目は10㎠までとされた。ジッパーやボタンにロゴが入っている場合は、本体と同じトーンで目立たない場合に限って許可される。何が悲しくて、更衣室で定規を胸元にあててウェアのロゴのサイズを測ったり、ジッパーを凝視してロゴの刻印のされ方までチェックしたりしないといけないのだろうか。自分のユニフォームがルールに則っているか気になって、かえって競技に集中できなくならないか。果たしてここまで神経質になる必要があるのだろうかと素朴に思う。

第2章　なぜアンブッシュ・マーケティングを規制するのか

「スポンサー的な問題」とは何か

なぜ、オリンピック組織は、アンブッシュ・マーケティング規制にこんなにも躍起になっているのであろうか。観客の視点で考えれば、テレビでオリンピックの気分を盛り上げるCMが流れたり、大企業から地元の飲食店までSNSで代表選手を応援するたくさんのコメントを投稿したり、あるいはイベントや店内装飾などでオリンピックの開催や選手の活躍を祝福することは、オリンピックの盛り上がりに貢献するというプラスの側面こそあれ、マイナスの影響を及ぼすことなどないように思える。ましてや、選手の所属・出身校や企業が選手を公に応援するような善意の発露が、悪いことであるはずがない。事業者も含めたオールジャパンでオリンピックを盛り上げることの、何がそんなに問題だというのか。かえって、規制によって誰もオリンピックに言及できないような状況が生まれてしまえば、オリンピックに対する愛着の離反、集客力の減少といった、イベント価値の減損が生じることは避けられないのではないか。「盛り上がり」という、イベントにおける生命線ともいえる要素を犠牲にするリスクを背負ってまで、彼らはいったい何を守りたいというのだろうか。

オリンピック組織がアンブッシュ・マーケティング規制を正当化する際にしばしば持ち出すのが「スポンサーの権利保護のため」という大義名分だ。くまのプーさんのグッズをスタジアムに持ち込めなかった羽生結弦は、その理由を「スポンサー的な問題があって」と説明した。ボランティアが会場内で豚汁を振る舞うことを拒絶した長野大会組織委員会は、「スポンサーの権利が絡む」ことを理由に挙げ、翻意して許可した際にもスポンサー企業が扱う商品の提供は認めなかった。「スポンサー的な問題」、「スポンサーの権利が絡む」とは、いったい何のことなのであろうか。この問題を理解するには、今日のオリンピックのスポンサー制度の仕組みを知る必要がある。

オリンピックをはじめとする多くのスポーツイベントは、イベントの収益化の仕組みとして「スポンサーシッププログラム」を採用している。スポンサーシッププログラムとは、スポーツイベントの主催者が、企業に対し、自身が主催するスポーツイベントについて、広告やＰＲ活動、社内の福利厚生などに活用する権利、すなわち「スポーツイベントの商業利用権」を許諾する見返りに、その企業から金銭（物資、サービス、人材などの場合もある）の提供を受ける、という商取引の仕組みである。いわゆる「スポンサーの権利」とは、スポンサー企業が資金提供と引き換えに得た「スポーツイベントの商業利用権」を指すことが多い。

企業がスポーツイベントのスポンサーになる理由は、スポーツイベントを活用した広告や販売促進活動等を行うことによって、多くの観客が熱狂し陶酔するスポーツイベントの良好な印象を、自社のブランドイメージに転化させることができるという期待があるからである。オリンピックについていえば、一般的に、巨大、一流、国際的、伝統的、由緒、勝者、力強さ、卓越、盤石、平等、スポーツマンシップ、フェアプレーといった印象が宿っている。こうしたブランドイメージは、大企業やグローバル展開を目指す企業が欲するイメージと合致する。このような企業がオリンピックのスポンサーになるのである。例えば、サムスン電子（１９９８年冬季長野大会～）、レノボ（２００６年冬季トリノ大会～２０１２年ロンドン大会）、アリババ・グループ（２０１８年冬季平昌大会～）などのアジア発のハイテク企業は、オリンピックの最上級スポンサーシッププログラムに参加したことを足掛かりに、「アジア系企業」から「グローバル企業」にブランドイメージを転換させ、国際的に信頼感を向上させることに成功している。

スポンサーがスポーツイベントに対して金銭等を提供することを「スポンサードする」という。または「サポートする」、「支援する」あるいは単に「応援する」と表現されることもある。「〇〇社は２０２０年東京オリンピックを応援しています」といったフレーズは、スポンサー企業のＣＭなどでしばしば見ることができる。直截的にいえば「２０２０年東京オリンピックに資金提供しています」でいいのだが、スポーツイベントのスポンサーになる一番の理由は企業イメージの向上にあるため、スポンサーであることを表明する際にはこのような露骨な表現がなされることはほとんどなく、婉曲的な表現が好まれることが多い。

スポンサーがいないとオリンピックはできない

オリンピックにおいて、スポンサーのことは公式には「パートナー」と呼ばれている。これは、オリンピック組織が、スポンサーを単なる資金提供者ではなく、共同事業者と同等の存在として尊重していることの表れである。オリンピック組織が他のスポーツイベントの主催者に比べてスポンサーを重んじている背景には、後述するようにオリンピックの収入構造がスポンサー収入に大きく依存していることに加え、スポンサーがオリンピックの大会運営自体にも大きく関与、貢献しているという内実もある。個々のオリンピック大会を運営するのは、オリンピック招致が決定した後で開催国において結成される大会組織委員会だが、この組織は、一回の大会が終われば速やかに解散し、次の大会では別の国で新たに大会組織委員会が結成されるということを繰り返しており、そのため大会運営ノウハウが大会組織委員会に蓄積されないという弱点を抱えている。これをフォローするのが各スポンサー企業なのである。

すなわち、スポンサー各社は、各々の事業領域における事業ノウハウを有しており、加えて、特に長年オリンピックのスポンサーを務めている企業はオリンピック大会運営のノウハウも有している。大会組織委員会は、彼らの保有するノウハウを活用するために、スポンサー各社に人材を派遣してもらい、また物資を提供してもらっている。現在、オリンピックの大会運営は、様々な業種のスポンサーがいなければ、記録の計測も、チケット代金の決済も、会場のセキュリティも、選手村でのケータリングもままならないといわれている。つまり金銭面のみならず、運営実務面においても、オリンピックにとってスポンサーはなくてはならない存在となっているのだ。

オリンピックのスポンサーは2種類に大別される。ひとつは、ＩＯＣが運用する「ＴＯＰプログラム」と称される最上級のスポンサーシッププログラムに参加し、ＩＯＣとの間で、原則として連続する夏季・冬季2大会が属する4年間を1単位とするスポンサー契約を締結する「ワールドワイドオリンピックパートナー」。もうひとつは、開催国の大会組織委員会と契約し、当該国における特定のひとつのオリンピック大会のみをスポンサードする「ローカルパートナー」である。この2種類のスポンサーが支払うスポンサー料が、オリンピック大会の運営費用に充てられている。なお、この他に、各国でオリンピック選手の育成や派遣などを担う国内オリンピック委員会（ＮＯＣ）と契約し、当該国におけるＮＯＣの活動をスポンサードするＮＯＣパートナーもある。

ワールドワイドオリンピックパートナーのスポンサー料は、各社の契約内容や契約締結時期によって異なるが、２０１３年から２０１６年までの期間においては12社が10億３００万ドル（約１１３３億円）[52]を拠出したことが発表されている。[53]１社あたりのスポンサー料は、単純平均すると約８５８３万ドル（約94億円）強となる。一般企業からしてみれば気の遠くなる金額だ。しかもこのスポンサー料は年々高騰しているといわれており、２０１４年に契約を更新したパナソニックは8年分で約３００億円、２０１５年に契約したトヨタ自動車は10年分で約２０００億円を支払ったとする報道がある。[54]ワールドワイドオリンピックパートナーは、契約期間中、世界中でオリンピックを商業利用することができ、例えばオリンピックを用いた販売促進、福利厚生、選手たちが大会期間中を過ごす選手村などでのマーケティング活動を行うことができる。

ローカルパートナーは、さらに「ゴールドパートナー」、「オフィシャルパートナー」、「オフィシャルサポーター」など複数のスポンサーランクに階層が分かれており、それぞれ契約内容やスポンサー料が異なる。２０１２年ロンドン大会では42社（ただし、金銭ではなく物資や役務を提供する「サプライヤー」、「プロバイダー」と呼ばれるスポンサーも含む）が11億５００万ドル（約１２１６億円）、２０１６年リオデジャネイロ大会では53社（同前）が８億４８００万ドル（約９３３億円）のスポンサー料を支払ったことが開示されている。[55] また、２０２０年東京大会では、１社あたりのスポンサー料は10億円から１５０億円と報じられている。[56]

なお、オリンピック・シンボルを単独で広告等に使用することを許諾されているのは、ワールドワイドオリンピックパートナーだけである。ローカルパートナーは、個々の大会エンブレムと一体化したオリンピック・シンボルしか使用できない。したがって、ワールドワイドオリンピックパートナーとローカルパートナーを見分ける一番簡単な方法は、広告で使われているオリンピックに関するロゴを見ることだ。図16、図17の通り、オリンピック・シンボルを単独で使用しているパナソニックはワールドワイドオリンピックパートナーで、東京大会エンブレムを使用している日本生命保険はローカルパートナーである（ただしワールドワイドオリンピックパートナーは、各大会のエンブレムも使用することができる）。

スポンサーがオリンピック組織にもたらす収入は、現在ではオリンピック組織の収入源の約半分を占めるに至っている。図18は、４年間のオリンピック・サイクル（夏季・冬季２大会）において、ＩＯＣと大会組織委員会がマーケティングプログラムによって得た収入源の割合を表したものである。45

パーセントがスポンサー料、47パーセントが放送権料となっており、両者を合わせると92パーセントにのぼる。われわれ観客が支払うチケット代は、収入のわずか5パーセントに過ぎない。このことから、オリンピック組織の財政基盤は、スポンサー料収入と放送権料収入によって支えられていることが分かる。裏を返せば、オリンピック大会を安定的に運営するためには、この2つの原資を維持し、また拡大していく必要があるということだ。この観点から、オリンピック組織はスポンサーを優遇するモチベーションを有しているといえる。

図16　パナソニック　CMエンドカット

図17　日本生命保険　CMエンドカット

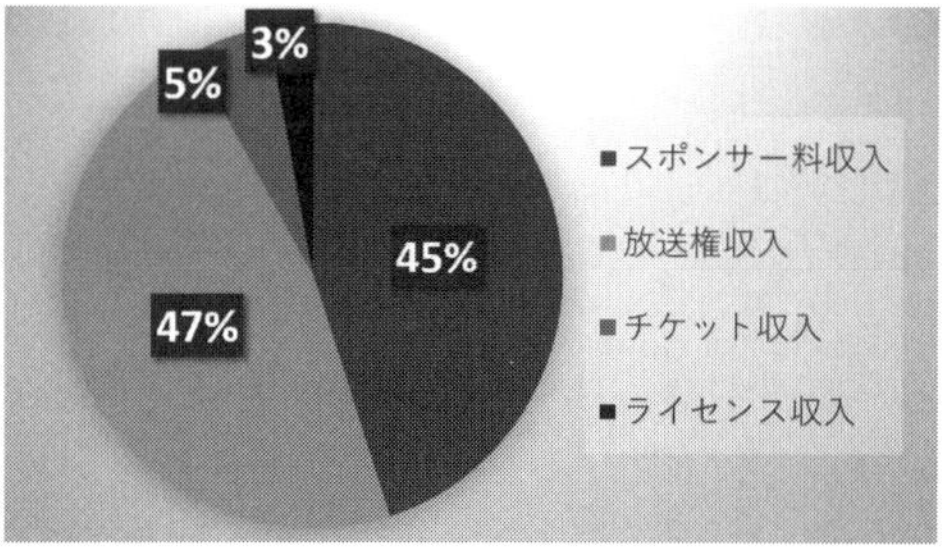

図18　IOC "OLYMPIC MARKETING REVENUE SOURCES AND DISTRIBUTION" https://www.olympic.org/ioc-financing-revenue-sources-distributionより作成

「一業種一社契約」という劇薬

オリンピックのスポンサー収入は、昔からこんなに巨額だったわけではない。オリンピックにおけるスポンサーシッププログラムは、1910年代には既にその萌芽が見られ、1960年代以降に徐々にシステム化、活性化してきたが、今日のように主要かつ安定した収入源というわけではなく、スポンサーの存在感は決して大きくはなかった。ターニングポイントとなったのは1984年ロサンゼルス大会であり、このとき採用されたある「仕組み」がきっかけである。この仕組みこそが、スポンサー収入を飛躍的に伸長させたと同時に、アンブッシュ・マーケティングを生み出し、オリンピック組織にアンブッシュ・マーケティングを規制させる宿命を背負わせたのである。

それが「一業種一社契約」だ。一業種一社契約とは、スポンサーに対し、オリンピックの商業利用権を与える対象業種（商品やサービスの分野）を設定し、その業種においては、特定の一社としか契約しない仕組みだ。つまり「一社に対し、特定業種におけるオリンピックの独占的な商業利用権」を与えるということである。

例えば、現在、清涼飲料業種における唯一のワールドワイドオリンピックパートナーはコカ・コーラ社であり、同社がその座に居座り続ける以上、IOCや大会組織委員会は、同じ業種においては誰ともスポンサー契約は結ぶことはない。2020年東京大会のローカルパートナーには、50社以上の日本企業が名を連ねたが、その中に清涼飲料メーカーは一社もない。サントリー食品もキリンビバレッジもアサヒ飲料も伊藤園もスポンサーにはなれないのである（正確にいえば、清涼飲料業種ではスポンサーになれない）。清涼飲料業種において、オリンピックの商業利用権はコカ・コーラ社に独占的に与えられているというわけだ。なお、ローカルパートナー内でも一業種一社契約が原則だが、2020年東京大会に関しては、IOCとの協議のうえ、「特例[57]」として、一部業種においては、2社がローカルパートナーとなっている（印刷業種の大日本印刷と凸版印刷、旅客鉄道輸送業種の東京地下鉄とJR東日本など）。

一業種一社契約の仕組みは、オリンピック組織にどのようなメリットをもたらしたのだろうか。一見すると、スポンサーを一業種につき一社に限定してしまうと、その分収入チャネルが少なくなってしまうため、取りっぱぐれが生じそうに思える。しかし実際は、「オリンピックの独占的な商業利用権」を欲するスポンサーのニーズを上手く刺激し、スポンサーの立場をプレミアム化することに成功している。

この仕組みが確立する以前、オリンピックの商業利用権は非常に多くの企業に与えられており、独占感もプレミアム感もあまり存在していなかった。オリンピックを商業利用できるスポンサーの数は、1980年の冬季レークプラシッド大会では総勢371社、1976年のモントリオール大会では総勢628社にものぼった。ちなみに、「ポケットモンスター」のライセンシーは全世界で約550社とされている[58]。テレビや街頭で、ポケモンを使った広告やグッズなどはそこかしこで見かけるが、ある意味、当時のオリンピックはそれ以上に身近な存在だったともいえる。

だが、1984年以降、一業種一社契約の仕組みが確立した後は、オリンピックのスポンサーは、ワールドワイドオリンピックパートナーとローカルパートナーを合わせても、せいぜい数十社に留まる。ワールドワイドオリンピックパートナーは13社（２０１８年10月現在）、ローカルパートナーは、金銭ではなく物資や役務を提供する「サプライヤー」や「プロバイダー」を除くと、２０１２年ロンドン大会は14社、２０１６年リオデジャネイロ大会は19社、２０２０年東京大会は、先の「特例」もあって多いが、それでも55社（２０１８年10月現在）である。

だが、この数十社のスポンサーがオリンピック組織にもたらす収入は、１９８４年より以前の数百社がもたらしたスポンサー収入よりも、文字通りケタ違いに増えた。１９７６年のモントリオール大会で６２８社が支払ったスポンサー収入の総額は７００万ドル。これに対して、１９８４年のロサンゼルス大会では、絞り込まれた35社のスポンサーが、総額１億５７２０万ドルを大会組織委員会に支払っている。スポンサーの数を20分の１程度に厳選したことで、スポンサー収入は20倍以上になったのだ。特に、清涼飲料のカテゴリーでは、コカ・コーラ社と、ペプシ・コーラを擁するペプシコが入札争いとなったことが効き、最終的にスポンサーとなったコカ・コーラ社のスポンサー料だけで、モントリオール大会のスポンサー料の総額の２倍近い１２５０万ドルになったという。[59] 一業種一社契約の仕組みは、スポンサー収入を爆発的に増加させる劇薬だったのである。

１９８４年ロサンゼルス大会のスポンサーシッププログラムは、ロサンゼルス大会組織委員会の独自の取り組みだったが、当時ＩＯＣ内部では、先行してＩＯＣの主要財源として確立していた放送権料への依存度を下げるため、これに匹敵する２つ目の収入源の模索、具体的にはスポンサーシッププログラムの強化が検討されていた。そんな折、一業種一社契約が１９８４年ロサンゼルス大会に商業的な成功をもたらしたとあれば、ＩＯＣのスポンサーシッププログラム（ＴＯＰプログラム）にも一業種一社契約の仕組みが取り入れられるのは必定だった。こうして、１９８８年以降、オリンピックのスポンサーシッププログラムは、ワールドワイドオリンピックパートナー、ローカルパートナーを問わず、一貫して一業種一社契約が採用され続けている。その結果、スポンサー料収入と放送権料収入が二本柱としてバランスよくオリンピックの財政を支える今日の状況が完成したのだ。

　ちなみに、オリンピックのスポンサーシッププログラムにおける一業種一社契約の仕組みは、少なくともコカ・コーラ社の属する清涼飲料業種に関しては、１９８４年よりずっと以前から不文律的に採用されていた可能性がある。電通のプロデューサー小谷正一《こたにまさかず》は、１９６０年のローマ大会におけるスポンサーシッププログラムの状況を振り返って、「コカ・コーラの宣伝はそうとうやった…〔中略〕…一業種一社といったみたいに、ある程度の統制をとったフシがある」[60]との証言を残している。また、１９７９年に日本のＪＯＣが独自に開始した、日本代表選手育成活動に対するスポンサーシッププログラム「がんばれ！ニッポン！」キャンペーンでは、プログラム開始当初から一業種一社契約の仕組みが採用されていた[61]。おそらく、これらのテストケースを経て、徐々に成立していった仕組みなのだろう。

スポンサー特権への恨みがアンブッシュ・マーケティングを生んだ

　一業種一社契約の仕組みは、オリンピック組織の財政基盤を潤したが、いくつかの大きな副作用もあった。まず、スポンサーになるための門戸が極端に狭くなったことで、「スポンサーになりたくてもなれない企業」が誕生することになった。一業種一社契約の仕組みのもとでは、例えば日産自動車やテスラモーターズがいくらスポンサーになるといっても、トヨタ自動車が自動車業種におけるワールドワイドオリンピックパートナーであり続ける限り、IOCとも大会組織委員会ともスポンサー契約をすることはできない。そもそも、スポンサーシッププログラムのプレミアム化によって高騰したスポンサー料に手が届く企業自体が、相当限られるようになった。

実はこの制約こそが、この世にアンブッシュ・マーケティングという概念を生じさせ、活性化させた主要因である。スポンサーにあぶれた企業、なりたくてもなれない企業が、それでもオリンピックというチャンスを逃さずに自社に注目を集め、売り上げを伸ばし、競合するスポンサー企業に対抗するためには、合法的な手段でオリンピックに乗じるというアンブッシュ・マーケティングのアプローチに頼るしかなかったのだ。

また、一業種一社契約は、スポンサーになれた企業と、なれない企業との間に摩擦を生じさせることもあった。一部のスポンサーが、オリンピックの独占的商業利用権を得たことを強調することで、非スポンサーに対する優位性をPRするようになったのだ。こうした行為は非スポンサーを挑発し、彼らをさらにアンブッシュ・マーケティングに駆り立てた。

アメリカン・エキスプレスがアンブッシュ・マーケティングに乗り出した背景には、まさに公式スポンサーのVISAとの摩擦があった。1988年冬季カルガリー大会は、IOCが初めてTOPプログラムで一業種一社契約の仕組みを採用した後の大会であった。このとき、クレジットカード業種でワールドワイドオリンピックパートナー契約を締結したVISAは「クレジットカード業種における唯一の公式スポンサー」という立場を最大限にPRすることを考え、テレビCMで以下のナレーションを採用した。

カナダのロッキー山脈につながる道、人々がより速く、より高く跳んでいく場所。それが1988年冬季オリンピック大会の舞台となるカルガリーだ。もしその地に行くなら、カメラとVISAカードを持って行こう。オリンピックは常に開催されているわけではないし、それに今度のオリンピックではアメリカン・エキスプレスは使えないからだ。VISA——使いたい場所でどこでも使えるカードです。

冬季カルガリー大会の前の1984年ロサンゼルス大会の公式スポンサーはアメリカン・エキスプレスの方だった。VISAは同社からスポンサーの座を奪取したうえに、「今度のオリンピックではアメリカン・エキスプレスは使えない」と、競合相手のカードの「使えなさ」をあげつらうことで、自社の優位性をアピールしたのである。これに挑発されたアメリカン・エキスプレスが、同社に対抗するために編み出した手段こそがアンブッシュ・マーケティングであり、その対抗心が最も分かりやすい形で発露したのが、28ページで紹介した、1992年バルセロナ大会時のCMにおける「スペインに行くのにVISAは必要ありません」だったのだ。

アンブッシュ・マーケティングという言葉が生まれ、その手法が流行した時期と、オリンピック組織がスポンサーシッププログラムにおいて一業種一社契約の仕組みを採用した時期がほとんど符合するのは決して偶然ではない。一業者一社契約の仕組みこそが、アンブッシュ・マーケティングを生み出したのである。

ちなみに、ＶＩＳＡがＣＭでいったことは確かに正しく、本当にオリンピック関係の買い物ではＶＩＳＡカードしか使えない。ＶＩＳＡがオリンピックのスポンサーになった１９８８年から現在に至るまで、チケット、公式ショップの土産物、スタジアム内で売られるスナックさえも、ＶＩＳＡ以外のカードでは購入できないのである。これはＶＩＳＡにとっては大事なスポンサー特権だろうが、消費者からすれば不便としかいいようがない。それこそアメリカン・エキスプレスしか持っていない人は、持ち合わせがなければチケットや公式グッズを買うこともままならない。

２０１８年冬季平昌大会のチケット販売サイトのＦＡＱコーナーには、「なぜチケット購入代金の決済にＶＩＳＡカードしか使えないのですか？」という質問が掲載されていた。今どき、ＶＩＳＡしか使えないオンラインショッピングサイトの方が少ない。やはり不便に思い、疑問に感じている消費者が多いのだろう。なおこの質問への回答文は「ＶＩＳＡは決済システムのカテゴリーにおける唯一のグローバルスポンサーです。ＶＩＳＡカードをお持ちでないお客様は、ＶＩＳＡのホームページでカードの発行案内をご確認ください[62]」だった。これが納得できる回答だろうか？

一業種一社契約のパラドックス

アメリカン・エキスプレスによるアンブッシュ・マーケティングを受けて、ＶＩＳＡの社長だったジョン・ベネットは、１９９３年の経済誌のインタビューで「アンブッシュ・マーケティングとは、対価も払わずイベントとの結び付きを暗示させる行為だが、それはいってみれば『泥棒』だ」[63]と、自分が先にアメリカン・エキスプレスを挑発していたことを棚に上げて怒りを露わにしている。実はここに、一業種一社契約のもうひとつの副作用が表れている。

一業種一社契約によるスポンサーシッププログラムのプレミアム化によって高騰、いや暴騰といっていいほどに値上がりしたスポンサー料は、オリンピック組織の財政を潤す反面、スポンサーにとっては大きな負担増となった。そして、負担が高まれば高まるほど、その見返りとしてオリンピック組織から得られる「オリンピックの商業利用権」に対する期待も高まっていった。「これだけの額を払うんだから、最大限に活用させてもらえないと困る」という思いである。もし、期待に反し、巨額のスポンサー料に見合う成果を挙げられなければ、それはスポンサーシッププログラムやオリンピック組織に対する不信感や失望につながる。つまりオリンピック組織は、一業種一社契約によるスポンサーシッププログラムのプレミアム化によって、スポンサーからの強いプレッシャーにさらされることになったのだ。

そして、ここで重要なのは、アンブッシュ・マーケティングの横行は、スポンサーがオリンピックのスポンサーシッププログラムに対して抱いた期待を破壊するものだったということだ。一業種一社契約の枢要は、その名が示す通り「オリンピックを商業利用できるのは、一業種につき一社限りである」という条件にある。この条件により、スポンサーは、自社が契約する業種において、オリンピックの商業利用権を「独占」することを期待しており、その期待に基づいて、スポンサー契約を締結している。にもかかわらず、アンブッシュ・マーケティングによって、他者が、とりわけ同じ業種の競合他社がオリンピックを商業利用できてしまったのでは、その期待が崩れてしまう。ＶＩＳＡのいら立ちは、アメリカン・エキスプレスに対するものであるのと同時に、ＩＯＣへも向けられたものでもあったのである。

ここに、ある種のパラドックスが発生している。オリンピック組織は、一業種一社契約の仕組みを採用することによって、スポンサーに対し、当該業種におけるオリンピックの独占的な商業利用ができることを強く期待させている。同時に、一業者一社契約の仕組みは、スポンサーになれなかった企業による、アンブッシュ・マーケティングによるオリンピックの商業利用の横行を招いている。スポンサーは、アンブッシュ・マーケティングの横行によって、オリンピックの商業利用の独占を実現することができず、その期待を打ち砕かれている。

どこかがおかしいのだが、それがどこかお分かりだろうか。エラーとなるキーワードは「独占」である。一業種一社契約は、一見、スポンサーにオリンピックの独占的商業利用権を付与しているように見えるが、実際にスポンサーがオリンピックを独占して商業利用できるわけではなく、その範囲には限界がある。ＶＩＳＡは「今度のオリンピックではアメリカン・エキスプレスは使えません」といったが、確かに大会のチケットやグッズを買うにはＶＩＳＡカードしか使えない。しかし、オリンピック観戦に訪れた観客は、周辺のホテルや飲食店ではアメリカン・エキスプレスのカードを使うことができるし、アメリカン・エキスプレスがそうした事実を合法的なアンブッシュ・マーケティングによってＰＲするのを止めることはできないのである。

「オリンピック選手にパンを売るな」といえるか

オリンピック組織が、スポンサーにオリンピックの独占的商業利用権を期待させたにもかかわらず、第三者によるアンブッシュ・マーケティングによってその独占期待が裏切られ、そのことによってスポンサーシッププログラムの土台が揺さぶられるという危険性は、実はオリンピック史の初期の頃から示唆されていた。

1932年のロサンゼルス大会において、ウエーバーズ・ベーカリーというパン屋が、選手村でのパンの販売を計画したことがあった。ウエーバーズはオリンピックのスポンサーではなかったが、オリンピックという機会に乗じて自社商品の販売増進を試みたわけで、これはアンブッシュ・マーケティングの定義に当てはまる。単に選手にパンを売るだけの行為であることからして、一見して何の違法性も倫理上の問題もなさそうだ。ところが、これを快く思わない別のパン屋がいた。ロサンゼルス市の有力者が経営するヘルムス・ベーカリーである。早くからロサンゼルス大会をビジネスチャンスとして捉えていたヘルムスは、大会へのスポンサードと引き換えに、自社のパンやその広告にオリンピック・シンボルやオリンピック・モットー（より速く、より高く、より強く／Citius, Altius, Fortius）、「オリンピック」の語などを使用することの承諾を得（図19）、ま

図19　ヘルムス・ベーカリーによる、オリンピック・シンボルなどを使用した広告

た、選手村におけるパンの独占販売権を得ることを契約していた。「独占」販売権である点に注目されたい。

ヘルムスにしてみれば、契約した通り選手村におけるパンの販売を独占できることを期待していたにもかかわらず、他のパン屋が同じ選手村でパンの販売を開始するとなれば、その期待は裏切られることになる。「これでは何のためにスポンサー料を支払ったのか分からないではないか！」との思いだったことだろう。ヘルムスの怒りの矛先は大会組織委員会に向かい、「独占販売契約の内容に反してウエーバーズがパンの販売を開始した場合、契約違反によって生じた損害１００万ドルの賠償を求めて大会組織委員会を訴える」と警告したのである。

困ったのは大会組織委員会だ。うっかり独占販売契約など締結してしまったが、よく考えると、契約外の他人がパンを売ろうとしていることをどうやって止めることができるというのだろう。結局、このときは、警告を受けた大会組織委員会がウエーバーズに対し販売をしないよう要請し、ウエーバーズもこれに従ったため、事なきを得た。[64]

この最初期のアンブッシュ・マーケティングを巡るトラブルに、「なぜオリンピック組織はアンブッシュ・マーケティングを敵視し、規制するようになったのか」という問いに対する答えが既に表れている。すなわち、アンブッシュ・マーケティングは、オリンピックの運営資金を提供するスポンサーが、スポンサー契約によって得られると期待する独占的利益を脅かすからであり、またそのようなアンブッシュ・マーケティングを規制できなければ、オリンピック組織はスポンサーから怒りを買うことになるからである。

１９３２年という時代においては、スポンサーシッププログラムによる収入額はまだ低位に留まっており、スポンサーの怒りがオリンピック組織の財政を脅かすというレベルにまでは達していなかった。しかし、１９８４年以降は違う。一業種一社契約の仕組みのもと、オリンピック組織は、すべてのスポンサーに対し、業種ごとにオリンピックを独占的に商業利用できると期待させ、それと引き換えに多額のスポンサー料を得て、それがオリンピック組織の財政基盤を支えているのだ。そのような状況において、スポンサーの期待を裏切り、スポンサーの怒りを買うということは、スポンサーシッププログラム参加に対するモチベーションを低下させることに直結する。そうなれば、オリンピック組織は、せっかく安定、向上した貴重なスポンサー収入という源泉を失うことにもなりかねない。また、前述の通り、オリンピック大会の運営実務のうえでも、スポンサー企業は大きな役割を果たしている。スポンサーの協力が得られなければ、オリンピック大会の運営自体がままならなくなる可能性もある。仮にも「裏切り行為」が、ヘルムス・ベーカリーが抱いたような損害賠償請求レベルの不信感につながることなど、なんとしてでも避けなければならない。

こうしてオリンピック組織は、スポンサー企業に期待させた「オリンピックの独占的商業利用権」を守るため、アンブッシュ・マーケティングと戦わなければならない宿命を背負うことになったのである。

スポンサーの独占権を守るという決意

実際、一業種一社契約の仕組みを導入した後のＩＯＣは、スポンサーに与えたオリンピックの独占的商業利用権の保護について、次のように明言している。

オリンピックのスポンサーシッププログラムは、一業種一社独占の原則によって運用されています。ＩＯＣの監督のもと、オリンピック組織はオリンピック資産の価値を保ち、またオリンピック・スポンサーの独占権を守るために働きます。[65]

また、元ＩＯＣのマイケル・ペインは、以下の言葉を残している。

オリンピック・ムーブメントが存続できたのは、価値提案（バリュー・プロポジション）に成功し、産業界からの経済的な支援を受けられたからにほかならない。ＩＯＣが「価値提案」、つまりパートナー企業の独占販売権をしっかり守れないのなら、投資やパートナーシップを考える企業など現れない。

独占販売権は、オリンピックのマーケティング・プログラムの基礎となる要素のひとつである。企業がオリンピック・ムーブメントに安心して投資し、自社の販売促進キャンペーンが、土壇場になって競合他社に出し抜かれたりしないと確信できることが、オリンピックのスポンサーシップとしての価値を構築する重要な鍵である。[66]

いずれも、スポンサーに与えた「オリンピックの独占的商業利用権」を強固に保護するための強い決意が表れている。これが保証できなければ、オリンピックに「投資やパートナーシップを考える企業など現れない」し、これを保証することが、オリンピックのスポンサーシッププログラムの価値を構築し、ひいてはオリンピック・ムーブメントが存続するための「重要な鍵」だというのだ。

こうした強い決意は、時にオリンピック組織を、常軌を逸した言動に駆り立てる。２０１２年、ロンドン大会組織委員会会長のセバスチャン・コーは、ラジオ番組で「われわれは大会に多額の資金を提供しているスポンサーの権利を保護しなければなりません。コカ・コーラ社は何百万ポンドもこの大会に提供してくれています。だから皆さんはペプシ・コーラのＴシャツを着てオリンピック・パークに入ることはできないでしょう」と発言している。スポンサー様のご機嫌を取るために、観光客のＴシャツの柄にまで干渉するというのだから驚きだ。「コカ・コーラがスポンサー→だから皆さんはペプシのＴシャツは着れません」とは、改めて考えるとまったく破綻した理屈である。この発言は物議を醸し、大会組織委員会が「もちろん個人が何を着ようと自由です」と火消しを行う事態となった。[67]

それにしても、スポンサーのオリンピックの独占的商業利用権を保護するために、非スポンサーがオリンピックを商業利用するのを禁じることは、果たして本当に可能なのだろうか。個人がペプシのＴシャツを着てオリンピック・パークを歩くことが制限されないのと同じように、スポンサーではない企業がオリンピックを連想させる広告を掲示したり、競技会場を囲む公園でパンやペプシ・コーラを売ったりすることも制限できないのではないだろうか。結論からいえば、オリンピック組織がいくら「スポンサーの独占権を守ります」、「オリンピックをあなただけに独占して使わせてあげます」といっても、彼らがそれを完全に保証することは難しい。

オリンピック組織がスポンサーに与える「オリンピックの独占的商業利用権」とは、オリンピック組織とスポンサー間の契約によってその内容が規定され、付与された権利である。つまり契約によって発生する、当事者間のみで有効な権利ということだ。このような権利は、原則として第三者に対しては効力が及ばない。すなわち、もしスポンサーではない第三者がオリンピックを勝手に商業利用し、独占的商業利用権を「侵害」したとしても、そのことのみを理由に、スポンサーやオリンピック組織がその第三者の行為を差し止めたりすることは、特段の事情がない限りは、法的にはできないのである。ただし、非スポンサーが、オリンピックを商業利用する際に、オリンピック組織が保有する著作権や商標権などの知的財産権を侵害していた場合は、その知的財産権に基づき、オリンピック組織が知的財産権侵害行為の差し止め等を求めることは可能である。

これは、スマホメーカーと、メーカー公認互換品（ケースやスピーカーなど）の製造業者の契約関係に似ている。公認互換品の製造業者は、スマホメーカーに対価を払い、品質監修やスマホのロゴなどの使用許諾を受けたうえで、「メーカー公認、公式」の名のもとに互換品を作っている。その一方で、メーカーから許可を得ず、スマホのロゴなども使わずに製造販売されている互換品も多い。規格やサイズさえ分かっていれば、わざわざメーカーの公認を得なくとも、ケースやスピーカー、イヤホンなどのアクセサリーは作れるので、合法な非公認の互換品は世の中に溢れているのである。公認互換品のメーカーは、スマホメーカーと合意のうえで独占契約を結ぶこともでき、例えば、「アップルの公認イヤホンを作れるのはA社だけ」という契約は可能である。だが、それはあくまで「公認イヤホン」を作る独占契約に過ぎず、B社やC社が勝手に「非公認イヤホン」を作ることは、その互換品がスマホメーカーの特許権や商標権などの知的財産権を侵害していない限りは、止められないのである。これは、契約当事者にとっては不本意なことかもしれないが、仕方のないことだ。

知的財産権侵害という印象操作

だが、オリンピック組織は、スポンサーの「独占的商業利用権」の保護をあきらめることはない。スマホメーカーは、公認互換品のメーカーからのライセンス料によって生計を立てているわけではないが、オリンピックはスポンサー料がその財政基盤の根幹である。彼らは、スポンサーの独占的商業利用権を保護できなければ、オリンピックの死活問題だと考えている。そこで、原理的にはスポンサーに独占的商業利用権を保証することはできなくても、どうにかしてアンブッシュ・マーケティングを規制し、実質的にスポンサーの独占権保護を追求する道を選んだのである。

そのための手段として、まず彼らが採用したのは、前章で紹介したような、アンブッシュ・マーケティングを「泥棒」や「寄生虫」呼ばわりするなどのネガティブ・キャンペーンであり、またアンブッシュ・マーケティングを行った企業に対する直接的な警告やクレームだった。だが、こうしたやり口は、１９８０〜90年代に多く見られたスポンサー対抗型アンブッシュ・マーケティングに対してはある程度奏功したが、１９９０年代半ば以降の確信犯型アンブッシュ・マーケティングや、善意型アンブッシュ・マーケティングに対しては必ずしも有効な手立てではなくなっている。前章で述べたように、警告に対する備えを講じたうえで行われる確信犯型アンブッシュ・マーケティングは、オリンピック組織の警告に対して簡単には動じなくなったし、フェイスブックなどでの応援メッセージや、代表選手の出身校や所属企業の壮行会などの善意型アンブッシュ・マーケティングに対しては、まかり間違っても「泥棒」だの「寄生虫」だのといった罵声を浴びせるわけにはいかないだろう。
そこで、1990年代後半以降、オリンピック組織はこれまでとは異なるアプローチを採用することになる。その鍵は「知的財産」だ。彼らは、著作権や商標権などの知的財産権を侵害していないアンブッシュ・マーケティングについて、その事実に反し、知的財産権侵害や法令違反に該当するという印象を流布するキャンペーンを開始したのである。きっかけは、スポンサー対抗型アンブッシュ・マーケティングのピークだった1996年アトランタ大会までの、アンブッシュ・マーケティングに対する一般大衆の受け止め方に対する分析レポートだった。1996年アトランタ大会の報告書には以下の記述がなされている。

歴史的な評価では、一般大衆はアンブッシュ・マーケティングが不適切で違法であることについて自覚がないことが明らかになっている。アンブッシュ・マーケティングの発生率と、アンブッシュ・マーケティングに対する大衆の態度を転換させるには、アンブッシュ・マーケティングが抱える問題をより明白かつ明確に描写することが求められる。[68]

つまり、一般大衆に向けて、アンブッシュ・マーケティングが「不適切で違法である」と分かりやすく示してやることが、アンブッシュ・マーケティングを規制するためには必要だということだ。同報告書によれば、この評価を踏まえ、アトランタ大会組織委員会は、以下の項目について説明した文書を作成し、1000社以上の広告代理店や広報機関に送付したという。

①オリンピックのマークや標章、そしてイメージの無断使用が、アマチュア・スポーツ法〔第5章で解説する〕に照らしてどのような問題を引き起こすか。
②広告によって意図的に混同や誤解を引き起こす行為の違法性。
③アンブッシュ・マーケティングが、どのようにアスリートやオリンピック・ムーブメントの力を奪っていくのか。

アンブッシュ・マーケティングに関する違法性と、それがオリンピック・ムーブメントに与える悪影響を分かりやすく説明していくことで、事業者や一般大衆に、アンブッシュ・マーケティングに対する後ろめたさ、罪悪感、悪印象を抱かせ、こうした活動を自主的に控えてもらう――これが、1990年代後半以降、それまでの過激なネガティブ・キャンペーンに取って代わる、新たな「アンチ・アンブッシュ・マーケティング・キャンペーン」のひな型となる。このひな型のもとで作られた文書は、続く1998年冬季長野大会でも配布された。長野大会組織委員会とJOCが共同で作成したこのパンフレットには、「オリンピックの〝知的財産〟」という項目があり、そこでは以下のような説明がなされている。

オリンピックのマーク、用語、大会エンブレム、マスコット等はオリンピックの〝知的財産〟と

図20　JOCがウェブサイトに掲示する、アンブッシュ・マーケティングを牽制するイラスト

呼ばれています。…〔中略〕…JOCとNAOC〔長野大会組織委員会〕の許諾なしに、〝知的財産〟を無断で使用することはできません。〔著作権法、商標法、不正競争防止法違反となります〕

オリンピックに関する組織名称、大会呼称、オリンピックを想起させる用語も〝知的財産〟のひとつです。例：長野オリンピック、長野五輪、長野'98、オリンピックモットー〝より速く、より高く、より強く〟、聖火、雪と氷の祭典、平和の祭典etc.[69]

オリンピックの「知的財産」を無断使用することの違法性について強調しているところが、単に中傷的、情緒的だったそれ以前のキャンペーンとは大きく異なる点だ。同様の構成は、JOCが2004年から掲示しているアンブッシュ・マーケティングへの注意喚起を促すウェブページの記述にも見られる。

JOCのマーク・エンブレム、オリンピックやアジア大会等の知的財産やイメージは、日本国内では「商標法」、「不正競争防止法」等により保護されています…〔中略〕…オリンピック等に関する知的財産・オリンピックのイメージ等の無断使用・不正使用ないし流用は法的にも罰せられ

ます[70]。

そのうえで、図20のイラストによって、アンブッシュ・マーケティングに対する「注意喚起」を行っている。そこには、「NO "AMBUSH MARKETING"!」、「オリンピックイメージ等を無断使用した便乗広告にご注意ください！」、「ＪＯＣマーケティングに協賛している『ふり』は、許されません！」と、糾弾的な表現が並ぶ。違法性を示唆する文章に続いて、こうした強い表現を採用したポスターを見れば、アンブッシュ・マーケティングに対し、それが知的財産権法に照らして違法であるという印象を抱く人は多いだろう。

「ご注意ください」と「許されません」

しかし、一連の文章を冷静に読むと、どこか違和感を覚えないだろうか。アンブッシュ・マーケティングとは、「オリンピック」の語やオリンピック・シンボルの商標権などの、オリンピックにまつわる知的財産権を侵害せずにオリンピックに乗じることを特徴とするマーケティング活動である。ＩＯＣのマイケル・ペインでさえ「アンブッシュ・マーケティング活動は、多くの場合、必ずしも法的境界線を越えるわけではありません」といったように、基本的には合法行為なのである（だからこそ、その規制が難しい）。にもかかわらず、ここへ来て突然、アンブッシュ・マーケティングが知的財産権法に違反するかのような説明がなされるとはどうしたことだろう。

また、オリンピック組織が説明する「オリンピックの知的財産」について、その内容をよく読むと、

「オリンピックを想起させる用語も〝知的財産〟のひとつ（その例として「長野'98」や「平和の祭典」などが示されている）」、「オリンピックのイメージ等の無断使用・不正使用ないし流用は法的にも罰せられます」などと、「想起させる用語」や「イメージ」も知的財産であり、その使用が違法であるかのような表現がある。果たしてこれは正確だろうか。彼らのいう「知的財産」の対象範囲はいかにも曖昧で、いかようにも広範な解釈を許すものだ。ある行為の法的性質を説明する文章としては、不適切ではないだろうか。

こうした疑問を抱きつつ、後段のアンブッシュ・マーケティングを牽制する文言を懐疑的に読むと、一見すると客観的な正当性を有するように見える注意喚起が、主観的で一方的な主張に過ぎないのではないかという見方もできる。例えば、「オリンピックイメージ等を無断使用した便乗広告にご注意ください！」という文言だが、よくよく考えてみると、いったい何にどう注意しろというのだろうか。仮にオリンピックのスポンサーではない企業が、オリンピックをイメージさせるイラストや文言を使って広告を行ったとしても、消費者には何の危険も不利益も発生しない。よしんば、「この企業はオリンピックのスポンサーなのかな」との誤解が発生したとしても、多額のスポンサー料を拠出した本当のスポンサーが不快感を示し、オリンピック組織の肩身が狭くなるだけで、われわれには関係のないことだ。健康被害をもたらすような粗悪な模倣品や、正規のウェブサイトに似せたフィッシングサイトについて注意喚起するのとはまったく性質の異なる事案であり、広く一般に向けて、ビックリマークまでつけて警戒心を煽るようなことではない。

また、「JOCマーケティングに協賛している『ふり』は、許されません！」という一文も実によく練られている。特に「許されません！」の表現だ。アンブッシュ・マーケティングによって不利益を被り得るのは、オリンピック組織とそのスポンサーという、警告の主体者側なのだから、「（JOCは）許しません！」でいいだろうという話である。ここで敢えて受動態を採用することの狙いとは、主語を曖昧にすることで、まるでアンブッシュ・マーケティングを許容しないことが社会全体のコンセンサスを得ているかのような錯覚を引き起こすことだろう。これらのキャンペーンは、アンブッシュ・マーケティングが違法行為に該当し、社会通念に反しているという印象操作のためのものなのである。

オリンピック憲章は「憲法」か

アンブッシュ・マーケティングが違法性を帯びているかのように思わせるキャンペーンは、大会組織委員会やJOCだけでなく、IOCも行っている。IOCは、2004年から、オリンピックに関する基本原則や規則について記した「オリンピック憲章」に、以下の条文を追加している。多くの条文や規則の類がそうであるように、オリンピック憲章の文章も容易な読解を許さない独特の言い回しとなっているが、まずは当該箇所を引用する。

オリンピック・シンボルとオリンピックの旗、モットー、讃歌、オリンピックと特定できるもの（「オリンピック競技大会」と「オリンピアード競技大会」を含むがそれらに限らない）、名称、エンブレム、聖火およびトーチは以下の規則8〜14が定義する通り、さらに、IOC、NOCおよび／または

OCOG〔大会組織委員会〕によりオリンピック競技大会に関連して公認されたその他の音楽作品、音声・映像作品、またはその他の創作品や人工物は、集合的にあるいは単独で便宜上、「オリンピック資産」と呼ぶことができる。オリンピック資産に関するすべての権利、また、その使用についてのすべての権利は、収益確保の目的であれ、商業的な目的であれ、広告の目的であれ、独占的にIOCに帰属する。[71]

なお、ここで言及されている「規則8〜14」では、「オリンピックの名称」が以下のように定義されている。

オリンピックの名称とは、オリンピック競技大会、オリンピック・ムーブメント、またはその構成要素に結び付く、または関連する、視覚的表現、あるいは音声による表現のことを指す。[72]

以上の二カ所の条文について、大事なポイントを要約するとこうだ。

オリンピック・シンボル、「オリンピック」の語、大会エンブレムやマスコット、スローガン、聖火やトーチ、その他「オリンピックに結び付く、または関連する、あらゆる視覚的・音声的な表現」は、「オリンピック資産」と総称される。そして、「オリンピック資産」に関するすべての権利は、独占的にIOCに帰属する。

「オリンピックに結び付く、または関連する、あらゆる視覚的・音声的な表現」に関する「すべての権利」が「独占的にＩＯＣに帰属する」とは、ずいぶんと欲張ったものである。この規定は、先に紹介した「オリンピックを想起させる用語も〝知的財産〟のひとつ」との説明とも符合するもので、いかようにも広範に解釈することができ、ＩＯＣの独占が及ぶ範囲を特定することは困難である。「平和の祭典」、「表彰台」、「金メダル」という言葉だってオリンピックに結び付く、または関連する表現といえるのだ。これらもＩＯＣに独占的に帰属する権利だというのだろうか。

　オリンピック憲章とは、１８９８年にピエール・ド・クーベルタンがその骨格をつくり、１９０８年に初めて規則集の形でまとめられたものだ。改訂を加えつつ、１００年以上、近代オリンピックの歴史とともに尊重されてきた歴史がある。ＩＯＣやＮＯＣの役員、従業員、そしてオリンピック選手や開催都市、スポンサーなど、オリンピックに関わる者には精読が求められ、その内容に忠実に従うことが要求されている。オリンピック憲章には「オリンピック・ムーブメントの一員となるには、オリンピック憲章の遵守およびＩＯＣによる承認が必要である」と記されており、これが「すべての根本原則」として扱われている。元オリンピックスキー選手で、ＩＯＣ名誉委員の猪谷《いがや》千春《ちはる》は、初めてＩＯＣ委員に任命されたときに、先輩の委員から「年に一回は必ずオリンピック憲章を一ページから最後まで読みなさい。そして、頭に入れておくのです」[73]といわれたことを述懐している。

　このような調子であるからして、多くの人が、オリンピック憲章をどこかの国の憲法のようなものか、あるいは国際条約であるかのように理解しており、中には、オリンピック憲章の規定を遵守することは当然の義務だと思い込んでいる人もいる。しかし、まずはっきり述べておく必要があるが、オリンピック憲章は、法律でも国際条約でもない。そもそも、ＩＯＣ自体が国連機関のような公的組織であるかのような認識や、オリンピック大会が国の公式行事であるかのような認識がなされることもあるが、誤りである。ＩＯＣは、国際的に活動はしているものの、いずれの国家機関や国連からも独立している民間組織だ。そのことは、他ならぬオリンピック憲章で以下のように説明されている。

> ＩＯＣは国際的な非政府の非営利団体である。法人格を持つ協会の形態を整えた、存続期間を限定されない組織であり、２０００年11月１日発効の協定に基づき、スイス連邦評議会により承認されている。[74]

要は、スイスが設立を認めた民間の非営利団体ということだ。国際的に活躍するスイスの民間組織という点では、ネスレ、スウォッチ、ロレックスといった、同国の民間グローバル企業と立ち位置は変わらない。ＩＯＣの本部は、スイスの中央都市チューリッヒから２００㎞以上離れたローザンヌという町にある。意思決定に関与する約１００人の委員と、約４５０人の職員が働いているというが、世界的な大規模イベントを主催しているにしては、小さな組織に思える。オリンピック憲章は、そんな組織がつくったいわば内規に過ぎず、いずれの国においても法的な拘束力は持たない。ＩＯＣの構成員でもなければ契約相手でもない一般市民の自由を拘束できるはずがないのである。

われわれが社会生活を営むうえで真に従うべきは、ＩＯＣの内規ではなく、法律の正しい解釈であり、また各国の社会通念である。果たして、現実に有効な法律や社会通念に従ったときに、「オリンピック資産」の独占性はどこまで認められるのだろうか。また、アンブッシュ・マーケティングは知的財産権を侵害する違法行為といえる余地があるのだろうか――。検証すると、オリンピック憲章と法律の間に横たわるギャップが浮き彫りになっていくのである。

コラム2　もうひとつの収入源「放送権者」への過剰配慮

スポンサー料と並んでＩＯＣの財政基盤を支えているのが、世界中のテレビ局がオリンピック大会の放送権と引き換えに支払う放送権料だ。わけても、放送権料全体の4割から5割を負担しているといわれるアメリカのテレビ局ＮＢＣグループの貢献度はずば抜けて高い。同社は２０１４年に、２０２２年から２０３２年までの6大会のアメリカでの放送権のために、76億５０００万ドル（約８４１５億円）を支払っている。驚くべきは、契約時点で6大会すべての開催地が未定だったということだ。なんとも思い切った決断である。

ＮＢＣが、開催地も決まらぬうちから大枚をはたけるのには理由がある。ＩＯＣが大口顧客であるＮＢＣを優遇し、ある程度同局の都合に合わせた大会スケジュールを組んでくれるからだ。オリンピック大会は、慣例上、選手のコンディション整備を考慮し、午前中に予選、夕方に決勝戦が行われるというスケジュールになっている。しかし、東アジアで行われる大会では、しばしばＩＯＣはＮＢＣに便宜を図り、アメリカのゴールデンタイムに人気競技の決勝戦が中継できるよう、競技スケジュールを調整している。

２００８年北京大会では、ＩＯＣは競泳と体操の決勝戦を午前10時に開催すると決めた。そうすれば、ＮＢＣはこれらの競技をロサンゼルスで午後7時に中継できるからだ。これに怒りを露わにしたのは、ＩＯＣの思惑通りに事が運べば放送時間が夜中の3時になってしまうイギリスのテレビ局ＢＢＣだった。同局は、ヨーロッパ放送連合やイギリス水泳連盟なども巻き込み、ＩＯＣに競技スケジュールを正常に戻すよう働きかけたが、ＩＯＣは決定を覆さなかった。２０１８年冬季平昌大会でも、花形競技であるフィギュアスケートが午前中の開催となった。このため、午前10時の本番に向けて、多くの選手が午前5時前後に起床し、午前7時頃から練習を開始する羽目になったという。この時期の平昌は、氷点下20度近くまで下がることもあった。極寒の地での午前5時起き。我が身に置き換えて想像すれば、ツラいとしかいいようがない。実際、多くの選手がこの悪条件下で十分なパフォーマンスを発揮することができず、転倒が続出している。

選手のパフォーマンスや健康をないがしろにしてまでＮＢＣを優遇するＩＯＣの姿勢は、当然２０２０年東京大会にも表れている。本大会が7月下旬から8月上旬という、屋外スポーツに最も不適切な真夏に設定されたのは、ＮＢＣへの配慮のために他ならない。日本の気候を考えれば、本来は9月から10月に開催することが妥当だ。しかし、この時期のアメリカでは、ＮＦＬ、ＮＢＡの開幕、ワールドシリーズと、スポーツイベントが目白押しなのである。もし、これらと同時期にオリンピック大会を放送すると、視聴者が分散してしまい、ＮＢＣにとって痛手となる。こうした事情を汲んで、ＩＯＣは開催国の気候はお構いなしに、夏開催を堅持しているのだ。心配されるのは選手や観客の脱水や熱中症だが、大会組織委員会は「この時期にやらざるを得ないのが大前提」の一点張りである。多額の資金を拠出する特定のステークホルダーを優遇することで、他のステークホルダー、それもオリンピックの主役というべき選手や観客に不利益をもたらすことについて、オリンピック組織がこうも鈍感になってしまっていることには疑問を感じざるを得ない。

第3章　知的財産権でオリンピック資産は独占できるか

聖火リレーは著作権で保護できない

一般に、商標法や著作権法などの知的財産権法は、対象となる商標や著作物などの知的財産の利用を権利者に絶対的に独占させるための法律だと思われがちだが、その理解は正しくない。知的財産権法とは、「権利者が独占できる範囲」と、「公衆が自由利用できる範囲」の境界を定めたルールブックである。本来、両者は一体の関係にあるはずだが、後者に注目が集まることは意外と少ない。しかし、知的財産権法を都合よく曖昧に解釈し、またオリンピック憲章に基づき「権利者が独占できる範囲」の際限なき拡張を試みるオリンピック組織が、「本当はどこまでオリンピック資産を独占できるのか」を考えるにあたっては、特に両方の視点を持つことが重要である。この点を意識しながら、本章では、知的財産権法によって「オリンピック資産」を保護できる範囲を検証する。

表現を保護し得る法律には、著作権法、商標法、不正競争防止法などがあるが、一般的に「表現に関する権利」と聞いて思い浮かぶのは著作権ではないだろうか。著作権のよいところは、文章でも絵でもそうだが、創作した時点で自動的に権利が発生するということだ。後に述べる商標権などは、所轄官庁である特許庁へ出願申請をして、審査を通過しなければ権利が発生しない。これらが、いわば玄人向けの知的財産権だとするならば、著作権は、アマチュアのイラストレーターでも、図画工作の授業中の子どもでも、創作する者すべてに無条件で与えられる、創作者にとって最も身近な知的財産権である。しかし、オリンピック資産を保護する権利としては、実は著作権は案外頼りない。著作権とて、すべての表現を完璧に保護することができるわけではなく、権利にはいくつかの保護要件や権利制限がある。そして、オリンピック資産の多くが、この保護要件を満たさず、あるいは権利制限にことごとく引っかかってしまうのだ。

まず、オリンピックにまつわる「単語」だ。単語は、たとえそれが造語であっても著作権では保護できない。それは、著作権で保護される著作物とは、「人間の思想・感情を創作的に表現したもの」であることが条件になっているからである。文章にもなっていないような単語には、一般的に作者の思想や感情が表現される余地はない。そうすると、「オリンピック」、「TOKYO 2020」、「聖火」、「金メダル」といったオリンピックに関連する数々の単語は、著作権では保護することができない。

単語2、3個の組み合わせからなる、スローガンやキャッチフレーズも基本的には同様で、「人間の思想・感情を創作的に表現したもの」とは見なされないことが多い。オリンピックに関するものとしては、JOCのスポンサーシッププログラムの名称である「がんばれ！ニッポン！」や、大会ごとに使用されている大会モットー（2012年ロンドン大会の“Inspire A Generation”、2016年リオデジャネイロ大会の“A New World”など）がある。単語よりは創作性があるものの、この程度の短い、それもありふれた言葉の組み合わせでは、やはり著作権で保護されるほどの創作レベルにはないと考えるべきだろう。

また、「アイデア」は、いかに独創的なものであっても著作権で保護できない。アイデアは人間の思想・感情と強く結び付いているが、文章やデザインなどの具体的な「表現」として形になっていなければ著作権では保護されない。したがって、「ギリシャでトーチに採火した聖火を、複数のランナーが開催地までリレーで運び、聖火台に灯す」、「競技で上位3位に入った選手を表彰台に乗せて、上位から金・銀・銅メダルを授与する」といった、オリンピック大会の運営にまつわるアイデアやコンセプト、それに基づく行動は、著作権によって独占することはできない。

「単語」、「単純なスローガン」、「アイデア」が著作権で保護できないとなると、それだけでもうオリンピック資産のうち半分くらいは著作権で保護されない。つまり、真似をしても著作権侵害になることはない。本当にいいの？と思うかもしれないが、いいのである。そもそも著作権は、単純な複製や口述であっても、無断で行えば原則として著作権侵害になってしまう非常に強い権利。もし公衆の面前で「がんばれ！ニッポン！」と叫んだだけで著作権侵害になってしまうのであれば、それは公正な世の中とはいえないだろう。著作権法には、著作物を公正に利用できる範囲を担保することによって、文化の発展を促すという目的がある。この目的を果たすためには、著作権の権利範囲は一定程度の制限を受けることこそ、道理にかなっているのである。

オリンピック・シンボルは著作権フリー？

著作権のもうひとつの制限は、「保護期間」だ。著作権の保護期間は、日本では原則として作者の死後50年。[75] 例えば30歳のときに書いた本で、作者が85歳まで生きたとしたら、存命中の55年＋死後50年の合計105年間、著作権は本人及び死後は相続人のものということになる。約100年と思えば十分に長く、保護期間を著作権の「制限」と考えねばならないシチュエーションは、教科書に載るような大作家先生ならいざ知らず、一般的にはそれほどない。

だが、オリンピックは歴史が長い。第1回アテネ大会の開催は1896年。実に120年以上の歴史があるのである。そして、オリンピック資産の中でも特に価値のある表現は、近代オリンピックの歴史のかなり初期の段階で確立している。ここまで長い歴史があると、保護期間の制限がネックになってくる。ここでは、オリンピックを象徴する最も重要なアイコンであるオリンピック・シンボルについて、著作権の保護期間という観点から、ＩＯＣがこれをいつまで独占できるのかを確認してみよう。

オリンピック・シンボルの著作者は、近代オリンピックの提唱者であるフランス人のピエール・ド・クーベルタン男爵である。クーベルタンは1913年にオリンピック・シンボルを創作し、1914年にパリで開かれたＩＯＣ創設20周年式典の前夜祭の夕食会において内々に発表し、その翌日の式典で正式に対外公表をしたとされている。そこに描かれた５つの輪は世界の５大陸を象徴しており、その輪の重なりは、世界中の国々がひとつに団結するというオリンピックの理念を表現している。青、黒、赤、黄、緑の5色は、これに背景の白を加えれば世界の国旗のほとんどを描くことができるという理由で選択されたのだという。一見、シンプルな輪の連なりと見ることもできるが、深い思想や工夫のもとに創作、表現されたものと評価できる。

クーベルタンは１９３７年9月に74歳で死去している。日本の法律上の特例措置[76]などを踏まえ計算すると、日本におけるクーベルタンの著作権は１９９８年5月21日で満了している。つまり、１９９８年初頭に開催された冬季長野大会まではギリギリ著作権があったが、２０００年のシドニー大会では既に著作権フリーになっていたのだ。

また、クーベルタンは、オリンピック・シンボル創作時の１９１３年には第2代ＩＯＣ会長の座に就いていたことから、オリンピック・シンボルはクーベルタン個人ではなくＩＯＣ名義の著作物と見ることもできるかもしれない。そう考えた場合、団体名義の著作物という扱いになり、個人名義の著作物とは保護期間の計算式は変わってくる。しかも公表時期が古いため、公表当時の旧著作権法で計算することになる。当時の著作権法では、団体名義の著作物の著作権保護期間は、公表から30年であった。すると、１９１４年に公表されたオリンピック・シンボルの著作権は、まだ戦時中の１９４４年いっぱいで切れていることになる。

なお、日本以外の主要国の法律においても、１９８０年代には著作権の保護期間を著作者の死後50年としているものが多かった。したがって、世界的に見ると、オリンピック・シンボルの著作権は多くの国で遅くとも１９８７年いっぱいで切れているのだ。
実は、この問題は当時ＩＯＣでも認識されており、その前年の１９８６年、ＩＯＣは、５つの輪からなるオリンピック・シンボルを廃止し、新しいオリンピック・シンボルを創作することを検討している。著作権が切れれば、スポンサーに限らず誰もがオリンピック・シンボルを使えるようになってしまうことを懸念したためだ。新デザインの方向性や、デザイナーの選定作業も進められていたが、結局、「たとえ著作権が切れるとしても、オリンピック・シンボルの持つ歴史や知名度、これまでの投資額を放棄するのは惜しい」という理由から、このプランはＩＯＣの理事会において却下され、現在に至るまでオリンピック・シンボルの使用が継続されている。[77]
オリンピック・シンボルの著作権保護期間の終期が１９９８年、１９４４年、１９８７年のいずれであっても、21世紀の今となってはもはや関係がない。なんと、オリンピックのブランドを象徴する最も有名なオリンピック・シンボル、世界の名だたる有名企業が何十億円、何百億円というお金を払ってまで独占的な使用を欲しているオリンピック・シンボルは、もう相当前から日本を含む多くの国で著作権フリー素材状態だったのだ。オリンピック組織が、オリンピック・シンボルを著作権によって独占することは、既にできなくなっているということである。[78]
なお、オリンピック・シンボルと近しい時期に創作された、「より速く、より高く、より強く」の標語（１８９１年に創作されたといわれる）、「オリンピックで重要なことは、勝つことではなく参加することである」という名言（１９０８年に創作されたといわれる）、開会式などで演奏される公式曲「オリンピック賛歌」（１８９６年までに作曲されたといわれる）も、同様にすでに著作権保護期間が満了している。

つまり、著作権法上、今では誰もが自由に使えるのである。

買い取れなかったポスターの著作権

オリンピックに関する単語、単純なスローガン、大会運営に関するアイデア、オリンピック・シンボルや公式賛歌も著作権では保護できないことが明らかになった。一方、人間の思想・感情を創作的に表現した著作物で、かつ著作権保護期間内の大会エンブレム、大会マスコット、大会を撮影した画像や映像などは著作権で保護される。だが、これらもすべてＩＯＣが著作権を保有しているとは限らない。著作権に関するもうひとつの制限、それは、原則として「創作した人が著作権者」というものだ。

「より速く、より高く、より強く」や「オリンピックで重要なことは、勝つことではなく参加することである」は、クーベルタンの言葉だとよく誤解されるが、実は違う。前者は神父のアンリ・ディドン、後者は主教のエチェルバート・タルボットの言葉だといわれている。いずれも、彼らの言葉を聞いたクーベルタンが、演説やＩＯＣの会議で引用し、それ以降、オリンピックと関連付けられて語られるようになったものである。ＩＯＣは「オリンピックに関連する表現はすべてＩＯＣが独占する」と主張しているが、もともと他人の表現であったものをオリンピックに関連付けて、それを自分の独占物だと主張する姿勢は、１００年以上前の話とはいえ、いかがなものかといわざるを得ない。

だが、いくら「ＩＯＣが独占する」と言い張っても、著作権は「創作した者」に発生する権利である以上、これらの言葉（比較的短い標語であり、著作物性の認定には慎重になる必要があるが、ここでは著作権が発生すると仮定する）については、クーベルタンやＩＯＣではなく、ディドン神父やタルボット主教が著作権を所有する（いずれの著作権も既に切れているが）。ただし、著作権は第三者に譲渡することができる。他人が所有する著作権であっても、合意によって権利の譲渡を受ければ、ＩＯＣが著作権を取得することは可能だ。しかし、ディドンやタルボットが、ＩＯＣに自身の権利を譲渡したかどうかについては、確かめる術はないものの、その可能性は極めて低いと思う。

というのも、ＩＯＣが他人の所有する著作権の重要性に気付いたのは、やっと１９８０年代末になってからだからだ。当時、歴代のオリンピック大会を描いたドキュメンタリー映画や、放送したテレビ中継は相当な数にのぼっていたが、それらの著作権の多くは、番組を製作した映画会社やテレビ局が保有したままになっており、ＩＯＣは著作権を譲り受けていなかった。そのため彼らは、過去のオリンピック大会のテレビ中継の映像を利用する際には、大会を放送したテレビ局に許諾を求め、著作権使用料を支払って使用していたという。この状況はよろしくない、と気付くのに１００年近くもかかるとは、ＩＯＣの知的財産意識も当時はたかが知れていた。録画機器が世の中に普及しきるまで、オリンピック大会の過去の映像にどれほどの価値が出るか、誰も想像しなかったのであろうか。

ＩＯＣは、１９９５年頃になって、オリンピック１００年の歴史をさかのぼり、関連する写真や映像の著作権の買い取りに奔走するプロジェクトを立ち上げた。この年に設立されたＯＴＡＢ（オリンピック・テレビジョン・アーカイブ局）は、「どんなものであれ、過去のオリンピック・フィルム、テレビ映像が見つかればその権利を取得する」[79]ことを目的とした組織である。テレビ局、映画会社、映画監督、各国の政府機関に至るまで、交渉相手は多岐にわたり、時には裁判沙汰になったこともあったという。相当な手間とコストがかかったことは想像に難くないが、現在では、ＯＴＡＢは３万時間以上のオリンピックにまつわる映像データの著作権の取得に成功しているという。

その後、ＩＯＣはオリンピックを放送するための放送局ＯＢＳ（オリンピック・ブロードキャスト・サービス）を下部組織として設立し、ＯＢＳの管理下で大会を撮影することで、最初からオリンピック大会を撮影した映像の著作権を取得している。各国の放送権者であるテレビ局は、ＯＢＳから映像の提供を受けている格好になっている。また、１９８８年以降の各放送権者との放送権許諾契約にも、ＩＯＣが映像の著作権者であることが明示されているといわれている。

各大会のエンブレムや大会マスコットに関しては、そのデザインの多くが外部のデザイナーから公募されてきた。つまり、オリンピックの映像同様、ＩＯＣではなく外部のデザイナーに著作権があるということだ。これも、かつては著作権の適切な譲渡手続きが徹底されておらず、ＩＯＣは、映像同様１９８０年代末から１９９０年代初頭になって初めて、過去のエンブレム等の著作権者から著作権を買い取るために奔走している。

その結果、ＩＯＣはオリンピックに関する過去のエンブレム等のビジュアルに関する著作権をほとんど得ることができたが、１９２８年アムステルダム大会のポスターをデザインした芸術家のヨス・ローバー（１９７６年没）とはトラブルを起こしている。ローバーの遺産相続人が、ポスターがＩＯＣによって無軌道に商業利用されることを嫌気し、著作権の譲渡を拒否したのである。[80] それどころか、ＩＯＣとの著作権譲渡交渉が決裂した１９９０年以降、ローバーの相続人は、ＩＯＣに対しポスターの商業利用すら認めない姿勢に転じた。著作権者としては正当な要求なれど、60年以上使えていたポスターについて、著作権の譲渡交渉に赴いたところ、断られただけでなく使用中止まで求められては、ＩＯＣとしては「ヤブヘビをつついてしまった」といった思いだったであろう。

頭を抱えたＩＯＣはどうしたか。なんと、１９９０年代以降、まったく別のポスターを、「１９２８年アムステルダム大会の公式ポスター」として起用したのである。そんな歴史の改竄みたいな措置があっていいのか。しかもこの新しいポスター、もともとはドイツで出版された本の表紙に使われていたデザインだったらしく、堂々ドイツ語で「オリンピック競技大会（OLYMPISCHE SPIELE）」と書かれている。オランダで行われた大会なのに、代替案の選定が雑過ぎやしないか。喩えるならば、松竹が渥美《あつみ》清《きよし》の遺族とトラブルを起こし、その結果、映画『男はつらいよ』の公式設定を「今日から寅さんを演じたのは渥美清じゃなくて、ジャッキー・チェンだったということにしましょう」と勝手に

図21　ヨス・ローバーがデザインした、オリジナルの1928年アムステルダム大会のポスター

図22　1990年以降、IOCが公式としている1928年アムステルダム大会のポスター

書き換えてしまうようなものである。誰が納得するというのだろうか。この新しい公式ポスターのビジュアルは、ＩＯＣによってピンバッジやポストカードにされ、公式グッズとして販売されている。

なお、現在は、大会エンブレムやマスコットなどのデザインについては、その著作権を大会組織委員会に譲渡することをあらかじめ応募規約等に明記することが徹底されている。例えば２０２０年東京大会のエンブレムをデザインした野老朝雄《ところあさお》、マスコットをデザインした谷口亮など、オリンピック大会に関与するデザイナーはこの規約を承諾したうえで応募しているのだ。また、大会終了後には大会組織委員会が解散するため、その著作権はさらにＩＯＣに移転することになっている。

写真はいいが、動画をアップしてはいけない

２０１０年前後から、ＩＯＣは著作権に関する新たな問題に直面した。スマートフォンとＳＮＳの普及により、スタジアムを訪れる観客や、大会に参加する選手や関係者らが簡単にオリンピックの画像や映像を撮影し、インターネット上で共有することができるようになったのだ。これらの画像や映像の著作権は、撮影者である観客や選手に発生する。

これらの著作権を、ＩＯＣがひとつひとつ買い取るのは不可能だ。それでも、彼らは観客や選手たちの撮った画像や映像に対し、一定のコントロールを利かせようと腐心している。観客に対しては、入場チケットの裏面等の注意書きで「ＩＯＣの同意なくスタジアムで撮影した写真を商業目的で使用しないこと」と釘を刺している。だが実際問題として、ＩＯＣが著作権を持っているわけではない以上、仮に観客が自分の撮った写真を商業目的で使用したとしても（例えば、自分の経営する飲食店のＳＮ

Sアカウントにアップしたり、写真をお店の壁に貼ったりしても）、著作権を根拠にそれを差し止めることはできない。注意書きにはあくまで牽制効果しか期待できない。

選手がオリンピック大会で撮った写真に関しては、実はＳＮＳやブログなどでシェアすることが奨励されている。ＩＯＣは、大会ごとに「ソーシャル＆デジタルメディアガイドライン」を発行し、一定のルールのもとで、選手らが自分で撮った大会の写真を活用することを許容している（２００８年北京大会までは禁止されていた）。近年の大会の開閉会式では、選手たちが行進中などにスマートフォンで写真を撮っている様子がよく見られるが、あれは、ＩＯＣが明文的に許容ないし推奨しているからやっているのである。

ただし、ガイドライン[81]を参照すると、細かい規制も課せられている。例えば、観客に対する制限同様、撮った写真の商業目的での使用は禁止されている。また、ネット上で写真を共有することは許容されているが、動画や音声に関しては原則として禁じられている。また、ブログやＳＮＳ等における文章の書き方も指定されており、個人の主観として日記形式で書くことはよいが、競技や大会のレポートのような形式で書くことは禁止とされている。「みんなの応援のおかげで銅メダルを獲ることができました！　とっても嬉しいです！」とは書き込めるが、「金メダルはアメリカの◯◯選手、銀メダルは中国の××選手、後輩の△△ちゃんは銅メダルでした。非常に接戦でした！」とは書けないということだ。動画やレポート形式の記述が禁じられているのは、放送権を許諾しているテレビ局や報道機関の利益との競合に配慮したからだろう。

果たして、このようなガイドラインの実効性はいかばかりであろうか。ガイドラインには「ガイドライン違反があった場合…〔中略〕…状況によっては法的措置やオリンピック憲章に基づく制裁が課されることがある」との記載がある。著作権が選手にある以上は、観客に対して同様、著作権法に基づく法的措置を取ることは難しい。ただし、観戦が終われば IOCとの縁が切れる観客とは異なり、IOCのルールのもとで大会に出場している選手に関しては、ガイドラインに従わなければ、最悪のケースでは出場停止やメダル剥奪の措置はあり得る。したがって、ガイドラインの実質的な支配力はあるといえるだろう。もっとも、ツイッターの文章の書き方が一人称じゃなかったからといって、さすがにメダルを剥奪されるようなことはないとは思いたいが……。

以上の検証の結果、オリンピック組織が著作権によって独占できる主なオリンピック資産は、オリンピック組織自身が撮影したか、または著作権を買い取ったオリンピックにまつわる画像、映像、大会エンブレム、大会マスコットくらいということが明らかになった。著作権の観点からすると、「オリンピックに結び付く、または関連する、あらゆる視覚的・音声的な表現」を独占的に保護する、という状況からは程遠いといわなければならないだろう。

ほとんど他人に取られていた商標権

表現を保護する知的財産権は、著作権だけではない。オリンピック資産が法的にどこまで保護できるのかを理解するためには、商標権についても検討する必要がある。

商標権とは、商品やサービスに関するロゴマークやネーミング等の使用を独占するための権利だ。

著作権が、特に何の手続きをしなくても創作によって発生するのに対して、商標権は、各国の特許庁に対し商標登録の手続きをしなければ取得できない。それなりに手間はかかるが、片や、一旦取得した商標権は、著作権とは異なり権利に存続期限がない。ほとんどの国で、一定期間（10年とする国が多い）ごとに権利の更新手続きをすることによって、半永久的に商標権を維持することができるのだ。これは、著作権法が「文化の発展」を目的とする法律であるのに対し、商標法が「商標を使用する事業者の業務上の信用の保護」を目的としていることによる。

文化は、過去の創作物の積み重ねのうえで成り立つという性質があり、ある作品が永遠に著作権者の独占物になってしまうと、いずれ文化の衰退を招いてしまうため、長期間の独占にはそぐわない。したがって、著作物は適度な独占期間を経たのちは公衆の共有財産とすることが適切だ。一方、事業者の業務上の信用は、その事業が継続し続ける限り、事業者に対してのみ積み重なっていき、公衆にその信用を還元させる必要はない。そのため、商標は事業者が事業を継続し、権利の更新を行う限り、半永久的な保護に値するという理屈だ。

ロゴマークやネーミングの使用を半永久的に独占できる権利と聞けば、ずいぶんと万能な権利であるような印象を受ける。実際には、後述するように権利の制限範囲が大きく、著作権と比べても活用の場面は限られることは多いが、半永久的なネーミング等の独占権が、ブランド価値の維持管理において強力な武器になることは確かだ。そのため、大企業に限らず、個人事業、個人商店においても、商標権はしっかりと確保しておくことが望ましいとされている。

ＩＯＣには、著作権だけでなく、商標権についても長らく軽視してきた歴史がある。ＩＯＣがオリンピック・シンボルや「OLYMPIC」の語などについて、本格的な商標登録に乗り出したのは、１９８７年のオリンピック・シンボルの主要国における著作権満了を経たころだ。どうも著作権が切れるのが分かったことで、慌てて商標権による保護を模索したような印象を受ける。

その後、必要最低限の商標登録が確保できたのはやっと１９９３年頃であり、その後、現在に至るまで少しずつ商標権を補強している状況である。近代オリンピック大会が１８９６年から続いていることを考えると、これは非常に遅い。約１００年もの間、十分な商標登録もなしに、よくあれだけ巨大なスポーツイベントビジネスをやってこられたものだと逆に感心してしまう。

商標権の制限のひとつに、「商標登録は早い者勝ち」という原則がある。先に商標登録の手続きをした者が商標権者となり、その商標を独占的に使用する権利を得る、というのが、多くの国における商標制度の基本的な考え方である。[82] したがって、多くの企業では、新商品のネーミングや新しいロゴマークを考案したら、発表前、発売前に商標出願の手続きを済ませている。誰かに先に登録されると、その商標を使えなくなってしまうことがあるからだ。

にもかかわらず、ＩＯＣは、長期間にわたりオリンピック資産に関する商標登録の手続きをまったくといっていいほどしてこなかった。これは彼らにとっては大きな誤りだったといえる。約１００年の間に、無関係の企業や個人によって、世界中で「OLYMPIC」やオリンピック・シンボル（類似商標を含む）、その他のオリンピック関連用語、マークを先に商標登録されてしまったからだ。

なお、商標登録は、国ごとに、また、その商標を使用する商品のカテゴリーごとに登録しなければならず、国や商品カテゴリーが異なれば、同一の商標を別の企業が登録することもできる。第三者に登録されたオリンピック関連商標は、様々な国、様々な商品カテゴリーにまたがり、その数は、実に1000件を超える。116ページの表にいくつか例を載せたが、商標登録者の中には、ゼネラル・ミルズ、ユニリーバ、ミズノ、横浜ゴム、三井物産、ヤマハ発動機のデンマーク法人、オリンパス、三菱鉛筆、日立のヨーロッパ法人など、世界の優良企業や日本企業も多く含まれている。この他にも、企業規模の大小や知名度を問わず、数多くの事業者がめいめい好き勝手にオリンピック関連商標を商標登録していたのである。

IOCがここまでの状況に至るまで商標登録を後回しにしていた背景には、1980年代以前のIOC内部に、オリンピックの商業化に対して否定的な勢力が存在していたことが考えられる。1952年から1972年までIOC会長を務めたアベリー・ブランデージもその一人で、彼はオリンピック・シンボルやオリンピックの語の経済的価値とその保護の重要性には気付いていたが、同時に、オリンピックが商業主義に舵を切ることによって、オリンピックの神格性が失われ、IOCの自治性が揺らぎ、スポンサーやテレビ局の意向がオリンピックの運営に影響力を及ぼすことに危機感を覚えていた。こうした会長のスタンスが、商標登録の手続きを躊躇させていたことは想像に難くない。IOCが商業化を推進するのは、ブランデージがIOC会長を退任した1972年以降で、その体制が整うのは1984年のロサンゼルス大会後まで待たねばならない。

また、IOCがTOPプログラムを確立する1980年代半ば以前は、オリンピックのマーケティング活動は、IOCよりも各国のNOCや大会組織委員会が中心的な役割を果たしており、IOCが主体的にオリンピック資産を保護できる体制ではなかったことも、ＩＯＣによる商標登録が遅れた要因のひとつだろう。実際、ＩＯＣよりも、その下部組織であるアメリカオリンピック委員会（ＵＳＯＣ）、カナダオリンピック委員会（ＣＯＣ）、イギリスオリンピック委員会（ＢＯＡ）、ロサンゼルスオリンピック大会組織委員会などの方が、アメリカやカナダ、イギリスにおいては先にオリンピック関連の商標を登録している。この事実からも、ＩＯＣが長らくオリンピックの商標管理を統制できていなかった様子がうかがえる。

「がんばれニッポン」の商標権を30万円で買い取れ

世界中で登録された、第三者によるオリンピック関連の無数の登録商標は、遅まきながら知的財産保護の重要性を認識した後のＩＯＣを悩ませた。ＩＯＣがオリンピック資産を独占するどころか、逆に他人にオリンピックの商標権を独占されたままの体たらくでは、スポンサーの独占権を守るどころの話ではない。

結局ＩＯＣは、著作権と同様、１９９０年代以降、多くの商標権を商標権者から買い取り、または個別に商標権の取消請求手続き[83]を行わざるを得なくなった。筆者は以前、オリンピックに関連するある言葉について商標権を保有していた日本の某企業の担当者から、「オリンピック組織の代理人から商標権を買いたいと打診があった」という話を聞いたことがある。提示額を聞いてみたら、びっくりするくらい安い金額であった。思わず「その商標で、その相手だったら１００倍の金額を提示してもいいくらいですよ！」と詰め寄ってしまったが、結局言い値で売ってしまったそうだ。

	商標	商標権者	登録国	登録年	対象商品	権利状況（2018年10月現在）
1	OLYMPIC	ゼネラル・ミルズ	アメリカ合衆国	1907年	小麦粉	失効
2	OLYMPIC	ユニリーバ	オーストリア	1987年	アイスクリーム	失効
3	OLYMPIC	ミズノ	日本	1918年	野球用具他	IOCに譲渡
4	OLYMPIC	横浜ゴム	日本	1933年	ホース他	失効
5	OLYMPIC	三井物産	日本	1934年	練乳バター他	失効
6	OLYMPIC HENRY HANSEN	ヤマハ発動機デンマーク	デンマーク	1941年	自転車他	失効
7	OLYMPIC	オリンパス	カナダ	1948年	ラジオ、テレビ	有効
8	OLYMPIC	三菱鉛筆	イギリス	1972年	鉛筆他	失効
9	OLYMPIC	日立ヨーロッパ	イギリス	1988年	男性用電気カミソリ	失効
10	OLYMPIC AIRWAYS	オリンピック航空	イタリア他	1996年	旅行の手配他	有効
11		オリンピック航空	イタリア他	1996年	旅行の手配他	有効
12	OLYMPIC	ＰＰＧ建築仕上	アメリカ合衆国他	1984年	建築用コーティング剤	有効
13	Hotel OLYMPIC PARK	セージス	スペイン	1992年	ホテル	有効
14	HOTEL OLYMPIC GARDEN	セージス	スペイン	1996年	ホテル	有効
15	株式会社オリムピック	オリムピック	日本	1992年	釣り具	有効

図23　第三者によって商標登録されたオリンピック関連商標の例

しかし、譲渡の打診を受けた商標権者が、全員おとなしく売り渡すわけもない。かつて「がんばれニッポン」という登録商標（JOCのスポンサーシッププログラムと同じ名称）を保有していた、愛友《あいゆう》酒造という茨城県の酒蔵は、JOCから30万円での商標権の譲渡を打診されている（これも相当安い）。しかし、同社はこの条件に対し首を縦に振らず、交渉は決裂。その3年後に、JOCが提起した行政審判によって商標権が取り消されている（提示金額はこの審判過程で明らかにされた）[84]。このような調子で、オリンピック組織は世界中の商標権者と個別に交渉したり、商標権の取り消しを求める審判などで争ったりしているのである。おそらく、膨大な費用と手間がかかっていることだろう。

図 24　オリンピック航空によるオリンピック・シンボルに似たロゴマークの使用 by Aero Icarus (CC BY-SA 2.0)

図 25　PPG 建築仕上のペンキ「OLYPMIC」の陳列の様子

図 26　HOTEL OLYMPIC GARDEN の外観

しかし、譲渡交渉も商標権の取消請求も上手くいかず、現在も第三者が保有し続けている商標権は少なくない。例えば、「OLYMPC AIRWAYS」並びに、オリンピック・シンボルに似た商標（図23‐11）は、現在もヨーロッパ諸国においてギリシャの航空会社であるオリンピック航空（ＩＯＣとは無関係）の登録商標である。[85]「OLYMPIC」に聖火のイメージを加えた商標（図23‐12）は、アメリカ、メキシコ、イギリスなどにおいてＰＰＧ建築仕上という建築資材会社の登録商標。「Hotel OLYMPIC PARK」、「HOTEL OLYMPIC GARDEN」はセージスというスペインのホテルの登録商標である。いずれの会社も、ＩＯＣとは何の関係もなしに、自身の商標権のもと、自身の商品やサービスに「OLYMPIC」の商標を堂々と使用している（図24〜図26）。果たして、ＩＯＣがオリンピック関係の商標権を完全に独占できる日は来るのだろうか？

ニッポンを応援したら商標権侵害？

「商標出願が後手過ぎる」という判断ミスによって、商標権の独占を逃しているオリンピック組織だが、１９９０年代以降は商標登録を徐々に実現しており、例えば日本においては、ＩＯＣは幅広い商品カテゴリーにおいて「OLYMPIC」や「OLYMPIAD」などを商標登録している。それどころか、オリンピック組織は一見すると誰もが自由に使えるはずであろうありふれた言葉の商標登録にも成功している。それが「がんばれ！ニッポン！」と「ＴＯＫＹＯ ２０２０」である。日本において、前者は図27‐１の態様にてＪＯＣの登録商標、後者は東京大会組織委員会の登録商標（２０２０年東京大会後にはＩＯＣに譲渡される予定）である。

1	2
がんばれ!ニッポン!	TOKYO 2020

図27　１＝JOCの登録商標（第4481000号）、
２＝東京大会組織委員会の登録商標（第5626678号）

商標登録されているということは、オリンピック組織の許可なしには、「がんばれ！ニッポン！」や「ＴＯＫＹＯ ２０２０」の語の使用に一定の制限がかかるということを意味している。しかし、ニッポンを応援したり、一般的な地名と西暦年数の組み合わせを使用したりするのに、わざわざ許可が必要なのだろうか？ この問いに答えるには、主に２つの観点から検討する必要がある。第一に、これらの商標権は本当に有効なのだろうかということと、第二に、商標権の効力はどこまで及ぶのかということである。まずは、両商標権の有効性を検証する。「がんばれ！ニッポン！」のような一般的に使用されるありふれたスローガン、「ＴＯＫＹＯ ２０２０」のような、イベントの開催場所や開催年を表すに過ぎない語などは、商慣習上、誰もが当然に使用を欲し、また使用する必要がある。このような特徴を持つ商標を、商標登録によって特定の事業者に独占させることは、経済活動の自由を著しく阻害することになり、また公益に照らしても不適当であることから、商標法上、こうした商標は原則として何人も商標登録できないことが定められている。商標法は国によって少しずつ違うが、この原則はほぼ世界共通である。世の中には、オリンピック以外にも日本（の選手）を応援すべきスポーツイベントは数多く存在するし、スポーツ以外の分野においても、日本の文化や経済活動等を応援し、発破をかけるべき機会は多い。また、東京で２０２０年に開催されるイベントや発売される商品は、当然のことながらオリンピックだけではない。こうした事情を踏まえれば、オリンピック組織に「がんばれ！ニッポン！」や「TOKYO２０２０」を登録商標として独占させることは原則としてできない。

ただし、この原則にかかわらず、ありふれた語を商標登録できる例外条件がある。それは、その語が、特定の事業者によって長年大々的、独占的に使用されるなどして消費者等からの認知度が高まり、本来の言葉の意味を超えて、特定の事業者の商品やイベント等を指す商標として機能していることである。語義的にはありふれた言葉でも、事実上、特定の商品名やイベント名として受け入れられているという状況が成立していれば、商標登録は可能ということだ。

例えば、お菓子の「チョコボール」（本来はチョコの形状を表しているに過ぎないが、森永製菓の商品名として認知されている）、アイスの「あずきバー」（本来は原料と棒アイスであることを表しているに過ぎないが、井村屋の商品名として認知されている）などが、例外条件を満たしているとして商標登録されている。これらの商品名について、その認知度などを考えれば、森永製菓や井村屋に登録商標として独占権を与えたとしても現実的には誰も困らないし、かえって他のメーカーが同じ商品名を自由に使えるとなると、両社はもちろん、消費者も間違って買ってしまうなどの不利益を被るおそれがある。商標登録は妥当だろう。

ただし、ありふれた言葉を特定の商品名等として広く認知させるには、一般的に長い時間と大量の広告宣伝、販売実績等が必要であり、また、そうした状況に至っていることを、商標登録の可否を審査する特許庁に対して証明することも大変難しい。森永製菓が「チョコボール」の商品名を初めて採用したのは１９６９年だが、商標登録されたのは２００８年。「あずきバー」の発売は１９７２年だが、商標登録は２０１３年である。これは、森永製菓や井村屋が、ＩＯＣのように長らく商標権を軽視していたからでは決してなく、「チョコボール」や「あずきバー」を各社固有の商品名と認知されるまで育て上げ、それを証明するに至るまでそれだけの歴史と実績の積み重ねが必要だったということだ。ありふれた言葉を商標登録するのは、それほど難しいことなのである。

以上を踏まえ、「がんばれ！ニッポン！」と「ＴＯＫＹＯ ２０２０」の有効性を検証していこう。これらの商標の登録時点において、本来の言葉のありふれた意味を超えて、オリンピック組織の特定の商品名等（事業名やイベント名を含む）として認知されていたといえるのかどうかを確かめればよいのである。

「がんばれ！ニッポン！」の文字は２００１年に商標登録が認められている。そもそもこの商標は何なのかというと、ＪＯＣが運営する、オリンピック日本代表選手の育成等を目的とした資金調達のためのスポンサーシッププログラムの名称だ。このプログラムのもとで、ＪＯＣは様々な企業からスポンサー料を募り、その見返りとして、スポンサーに「がんばれ！ニッポン！」のスローガンや日本代表選手の肖像等の使用許諾を与えている。その歴史は古く、ＪＯＣの前身団体としての日本体育協会（現・日本スポーツ協会）が１９７９年に開始し、１９９１年にＪＯＣが日本体育協会から独立してからは、ＪＯＣが引き継いでいるものだ。スポンサーは時代に応じて変遷しているが、アサヒビール、アシックス、キヤノン、ＮＥＣ、富士通、三井不動産、ＬＩＸＩＬ、明治、ＮＴＴ、日本生命など、数多くの大手企業が名を連ねている。

こうした、登録時まで22年にわたる使用の歴史と、多くの企業による参加実績により、「がんばれ！ニッポン！」＝「ＪＯＣのスポンサーシッププログラムの名称」という認識が確立していると認定されたことで、商標登録が認められたものと考えられる。実は、このことを裏付ける特許庁の審判記録も残されている。２００４年、発明家のドクター・中松が特許庁に対し、この商標権の無効化を請求したことがあるのだ。このとき、特許庁は「（「がんばれ！ニッポン！」は）長年にわたり継続して多数広範な協賛企業に対し役務等にその使用を許諾し、全国的に使用されてきた結果、本件商標の登録出願時及び登録査定時には、国民の間に広く知られ、相当程度周知著名となっていた[86]」と認定し、商標権は有効であると判断している。

ただし、この認定には疑問を感じる点もある。確かに、長年ＪＯＣの許諾のもとで様々なスポンサーが広告等で使用してきた事実はあるが、同時に、この言葉はＪＯＣやオリンピックと無関係な場面（例えばＦＩＦＡワールドカップなど）でも様々な人々によって使用されてきた事実もあるのではないだろうか。「がんばれ！ニッポン！」は、ＪＯＣの特定の事業名として認識されているというには、あまりにも多くの人々に自由に使われ過ぎていると思うのだ。だとすれば、そのような言葉を商標としてＪＯＣに独占させることが妥当かどうかについては、なお慎重な評価が必要だったのではないだろうか。「がんばれ！ニッポン！」の商標登録の経緯には一定の道理は認められるものの、その結論の妥当性と商標登録の有効性には、筆者はやや疑問を感じるところである。

「TOKYO 2020」商標登録の不可解な経緯

では「ＴＯＫＹＯ　２０２０」の商標登録の有効性はどうだろうか。この商標は２０１２年にＪＯＣが出願し、ほどなくして東京オリンピック・パラリンピック招致委員会が出願人の地位を引き継いでいる。特許庁が商標登録を認める査定を下したのは、２０１３年10月16日。その後、権利名義が大会組織委員会に変更されている。しかし、２０１３年10月の時点で、「ＴＯＫＹＯ　２０２０」が単なる地名と西暦年数の組み合わせという意味を超えて、「オリンピックを指す特定のイベント名」と認識されていると認定されたのだとすれば、その認定の妥当性には大きな疑問を投げかけざるを得ない。

なぜならば、２０２０年東京大会の開催が決定したのは、その1カ月前の２０１３年9月7日のことだからだ。このわずかな期間で、地名と西暦年数の単純な組み合わせが、特定のイベントを表す商標に昇華することはほぼ考えられない。確かに、開催決定のその日から、「東京」で「２０２０年」に「オリンピック」が開催されることは様々なメディアで大きく報道された。しかし、それはまさに開催場所と開催年が決まったという単なる事実の報道であり、この時点では、誰も「ＴＯＫＹＯ　２０２０」という語を、オリンピック大会を示す目印や標識として使ってすらいないのである。そのような状況下で、招致委員会はいったいどのような主張を展開して、「ＴＯＫＹＯ　２０２０」の商標登録を認めさせたのだろうか。実は、当初特許庁は「ＴＯＫＹＯ　２０２０」の商標登録を拒絶しており、その理由として以下の内容を招致委員会に通知している。

この商標登録出願に係る商標は、日本国の首都である「東京」の欧文字標記である「ＴＯＫＹＯ」とアラビア数字の「２０２０」によって構成されているところ、各種…〔中略〕…イベント

において は開催地の地名と開催時期の西暦の年号を組み合わせてイベントに使用することが一般的に行われている…〔中略〕…ことから、…〔中略〕…需要者が何人かの業務に係る商品又は役務であるかを認識することができないものと認められます。[87]

つまり、「TOKYO 2020」は様々なイベント等で当たり前に使われる地名と西暦年数の組み合わせに過ぎず、ある特定のイベント等を表す商標としては認識できず、したがって商標登録は認められない、ということだ。商標法の原則に即した指摘である。特許庁からこのような通知を受けた場合、商標出願人には意見を述べる機会が与えられる。普通であれば、ここで招致委員会は、「いや『TOKYO 2020』と聞けば誰もが『オリンピックを表す特定のイベント名』だと認識する」と主張し、またその主張の根拠となる証拠を提出するなどして立証しなければならない。彼らはいったいどのような主張、立証をしたのだろうか。開催都市を決定するIOC総会を2日後に控えた2013年9月5日付けで、招致委員会が特許庁に提出した書類から引用する。

本年9月7日には、IOC総会にて、2020年に開催されるオリンピック・パラリンピック競技大会の開催都市が決定することは、御庁におかれましても顕著な事実と思料します。しかして、もし東京都が開催都市に決定すれば、本願商標「TOKYO 2020」は、一夜のうちに莫大な顧客吸引力を獲得し、巨大な財産価値を有する標識に変化します。したがって、その場合に、早急に商標登録によって保護する必要性が高まることは火を見るよりも明らかであります。つきましては、上記事情に鑑み、開催都市が決定する２０１３年９月７日（日本時間８日）まで本願のご審査をご猶予いただき、開催都市に決定した暁には、できるだけ速やかに登録査定を賜りたく、上申する次第です。

つまり、「東京都がオリンピックの開催都市に決まったら、『ＴＯＫＹＯ ２０２０』を保護する必要性が出てくるのだから、早く商標登録してくれ」といっているのである。しかし、これは、何の主張でも立証でもない。単なる「お願い」である。「早急に商標登録によって保護する必要性が高まることは火を見るよりも明らか」と述べているものの、これは出願人にとっての主観的な必要性を訴えているに過ぎない。商標登録に値するとする客観的な証拠については、過去のＩＯＣによる似たような商標の登録事例にいくつか触れた程度で、何ら具体的な主張も証拠提出もなされていないのである。

これは、かなり異例の対応といえる。普通の企業は、登録可能性の低い商標を登録しようとするならば、自社の商標にいかに長い歴史があり、いかに多くの人に認知されているかを立証することで、登録商標としての保護に値する状況が成立していることを主張しなければならない。そのために、売上データをまとめ、過去の広告や報道記事を探し集め、消費者認知度アンケートを取るなど、大変な苦労をしているのである。「早急に商標登録する必要があります」などと勝手な希望を述べるだけで登録できるなら誰も苦労はしない。

通常はこのような主張では審査を通過することはないのだが、ところが前述の通り、特許庁はすんなりと商標登録を認める査定を下している。出願人の主張も異例なら、特許庁の決定も異例だ。果たして公平な審査が行われたといえるだろうか。

また、「ＴＯＫＹＯ ２０２０」にはもうひとつの登録拒絶理由があった。商標出願に際しては、手続き上、その商標を使用する予定の商品カテゴリー（スポーツ大会、被服など）を指定しなければならないことになっている。そして日本においては、原則として、出願人が実際に使用する予定のない商品カテゴリーを指定することはできない。[88] 使用予定のない商品について、特定人に無制限に商標登録を許してしまえば、他の事業者の商標選択の自由を過度に奪うことになるからだ。にもかかわらず、招致委員会は、世の中のほとんどの商品カテゴリーを指定して商標出願を行っている。その範囲は、例えば哺乳瓶、つけひげ、はえたたき、便器、占い、とうもろこし、人毛、パラシュート、医業、モップの貸与、陶芸用ろくろ、人工授精用精液、煙突掃除、防毒マスク、外国市場証券先物取引、結婚または交際を希望する者への異性の紹介、墓地または納骨堂の提供、鯨のひげ、マネキン人形、火災報知器、原子炉、戦車、人工衛星にまで至る。オリンピック組織が、これらの事業をすべて行うとは到底考えられない。特許庁も、使用予定のない商品を指定して商標出願をしているのではないかとの疑義を持ち、当初は以下の拒絶理由を通知している。

> 出願人〔招致委員会〕がこれらの事業を運営している事実を見出すことができず、また…〔中略〕…近い将来使用する予定があることについて確認することができません。したがって、このような状況の下では、この商標登録出願に係る商標は、商標法第3条第1項柱書きの要件を具備して

いるものと認めることができません。

それはそうだろう。これほど広範で脈絡のない商品を一度に取り扱う事業など、総合商社でも総合ディスカウントストアでもあり得ない。この拒絶理由を覆すには、これらの商品を取り扱う予定を記した事業計画書等を提出しなければならないとされている。しかし、ここでも招致委員会の提出した書類は誠実とは言い難かった。彼らが、招致委員会理事長兼JOC会長である竹田恆和《つねかず》の捺印付きで特許庁に提出した書面にはこうある。

当法人は…〔中略〕…これらの商品の譲渡（販売を含む。）…〔中略〕…に関する具体的な事業計画をもっており、遅くとも向こう4年以内には、当該商品・役務について本願商標の使用を開始する予定です。

しかしながら、「具体的な事業計画」との言葉とは裏腹に、書面には簡単なスケジュールすら示されていないのだ。だいたい、招致委員会ないし大会組織委員会が、婚活サイトを主催したり人工衛星を飛ばしたりするなどの事業計画を持っているとは思えない。実際、この書面の提出から幾年月が経過したが、オリンピック公式原子炉や公式防毒マスクが売られているといった話はようとして聞かれない（これからも聞かれることはないだろう）。すなわちこの事業計画は、誠実な使用意思、使用計画を反映したものとは評価し難い。しかし、そのような杜撰な事業計画書すら、特許庁はすんなり受け入れ、先の通り商標登録を認めている。これはかなり不可解だ。

このように、「TOKYO 2020」が商標登録された経緯を検証すると、この商標権は、商標法の規定に反した無効性のある商標登録である可能性を指摘しなければならないだろう。いったいなぜ、特許庁は、このような異例の商標登録を認めたのであろうか。通常の企業の商標出願に対してはなかなかお目にかかれない判断であり、政治的な圧力ないしは忖度の力がはたらいたと疑われても仕方ない。法曹界においても、「TOKYO 2020」の商標出願や登録を巡って、「国の要請を受けて行ったもの」、「国がオリンピック関連の知的財産保護をバックアップ[89]」、「通常は登録が認められるとは思われない」、「政策的な考慮がされた[90]」などと考察するむきは珍しくない。特許庁が、丁寧な証拠の積み重ねと、説得力のある主張立証を求められている他の民間事業者との間に扱いに差を設け、ほとんど何の証拠も提出せず、主張らしい主張すらしていない招致委員会の商標出願を登録させたのだとすれば、不公正だと断じざるを得ない。

応援うちわにオリンピック・シンボルは商標権侵害か

商標登録の有効性を検討した結果、「がんばれ！ニッポン！」はやや疑問あり、「TOKYO 2020」は大いに疑問あり、というのが筆者の見解である。だが、一応の事実として商標権が成立している以上、これらの語を使用する際には一定の注意を払うのが現実的だろう。とはいえ、過度に表現を萎縮する必要はない。しばしば、登録商標はいかなる場合でも無断使用が禁じられると誤解されるが、商標権の効力範囲には制限がある。原則として「商取引上の使用」、かつ「商品やサービスの出所を示す態様での使用」に当たる範囲にしか商標権の効力が及ばないのだ。これは、一般に思われているよりもかなり狭い範囲だ。以下、具体的に説明する。

まず、登録商標を無断使用したとしても、それが「商取引上の使用」でなければ、商標権侵害は成立しない。このことは、法律条文上は明文化されていないものの、多くの裁判で採用され、判例上確立した基準である。例えば、個人的な趣味において、オリンピックの感想をブログやＳＮＳに書き込む際に、「オリンピック」や「がんばれ！ニッポン！」などの登録商標を記事やタイトルに使用しても構わない。他者との対価のやり取りを伴わない個人的な書き込みは商取引ではないからだ。

同様に、学校行事や職場の有志イベントで、選手を応援するポスターや横断幕を作り、そこにオリンピック・シンボルを描いても大丈夫だし、日本代表選手の凱旋パレードの見学のために、うちわを自作してそこに大会マスコットや大会エンブレムを描くのも商標法上は問題ない。ただし大会マスコットや大会エンブレムには著作権があるので、著作権には配慮する必要はあるが、私的使用の範囲であれば著作権侵害にも該当しない。なお、オリンピック・シンボルであれば、述べたように著作権が切れているので、１００枚作って沿道の観客に配っても問題はない。それが何かの商品やサービスを広告するためのポスターや、売り物のうちわなどでない限りは原則として商標権侵害にはならないのである。

また、「商取引上の使用」であっても、「その商品やサービスの出所を示す態様での使用」とはいえない使い方であれば、やはり商標権侵害にはならない。これも多くの裁判例を通じて支持されてきた、日本の司法の一般的な考え方だ。「その商品やサービスの出所を示す態様での使用」というのは、端的にいえば、商品等に付いている商標を見たときに、「この商品は、この商標に関するどこか特定の会社から出ているものね」、「この商品は、この商標に関するどこか特定の団体がお墨付きを与えているのね」などといった認識を呼び起こすということだ。例えば、ノートパソコンの背面に描かれているワンポイントマークを見て、「アップルのパソコンね」、「富士通のパソコンね」と認識するということだ。なお、その際に必ずしも具体的なメーカー名やブランド名が思い浮かぶ必要はなく、「その商標に関するどこか特定の事業体」が発売、提供、管理、保証、後援等の関与をしているんだな、ということが認識されればよい。

商標権侵害とは、第三者が商標を無断使用することによって、消費者らが前記のような認識を誤るおそれを生じさせることだ。例えば、アップルのロゴやそれによく似たロゴを背面に貼ったスマートフォン用のケースを無断で製造販売すれば、消費者から「このケースはアップル（あるいはりんごのマークに関するどこか特定のメーカー）の管理のもとで製造販売された商品なのかな」と誤解されるおそれがある。これが、典型的な商標権侵害だ。逆に、その商標の使用によって「その商標に関するどこか特定の事業者の管理のもとで出ている商品（サービス）なんだな」と思われるおそれがなければ、形式的に他社の登録商標を無断使用しても商標権侵害にはならない。

例えば、本書はオリンピックを題材とした書籍で、本文やカバーには登録商標である「オリンピック」の語が何遍も使われているし、いくつかオリンピック・シンボルを含む図版も引用している。この書籍は商品なので、「商取引上の使用」には該当する。だが、本文中やカバーに含まれる「オリンピック」やオリンピック・シンボルの使い方から、「この本はオリンピックに関する特定の団体が出版もしくは監修した本」などと誤解されるおそれはない。「オリンピックについて論評、批評した本」という理解に留まるのが通常だ。したがって、本書における「オリンピック」やオリンピック・シンボルの使用は、商標権侵害にはあたらない。

ただし、本来出版社のロゴが入るような場所、例えば背表紙の上部などにオリンピック・シンボルを配置したり、タイトルや帯に「日本オリンピック委員会公認」などと入れたりしたら、先の誤解が生じるおそれがあるだろう。このような使い方を無断でした場合には、商標権侵害となる可能性がある。ちなみに、しばしば漫画やエッセイなどで、文章中の登録商標が伏せ字やぼかした表現で使用されることがある（例えば「ディズ〇ーランド」、「某ネズミのテーマパーク」など）。こうした措置は「商標上の問題で」などと説明されることがあるが、商標権侵害を回避する意図だとしたら、まったく不要な措置である。

この考え方に従えば、例えばスーパーマーケットが日本代表選手の活躍に乗じて、チラシや店頭ＰＯＰに「オリンピック応援セール！」と書いたり、飲食店の公式ＳＮＳが「#がんばれ！ニッポン！」、「#Tokyo2020」などのハッシュタグとともに割引キャンペーンを告知したりしたとしても、それが直ちに商標権侵害に該当するかは大いに疑問である。果たして、こうしたチラシやハッシュタグによって、「オリンピックに関する特定の団体が公認、関与した施策なのかな」といった誤解が生じるおそれがあるといえるのだろうか。

以上のような「形式的には、他人の登録商標の無断使用でも、商標権侵害にはならない使い方」は、知的財産用語では「商品性を満たさない」、「商品に該当しない」、「商標としての使用にあたらない」、「商標的使用態様ではない」、「記述的使用に過ぎない」、「出所表示機能を果たさない」などといわれる。実は、裁判などで商標権侵害を否定するときに使われる、常套手段のひとつだ。

また、商標法の他にブランドを保護する法律として、不正競争防止法があり、同法には、商標登録されているかどうかを問わず、周知または著名なブランド（商品等表示）や、経済産業省令で定める国際機関のマーク（「ＩＯＣ」やオリンピック・シンボルが対象になっている）の無断使用を禁じる条項がある。しかし基本的には商標法同様、「商取引上の使用」でかつ「商品やサービスの出所を示す態様での使用」にのみ効力が及ぶ法律だ。

なお、以上は基本的に日本の知的財産権法における法理であり、同様の考え方を採用している国は多いが、商標の無断使用が必ずしも商品やサービスの出所を示すような方法ではない場合でも、特定の要件を満たせば商標権侵害が認められる国もある。例えば比較的商標の保護に手厚い国が多いＥＵの規則では、虚偽等によって競合他社を貶めたり、模造品と本物を比べたりするような不正な比較広告において、他人の商標を使用することを禁じている。実際、有名な香水の模造品の販売に際し、それと近い香りがする本物の香水のブランド名が書かれたリストを配布した行為について、商標権侵害に該当するとした裁判所の判断がある。悪質性があるとはいえ、比較広告である以上は、比較された商品と、広告対象の商品について、同一の主体が関与していると誤解されるおそれはないだろうから、この点において、日本よりも商標権侵害の認められる余地が広いともいえる。

とはいえ、いずれにせよ、商取引上、他人の商標を不正に利用することで利益を得たり、消費者に混乱を招いたり、商標の価値や機能を害したりすることが商標権侵害の本質であることは変わらない。商標権の効力の範囲は限定されており、「商標登録されている商標は、どんな場合でも使ってはいけない」わけではないというのは、万国共通の原則なのである。

「がんばろう日本!」は商標権侵害か

なお、商標権の効力が及ぶ範囲において登録商標を無断使用した場合、登録商標と同一の商標を使用すれば商標権侵害となるのは当然だが、類似の商標を使用した場合でも侵害となる。例えば、「adidas」をもじって「adides」というスポーツバッグを勝手に売ったら商標権侵害である。ただし、「がんばれ!ニッポン!」や「TOKYO 2020」のように、一応は商標登録されているものの、実態として普遍的な言葉として理解されている商標については、一般に権利侵害となる「類似の範囲」は狭い、ということにも触れておく。

これは、商取引現場における商標同士の類似・非類似の判断基準が、類似と思われる商標を見た需要者が、元の商標と出所の混同を生じるおそれがあるかどうかという点にあることが関係している。端的にいえば、元の商標の主体と紛らわしく思われるおそれがある程度に類似する場合には類似商標と判定されるということだ。そして、「がんばれ!ニッポン!」のような、事実上多くの人に使われており、特定の事業に関係のある商標という認識が希薄なありふれた言葉の場合は、ほんの少し表現や使用場面が変われば、元の商標の印象は消え、語義通りの「ありふれた言葉」や「別物」と認識されることが多い。

例えば、「がんばれ！ニッポン！」と「がんばろう日本！」はよく似た言葉である。だが、「がんばろう日本！」の語義は「日本に対する声援の言葉」で、しかも一般的に使われるありふれた表現であるため、まずはそうした一般的な語義が連想されることが自然であり、ＪＯＣやオリンピックという連想に結び付く（紛らわしく思われる）とは考えにくい。もし「がんばろう日本！」から語義以外の観念が生じるとすれば、オリンピックではなく、むしろ東日本大震災等の復興支援に使われるスローガンではないだろうか。こうした検討に基づけば、「がんばれ！ニッポン！」と「がんばろう日本！」が類似すると判断されることはまずないだろう。実際、震災復興支援の趣旨において、スーパーマーケットや各種支援イベント団体がチャリティー物販を行う際に「がんばろう日本！」と書かれたチラシやＰＯＰを掲示することは多いが、こうした行為がＪＯＣの商標権を侵害することはほぼあり得ないと考えてよい。

おそらく、「がんばれ！ニッポン！」程度のありふれた言葉なら、スポーツ選手を起用した広告において無断使用するなど、事業自体がＪＯＣのスポンサーシッププログラムと競合したり、紛らわしかったりしない限りは、ほとんど同一の態様の商標までにしか権利範囲は及ばないのではないか。つまり、オリンピックと関係しないことが明らかな事業において、「ニッポン頑張れ！」、「ガンバレ日本！」といった表記を採用すれば、商標権侵害にはならないという判断は十分考えられるのである。「がんばれ！ニッポン！」以上にありふれた表現である「ＴＯＫＹＯ ２０２０」も同様で、例えば「２０２０@ＴＯＫＹＯ」、「ＴＯＫＹＯ '20」、「東京２０２０」などの表記であれば、「ＴＯＫＹＯ ２

０２０」の商標とは非類似と判断され、商標権侵害にならないことは十分あり得るだろう。実際のボーダーラインを探るのは難しいものの、登録商標であっても、実態として「ありふれた言葉」に過ぎなければ、極めて限定的な範囲までしか効力の範囲が及ばない「弱い商標権」であることは確かである。

「オリンピックを連想させるに過ぎない用語」は知的財産権では保護できない

まとめよう。オリンピック組織が商標権を保有する主なオリンピック資産は、オリンピック・シンボル、「OLYMPIC」、「がんばれ！ニッポン！」、「ＴＯＫＹＯ ２０２０」などがある。しかし、オリンピック組織は商標登録の手続きを１９８０年代までほとんど怠っていたため、それ以前に世界中で第三者に「OLYMPIC」やオリンピック・シンボルの図形などを登録されており、独占は不完全である。

また、そもそも商標権や不正競争防止法の効力の及ぶ範囲は「商取引上の使用」で、かつ原則として「商品やサービスの出所を示す態様での使用」に限られることから、オリンピック組織が商標権を保有している言葉や図形であっても、これら以外のシチュエーションにおける登録商標の使用が制限されるわけではない。例えば、売り物や広告物ではないポスターやうちわへの登録商標の使用や、個人的なＳＮＳなどへの書き込みにおける登録商標の使用は商標権侵害にはならないし、オリンピックについての論評を目的とする書籍の文中やタイトルでの「オリンピック」の使用や、オリンピックが開催されるという客観的な事実を示しているに過ぎない広告文言なども商標権侵害にならない場合が多い。

特に、オリンピック組織が商標登録している商標の中でも、普遍的な表現である「がんばれ！ニッポン！」、「ＴＯＫＹＯ ２０２０」については、商取引上の使用かつ、商品やサービスの出所を示す態様で使用する場合においても、商標権の類似範囲が狭く、オリンピックとの関連性を誤解される余地の少ないシチュエーションにおいて、多少表現を変えれば、権利範囲から外れる場合が多いと考えられる。さらに、少なくとも「ＴＯＫＹＯ ２０２０」については、商標登録の経緯に妥当性が欠けており、有効性に疑義がある可能性も指摘できる。


以上から、著作権法、商標権法や不正競争防止法といった知的財産権法によって保護できるオリンピック資産は、限られた範囲に留まることが分かる。まして、オリンピック組織が独占を主張する「オリンピックを連想させるに過ぎない用語」については、知的財産権法上はまったく保護できない。例えば「目指せ！金メダル」、「平和の祭典」、「４年に一度のスポーツの祭典」、「日本を応援しています」などといった言葉は、知的財産権法上何らの使用制限もなく、自由に使えるものである。

にもかかわらず、オリンピック組織は、アンブッシュ・マーケティングを規制するために、１９９０年代後半以降、こうした言葉の使用が、あたかも知的財産権法上問題であるかのようなキャンペーンを推進しているのだ。普通であれば、こんなまやかしのようなキャンペーンはすぐにメッキが剝がれそうなものだが、そうはなっていない。現在もオリンピック組織の主張は揺らいでおらず、かえってわれわれ市民の方が「オリンピックを連想させる言葉も使わない方がよいのでは」と萎縮している傾向すら見受けられる。われわれはまやかしの知的財産に気圧されているのだ。

なぜこんなことがまかり通ってしまうのか。そこには、オリンピック組織の巧みな手腕がある。彼らは、自身の主張と知的財産権法の間に大きなギャップがあることなど当然分かっており、そのうえで、自らの主張が社会に受け入れられるよう、緻密な警告戦術やキャンペーン戦略を立てているのだ。次章では、本章で整理した知的財産権法上の原則を踏まえたうえで、今一度、オリンピック組織によるアンチ・アンブッシュ・マーケティング・キャンペーンの巧妙さを解説し、また、それに対してわれわれはどのように対処すべきかについて論じる。

コラム3　オリンピックは普通名称か?　上

商標法には、その商品やサービスについての普通名称や慣用名称は商標登録できないという原則がある。また、仮に商標登録されていたとしても、事実上の普通名称等であれば権利行使は認められない（訴えても負ける）。この観点は「オリンピック」という商標権の有効性を検討するうえで重要なものである。なぜなら、「オリンピック」は「国際的な競技大会」程度の意味の普通名称ないし慣用名称とする見解が存在するからだ。この見解を是とするならば、「オリンピック」の語を法的に保護する根拠はなおさら脆弱となってしまう。

歴史的には、過去「オリンピック」は確かに普通名称であった。オリンピックのオリジンは、紀元前にギリシャで開催されていたオリンピック（古代オリンピック）であり、IOCのオリンピックは、1896年にクーベルタンがこれを復興したものだ。だが実は、18世紀後半から19世紀にかけて、他にも古代オリンピックを復興した競技大会が複数存在したのである。最初期のものは、１６０4年にイギリスの富豪ロバート・ドーバーが開催した「オリンピック」で、１８５7年に中断したが、１９５1年に「コッツワルド・オリンピック」として復活。今日も開催が続いている。１８５0年にはイギリスの医師、ウィリアム・ペニー・ブルックスが「ウェンロック・オリンピック」を開催。これはクーベルタンも観戦していたという。１８５9年にはルーマニアの富豪、エヴァンゲリオス・ザッパスがアテネで「オリンピック」を開催。１８６2年にはイギリスのリバプールで、起業家のジョン・ハリーが「オリンピック・フェスティバル」を開催。この他にスウェーデンやカナダでも「オリンピック」が開催されている。

これらオリンピックの同時多発の背景には、当時、古代オリンピック時代のオリンピアの遺跡発掘をきっかけとして、世界各国で古代オリンピック復興の機運が高まっていたことが挙げられる。実は、クーベルタンはその流行に乗った一人に過ぎなかったのである。こうした事情を踏まえると、「オリンピック」はある特定の大会を指す固有名称ではなく、「古代オリンピックの影響下にある競技大会」全般を指す普通名称だったという評価が適切だろう。こうした認識に基づき、20世紀になっても「オリンピック」を冠称する競技大会は誕生し続け、いつしか古代オリンピックにほとんど由来しない「オリンピック」も現れた。例えば、１９１3年にフィリピンで「極東オリンピック」が、１９１9年にはパリで第一次世界大戦の連合国の従軍関係者だけを集めた「ミリタリー・オリンピック」が、１９３0年代にはニューヨークでトランプの大会「世界オリンピック・ブリッジ・トーナメント」が開催されている。

一方、早くもこの頃からＩＯＣは「オリンピックは自分たちだけのもの」との姿勢を示すようになり、前記３つのオリンピックに対し名称変更を求めて抗議している。その結果、「極東」と「ミリタリー」は大会名を変更したものの、当時の新聞や雑誌などは、これらの大会について引き続き「オリンピック」の名で紹介することも多かった。この状況を指して、後にＩＯＣとアメリカオリンピック委員会が執筆協力したオリンピックの歴史書は、「よくある間違いだが、新聞業界では『オリンピック』という単語が『あらゆる大規模なスポーツ大会』を意味するようになっていたようだ[91]」と解説している。しかし、これは逆なのだ。少なくとも当時においては、「オリンピック」という単語は「あらゆる大規模なスポーツ大会」を意味する普通名称という認識こそが一般的であり、それを「間違い」だと考えていたのはＩＯＣくらいだったのである。

第4章　法を超えるアンブッシュ・マーケティング規制

ボーダーラインの「〇〇リンピック」

オリンピック組織は、「オリンピック」「オリンピック」に結び付く、または関連する、あらゆる視覚的・音声的な表現」について、これを「オリンピック資産」と称し、オリンピック憲章の名のもとに「IOCが独占権を有する」と規定し、それがあたかも知的財産権法上の保護対象でもあるかのようにほのめかすことで、アンブッシュ・マーケティングを規制する戦略を採っている。だが、これには知的財産権法上の裏付けがなく、彼らは法律上独占が不可能な範囲について独占権を主張していることが分かった。明らかに無理のある戦略なのだが、1990年代後半から、一貫してこの戦略は推進され続け、破綻していない。これはすごいことだ。

こうした戦略が、一応は成立し続けている理由のひとつとして、オリンピック組織が、模倣品に代表される「典型的な知的財産権侵害行為」と、「知的財産権を侵害しないアンブッシュ・マーケティング」とを区別せずに、まとめて「アンブッシュ・マーケティング」という言葉で括り、対処しているということが挙げられよう。本来、この2つは法的性質や社会の許容度が異なるため、一括りにして評価することは適切ではないが、オリンピック組織は、しばしばこれらを意図的にないまぜにして論じている。例えば、2020年東京大会の組織委員会は、雑誌のインタビューでアンブッシュ・マーケティングの実際の事例について問われ、「悪質な例というのは幾つかあります。具体的に言うとピンバッチなどの模倣品ですね。実は今、警察が積極的に動いていただいていて、我々も捜査協力をさせていただいています。先日も逮捕者が1人出て、もう既にこのピンバッチ模倣回りで、オリンピックに関して3件、逮捕者が出ているとのことです。そういった、いわゆる本当に悪質なものに対しては、警察と連携して対応しているというところです[92]」と述べている。

これらの事件は、オリンピック・シンボルや大会エンブレムなどの登録商標を、ピンバッジやマグカップなどの商品におけるロゴマークそのものとして無断使用した模倣品の販売行為だ。明らかに典型的な商標権侵害であり、本来、アンブッシュ・マーケティングとは区別されてしかるべき事案である。

こうした違法行為が、「アンブッシュ・マーケティング」の範疇として紹介されることによって、アンブッシュ・マーケティングのイメージが低下し、あるいは「『アンブッシュ・マーケティング』と指摘されるような行為をしたら、警察に逮捕されるかもしれない」といった誤った印象が流布することにもつながるだろう。最も憎むべきは典型的な権利侵害行為だが、これとアンブッシュ・マーケティングを同列視するような大会組織委員会のPRもまた、適法なアンブッシュ・マーケティングの行為者にとっては迷惑な話である。

もっとも、「典型的な知的財産権侵害行為」と、「知的財産権を侵害しないアンブッシュ・マーケティング」が、常に明確に区別できるかというと決してそうではなく、境界線が曖昧であることも確かだ。知的財産権侵害行為とアンブッシュ・マーケティングの境界線に位置する事例をピックアップし、それに対するオリンピック組織の対応を分析すると、オリンピック資産が法的に保護される限界点や、アンブッシュ・マーケティングに対するオリンピック組織の細やかな対応方針を垣間見ることができる。

1996年、フランスのE・ルクレールという大手のスーパーマーケットが「オリンプリックス」という用語を使った販促品や広告キャンペーンを行ったことがあった。これに対し、フランスオリンピック委員会（CNOSF）は使用の差し止めを求めて訴訟を提起している。しかし、「オリンピック（フランス語ではOlympique）」と「オリンプリックス（Olymprix）」が類似し、商標権侵害に該当するかどうかはかなり微妙な線であり、意見が分かれるところだ。実際、裁判でも判断は二転三転し、当初は「オリンピック」と「オリンプリックス」は類似せず、スポーツイベントと小売業では業種も異なるため、混同も生じないなどの理由で商標権侵害を否定する判断がなされたが、足掛け8年にも及ぶ裁判を経て、2004年、控訴審においてCNOSFが勝訴している。[93]

日本では、「オリンピック」をもじった「〇〇リンピック」なる名称のイベントが数多く存在している。「〇〇リンピック」が「オリンピック」の商標権を侵害するかどうかもまた、微妙な線である。

結局は、「〇〇」部分を含めた全体が、どれだけ「オリンピック」に類似するか、そしてその商標の実際の使われ方において、どれほどオリンピック事業と紛らわしく捉えられるおそれがあるか、ケース・バイ・ケースの検討が必要であろう。少なくとも、「〇〇リンピック」の態様からなるイベント名すべてが商標権侵害になるわけではない。

オリンピック組織と「〇〇リンピック」の間では、ときどき、その法的妥当性を巡る争いが起こっている。第三者が「〇〇リンピック」を商標登録した際、オリンピック組織は、特許庁に対し、その商標登録の無効性を主張し、登録の取り消しを求める異議申立手続きを行うことがあるのだ。これは、権利侵害にあたるかどうかが争われる裁判ではなく、あくまでオリンピック組織以外の者による「〇〇リンピック」の商標登録の有効性を判断する行政手続きだが、特許庁が、オリンピック組織に「オリンピックを連想させる表現」をどこまで独占させることが適切かについて示唆した事例として注目したい。

商標異議申立手続きにおいて、「オリンピック」と類似すると判断された「〇〇リンピック」の事例としては、「photolympics／フォトリンピック」（図28－1）が挙げられる。これは、障害者や高齢者向けの写真コンテストのスローガンとして考案された商標である。特許庁は、この商標について一旦は商標登録を認めたものの、２００９年にＩＯＣから商標登録を取り消すよう異議申立を受けて、以下の通り再判断を行った。

①「photolympics」は、「photo」と「olympics」を結合させて、重複する「o」をひとつ省略す

1	Photolympics フォトリンピック	× 商標取消	構成上、「Photo」と「olympics」を結合したネーミングと理解され、「オリンピック」と類似する。
2	オカリンピック Ocalympic	× 商標取消	「オリンピック」とは中間部の「カ(ca)」の有無しか差異がなく、紛らわしい。
3	やきとリンピック	○ 商標維持	「やきとリンピック」は一連不可分の造語であり、直ちに「オリンピック」とは関連付かない。図形部分も明らかに印象が異なる。
4	YAKITOLYMPIC やきとリンピック	× 商標取消	「YAKITOLYMPIC」部分に「OLYMPIC」の文字を包含しており、これにより「OLYMPIC」との組み合わせによるネーミングと理解される。

図 28　IOC が特許庁に対し商標登録の有効性を争った第三者の「○○リンピック」と、その審理結果

る手法によるネーミングと理解される。

②そうである以上、「photo」はコンテストの対象（写真）を表したに過ぎないため、残る「olympics」の部分が強く印象に残り、この部分はＩＯＣの「オリンピック」に類似する。

また、ＪＯＣが小中高生を対象としたスポーツをテーマとした写真コンテストを「ＪＯＣジュニアフォトオリンピック」の名称で開催しており、この正規事業との紛らわしさも考慮されたものと考えられる。以上の判断に基づき、「photolympics／フォトリンピック」の商標登録は取り消されている。[94]

２０１７年には、ＩＯＣの無効審判請求により「オカリンピック／Ocalympic」（図28－2）なる商標登録が取り消されている。これはオカリナ教室を運営する会社が主催するオカリナのレッスンに

関するイベント名として考案された商標である。特許庁は、「オカリンピック（Ocalympic）」と「オリンピック（Olympic）」とでは、「カ（ca）」の有無しか差がなく、しかも「カ（ca）」が単語の中間部に位置し聞き逃しやすいため、両者を極めて紛らわしい類似商標として認定している。[95] これを踏まえると、例えば「オカリナンピック」だったらまた違う判断があり得たかもしれない。

一方、IOCの異議中立が認められなかった「〇〇リンピック」もある。埼玉県の飲食店経営・食品メーカーであるひびき社が商標登録した「やきとリンピック」である。この商標は、図28−3の通り、「重なり合う7つの赤い輪を横一列に並べて、黄色の直線を横切らせた図形」とセットで登録されている。この図形は、焼き鳥を略図化したイメージと思われるが、オリンピック・シンボルを暗示する構成と見ることもできる。

2012年、IOCはこの商標に対し、「やきとリンピック」は「オリンピック」に類似し、また「7つの赤い輪の図形」はオリンピック・シンボルに類似すると主張し異議中立を行ったが、特許庁はこの主張を認めなかった。「photo」と「olympics」の結合と認定した「photolympics」とは異なり、「やきとリンピック」は「一連不可分の造語」で、直ちに「オリンピック」と関連付けることはできないと認定されている。また、「7つの赤い輪の図形」についても、オリンピック・シンボルとは「両者の全体の印象は明らかに異なったもの」と認定され、「やきとリンピック」の商標登録の有効性が認められている。[96] ひびき社は、「やきとリンピック」を全国のご当地焼き鳥店が集う食のイベント名として使用しており、2018年現在も開催を継続している。なお、イベントの案内には、「本イベントは、国際オリンピック委員会および日本オリンピック委員会とは何ら関係ありません」との注記が添えられている。

興味深いのは、同社が本商標のバージョン違いとして出願した図28－4の商標に関しては、IOCの異議申立が認められているという点だ。4の商標には、3と異なり、アルファベットの「YAKITO-LYMPIC」の文字が小さく含まれている。特許庁はこの部分に着目し、「『OLYMPIC』の文字を結合（包合）しており、これにより、本商標は著名な商標『OLYMPIC』との組み合わせによってネーミングされたものと理解される」（大意）と認定し、商標登録を取り消している[97]。つまり、アルファベット表記にすると「OLYMPIC」の文字が現れるため、「OLYMPIC」と組み合わせた言葉だと理解できるが、カナ表記のみでは「オリンピック」の文字が現れないため「一体不可分の造語」と見なせるということか。非常に繊細な判断基準が採用されているようだ。だとすれば、仮に綴りが「YAKITORIN-PIC」だったら違う判断があり得たかもしれない（ちなみに、4の図形は赤い輪の数が5つだが、この点の是非は特に判断されていない）。

こうした例を挙げると、オリンピック組織が「○○リンピック」に対して常に強い姿勢で牽制していると思われるかもしれないが、必ずしもそうではない。実は、これらのようにオリンピック組織が商標登録の有効性を争った「○○リンピック」よりも、オリンピック組織から異議申立等を起こされずに、商標登録されたままの「○○リンピック」の方がずっと多いのだ。例えば、「ニンジャリンピック」、「いのりんぴっく」、「塾リンピック」、「まもりんピック」、「じゃがリンピック」、「クリーンピック」、「食リンピック」、「箸りんぴっく」、「九九リンピック」、「イヌリンピック／INULYMPIC」、

「マヨリンピック」などがある。

また、実際にイベント等として実施されている「○○リンピック」も数多い。商標登録もされている「まもりんピック」は、2008年から兵庫県姫路市が主催している、運動会形式で防災活動の大切さが学べるイベントだ。なお、商標権は姫路市の所有だが、東京都大田区の蒲田地区の自治会も、同名で同趣旨のイベントを開催している。佐賀県鹿島市では、1985年から、市民団体の主催により、有明海の干潟で「ガタリンピック」という運動大会が開催されている。

こうした商標登録や使用を放置しているということは、おそらくオリンピック組織としては、第三者の「○○リンピック」の態様からなる商標をすべて法的措置によって排除できるとは考えておらず、類似性や便乗性の高い、勝ち目のありそうな対象を慎重に選んだうえで、狙い撃ちしているのだろう。放置されている多くの「○○リンピック」は、いずれも構成に「オリンピック」や「OLYMPIC」の文字要素を含まず、またもじりの程度が高いため、類似商標で紛らわしいなどと主張するにはそれなりにハードルが高そうだ。このあたりは、「○○リンピック」の法的なボーダーラインを考えるうえで参考になる。

規制したいが法的に白黒つけられると困る

ここで確認したいのは、模倣品などの典型的な知的財産権侵害ではなく、紹介したような、アンブッシュ・マーケティングの発想に近い、「オリンピック」を連想させるもじりやパロディの商標登録や使用に関しては、オリンピック組織は法的措置を取ることについては、対象を取捨選択するなど、慎重な姿勢を見せており、また法的措置を取ったとしても、必ずしもオリンピック組織の主張が認められているわけではないという点だ。キャンペーンや抗議行動の態度からうかがえる、非常に旺盛な権利保護方針の割には、実際にはなんでもかんでも訴えたりしているわけではないのだ。

よくよく考えてみれば、法律で認められる範囲を逸脱した方針を、法律上の措置を通して主張したとしても、それが認められることは原則としてないわけだから、オリンピック組織が法的措置に慎重になるのはある意味当然というか、賢明な姿勢である。まして、明らかに知的財産権を侵害しないアンブッシュ・マーケティングに対して、知的財産権法に基づく法的措置が取られたケースは、世界的にも数少ない。

図29　ザ・ノース・フェイス「ヴィレッジウェア・コレクション」におけるアンブッシュ・マーケティング（2014年）

その例のひとつが、２０１４年に、カナダオリンピック委員会（ＣＯＣ）と、有名アウトドアブランド「ザ・ノース・フェイス」を擁するＶＦコーポレーションが争った、カナダの裁判だ。ザ・ノース・フェイスは、冬季ソチ大会の時期に合わせて、「ヴィレッジウェア・コレクション」というアウトドア用品のシリーズを展開していた。これは、カナダをはじめ様々な国の国旗やナショナルカラーをモチーフにしたデザイン（図29）を採用したもので、後述の通りオリンピックを暗示したと受け取れる表現もいくつかなされている。

これについて、ＣＯＣがアンブッシュ・マーケティングとして問題視。何度かの警告を経て、「オリンピックの商標の不正使用にあたり、顧客に混同をもたらしており、商標法に違反する」[98]などと主張して訴訟提起に至った。ちなみに、ＶＦ社はオリンピックのスポンサーではないが、アメリカのフリースタイルスキーチームのスポンサーである。ＣＯＣの主な主張は、具体的には以下の通りだ。

①ブランド名「ヴィレッジウェア・コレクション」は、オリンピックの「選手村《アスリート・ヴィレッジ》」を連想させる。

②商品のデザインは、様々な国の国旗やナショナルカラーをモチーフにしており、例えば赤や白、カエデの葉などをあしらったカナダを連想させるデザインがある。

③いくつかの商品には「RU/14」の文字からなるデザインがあしらわれているが、「ロシア（ＲＵＳＳＩＡ）で２０１４年」に開催されるソチオリンピックを連想させる。

④「2.7.14」の文字からなるデザインがあしらわれた商品もあるが、これはソチオリンピックの開会式の日付（２０１４年2月7日）である。

⑤「メンズ・ソチ・フルジップパーカー」という品名のパーカーが売られているが、これは「ソチオリンピック」の「ソチ」である。

⑥商品カタログに「オリンピック大会の国際的精神を体現した（captures the international spirit of the Olympic Games）」との記載がある。

これらは、確かにオリンピックを連想させ得る表現であり、発売タイミングからしても間違いなくアンブッシュ・マーケティングと評価できるものだ。しかし、こうした行為が知的財産権侵害に該当するかどうかは別問題だ。「ヴィレッジウェア・コレクション」と「アスリート・ヴィレッジ」が似ているかどうかという問題と、「オリンプリックス」と「オリンピック」が似ているかなどという問題は、明らかに次元が異なる話だ。カナダ国旗のカラーリングや、日付や国名、地名の略称を使うことがオリンピック組織に制限されることが正当とは到底思えない。カタログ上の商品コンセプトを説明する文章の一部にオリンピックへの言及があったとしても、直ちにオリンピック組織が関与した商品であるとの出所を示すものとも限らない。典型的な知的財産権侵害にはまったく当てはまらない事案なのである。

図30　ブランド名変更後の「インターナショナル・コレクション」。スポンサードの範囲についての注記が添えられている

それでもVF社は、訴訟前にCOCから警告を受けた段階で、ブランド名を「ヴィレッジウェア・コレクション」から「インターナショナル・コレクション」に変更し、広告には「ザ・ノース・フェイスは、アメリカのフリースタイルスキーチームの公式スポンサーですが、オリンピック、アメリカオリンピック委員会、アメリカ代表選手団のスポンサーではありません。『インターナショナル・コレクション』の収益は、直接的にはアメリカのオリンピック選手団を支援していません」との長

い注記を付している（図30）。そのうえで、COCの主張に対しては、「ナショナルカラーを楽しんだり、今冬の国際的な競技大会で自分の好きなチームを応援したりといった、公衆の愛国心を鼓舞する行為について、COCが独占権を主張することは許されない」、「われわれはCOCのいかなる権利も侵害していない」と反論を行った[99]。

本件が訴訟沙汰となったことで、アンブッシュ・マーケティングが知的財産権の侵害に該当するかどうかを裁判所が判断する貴重な機会になるかと思われたが、2016年に両者は和解。結局、裁判所の判断は下されなかった。和解内容の詳細は公表されていないが、VF社はCOCのウェブサイト上で、「2014年の『ヴィレッジウェア・コレクション』により、当社やザ・ノース・フェイスがCOC等のスポンサーであるとの誤解が仮に生じたとしたら遺憾である[100]」との声明を発表し、またCOCに対し「寄付」名目で金銭を支払っている。この内容から、VF社は最後まで一貫して違法性を否定し続け、これを譲らず、COCも違法性を認めさせることについては断念することで妥協した様子がうかがえる。その代わり、実際的な解決として、謝罪になっているんだかなっていないんだか分からない声明と、本件と因果関係があるんだかないんだか分からない寄付によって落とし前をつけたというところだろう。

リオデジャネイロ大会が開催された2016年には、オーストラリアでアンブッシュ・マーケティングを巡って裁判沙汰となり、こちらは判決にまで至っている。対象となったのは、同国の通信会社大手のテルストラが同年初夏から放送したテレビCMだ。CMは、サッカーや柔道、水泳などに興じる市井の人々が、運動をしながらスマホやタブレットPCでスポーツ大会を観賞する様子を描いたものので、CMソングには「I Go to Rio」という同国のスタンダード・ポップスが起用された。リオデジャネイロ大会を連想させる内容であることは間違いなく、アンブッシュ・マーケティングと評価できる。

テルストラは、オーストラリアでオリンピック大会を公式に放送するテレビ局のチャンネル7（セブン社）と契約し、セブン社が公式にインターネット配信するオリンピック中継のプレミアムコンテンツを、テルストラの回線を使う消費者に無料で提供するというサービスを行っていた。このことを示すため、CMエンドカットでは、テルストラのロゴとともに、「チャンネル7のオリンピック放送の公式技術パートナー」、「OLYMPICS on 7」とのテロップも表示されていた。もっとも、このサービス自体は契約に基づく正当なものであり、エンドカットの文言もセブン社を通じてIOCから承諾を得ていた。

したがって、これら「オリンピック」を含むエンドカットの文言自体は積極的に問題視されなかったが、オーストラリアオリンピック委員会（AOC）は、オリンピックを連想させるCMでこうした文言が使われたことを含め、CM全体を通して「オリンピック代表選手団をサポートし、オリンピック・ムーブメントに関与しているかのように大衆を欺いてい

図31　2016年夏季のテルストラのCM。「I Go to Rio」をBGMに、スマホで水泳競技の中継を見ながらプールへ向かう

る」[101]などと主張し、テルストラへ警告を行い、解決しないと見るや訴訟を提起したのだ。

ところが、オーストラリアの裁判所は、テルストラのCM表現について、「同社の回線でオリンピック大会がどこでも見られる」というメッセージを伝えるものに過ぎず、エンドカットの文言は「オリンピック自体ではなく、あくまでオリンピックを放送するセブン社との関係性を示唆するもの」に留まり、「通常の理解力のある人であれば、CMによってテルストラがオリンピック自体のスポンサーや、これに類する支援者などとは思わない」と認定。第一審、控訴審ともにAOCの請求を棄却したのである。[102]なんと、オリンピック組織があんなにも問題視し、警告の対象としてきたアンブッシュ・マーケティングについて、法廷はオリンピック組織の主張をほとんど一蹴する形で違法性を否定したのである。じゃあ あの警告っていったい何だったの?という話にもなりかねない。

オリンピックに関するものではないものの、アンブッシュ・マーケティングの違法性を否定した裁判例としてしばしば引き合いに出される古典的事件もある。1990年に、ペプシ・コーラを擁するペプシコのカナダ法人が、ナショナル・ホッケー・リーグ(NHL)のプレーオフ・トーナメントの時期に合わせて、スポンサーではないにもかかわらず「ダイエット・ペプシ総額400万ドル プロホッケープレーオフくじ」なるキャンペーンを行ったことがあった。これに対して、NHLが「NHLの事業に不正に干渉し、混同をもたらす不正競争行為である」などとして訴訟を提起したのだ。ペプシコは、このキャンペーンでは、「NHL」やホッケーチームの名称、エンブレムなどは一切使用せず、チーム名の代わりにチームの本拠地のある都市名のみを使用していた(例えば「ピッツバーグ・ペンギンズ」の代わりに単に「ピッツバーグ」)。裁判所は、「このキャンペーンの形態では、公衆に対し、

ＮＨＬが公式にこのキャンペーンを承認、関与しているという混同は生じない」などとして違法性を否定し、ＮＨＬの請求を退けている。[103]

これらの裁判例から、アンブッシュ・マーケティングに対して、知的財産権法に基づく法的措置によって解決を試みることは、実際にはかなり困難であることが分かる。なお、ＮＨＬとペプシコの訴訟は、アンブッシュ・マーケティングを巡る判決の貴重な一例として、今でも法律やスポーツマーケティングの専門家によって言及されることが少なくない。その内容は、例えば「この事件は、アンブッシュ・マーケティングの行為者に対して法的措置を講じることがいかに難しいかを物語っている」[104]、『ダイエット・ペプシ　プロホッケープレーオフくじ』のように、もし相手が登録商標やシンボルを使用していない場合、イベント主催者が商標法によってアンブッシュ・マーケティングを規制するのは難しい。…〔中略〕…アンブッシャーがイベントの顧客吸引力を不正に使用しているとして提訴することも可能であり、理論的には前記のような事件にも適用されると思われるが、しかしアメリカの裁判所はこの法理論を採用することに消極的である」[105]など、アンブッシュ・マーケティングに対する法的措置の困難性を示す例としての引用となっている。

これらの例が示すように、一旦裁判となり、ましてや判決が出てしまえば、その結果や記録が公表されることが多く、また判決を受けての報道や、専門家の講評などによって広く周知されることも珍しくない。裁判によって「アンブッシュ・マーケティングは合法である」という事実が広く明るみに出てしまえば、そのことはオリンピック組織など、アンブッシュ・マーケティングを規制したいと考える勢力にとっては痛手になる。これを踏まえると、「規制はしたいが、法的に白黒はっきりさせたくはない」というのが彼らの本音であろう。規制推進の声が大きい割には、アンブッシュ・マーケティングに対する法的措置の実例が少ないのは、その表れなのである。

図32　「レジェンド・オブ・ザ・ファイブ・リングス」のロゴマーク。1は1990年代、2は2016年のもの

5つの円はオリンピック・シンボルの盗用だ！

以上のような事情から、オリンピック組織がアンブッシュ・マーケティングを見つけた場合、訴訟などの法的措置ではなく、個別の警告、要請、当事者同士の交渉によって解決が試みられることが多い。その一端は第1章で紹介した通りで、法律には頼れない（法的な正当性を持ち合わせていない）にもかかわらず、彼らの警告等はとても多くの成果を挙げてきた。

誰もが知的財産権法に関する正確な知識を持っているわけではないし、しかも一般的に「巨大な公的機関」だと誤解されている団体が、「公的なルール」だと誤解されている「オリンピック憲章」に「違反」していると主張し、加えてあたかも知的財産権法上の問題もあるかのように匂わせながら警告や要請をしてきたら、大半の人は気圧されて白旗を掲げてしまうのも無理はない。また、彼らは時に戦略的に、法的措置も辞さないような強気の態度でプレッシャーをかけてくることもある。いわゆるブラフ、ハッタリである。こうしたアプローチによって、オリンピック組織は、仮に訴訟になれば確実に認められないであろう要求を実現させてきた。
　アメリカのトレーディングカードゲーム大手のウィザード・オブ・ザ・コースト社は、「レジェンド・オブ・ザ・ファイブ・リングス」という、日本の武士や神話をモチーフにした中世オリエンタル風のカードゲームを販売していた（現在は他メーカーが事業承継している）。このゲームのロゴマークは、１９９０年代までは５つの輪がひとつの円を描くように重なり合ったデザインであった（図32－１）。２０００年、アメリカオリンピック委員会（ＵＳＯＣ）は、同社に対し、このロゴマークがＵＳＯＣの権利を侵害していると警告し、デザインを「重なっていない５つの円」に変更させている（図32－２）。しかし、このロゴマークとオリンピック・シンボルとでは、「５つの輪が重なっている」というコンセプトこそ共通しているが、重なり方がまったく異なり、具体的なデザインも明らかに別物である。このロゴマークからオリンピックを連想する者などいるはずもなく、どう考えても行き過ぎた権利主張であろう。

図33「サクラ大戦　恋文ロマン」ロゴマーク

　仮にこの件が法的に判断されていたらどうなっていただろうか。実は、このシミュレーションに役立つ事件が日本で起きている。こちらもゲームのロゴを巡る事件だ。２０００年代初頭にセガ・ゲームスが配信していた携帯電話用ゲーム「サクラ大戦　恋文ロマン」のロゴマークについて、ＩＯＣは「五輪マークの発想、構成態様を盗用するもの」などと訴え、セガの登録商標に対する異議申立を行ったのだ。「恋文ロマン」のロゴについては図33を見てほしい。一見して明らかであるが、これは、輪ですらない。「恋文ロマン」の5文字を強調するための単なる背景だ。これがオリンピック・シンボルの盗用に見えるとしたら、あまりにも強迫観念的といわねばならないだろう。4つの輪が重なった自動車メーカーのアウディのロゴや、太宰府天満宮や湯島天神などの5枚の梅の花びらを円形にして象った紋章だって危ないところだ。

これに対して特許庁はどのように判断したか。当然ながら、「該図形は、一見して『恋文ロマン』の文字を際立たせ強調するために表されたもの」、「5個の輪を組み合わせたものとも看取し得ない」、「これに接した取引者、需要者がこれよりオリンピックの五輪のマークを連想、想起するものとは判断することができない」と、IOCの主張を一蹴している。[106] しかしここでは、これと同レベルの事案について、警告によってロゴデザインの変更を実現させてしまったUSOCの主張の不合理さを指摘したい。こんな主張に屈したウィザード・オブ・ザ・コースト社の弱気な判断もいかがなものかと思う。

オリンピック組織の警告パターン分析

大企業の宣伝担当者から個人事業者に至るまで、オリンピックというイベントを盛り上げたい、盛り上がりムードの一翼を担いたい、選手の活躍を応援したいと考え、その思いを適法に表現することは、それがアンブッシュ・マーケティングに該当するとしても、警告や処罰を受けるべきことではない。ましてや、オリンピック・シンボルに似ても似つかない、見ようによっては5つの輪に見える程度のデザインのロゴマークを使用することに至ってはいわずもがなだ。模倣品を売っているなど、明らかな権利侵害を行っている場合は、警告や処罰は真摯に受け入れるべきだが、法律上も社会通念上も、何の落ち度もないのに警告や抗議を受けた場合、われわれはどのように対処すればよいのだろうか。

オリンピック組織の警告アプローチは、大きく3種類に大別できる。まず、知的財産権法を曲解ないし拡大解釈した警告によって、法律違反であるかのように錯覚させるアプローチだ。2012年のロンドン大会時に、イギリスの取引基準局の局員は、店頭に手作りのオリンピック・シンボルを飾って選手の活躍を祈った花屋に対して、ディスプレイを取り下げるよう警告を行った。このときの警告について、店員は「公式スポンサーのコカ・コーラ社がオリンピックのロゴの権利を持っており、取り下げなければコカ・コーラ社があなた方を訴えるだろう」といわれたと振り返っている。これはミスリードを誘う主張の最たるもので、法理上も実務上も、コカ・コーラ社がオリンピック・シンボルを無断使用した花屋に対して法的措置を取る可能性はほとんどあり得ない。だが、この警告を受けた店員は、「私たちのような小さな店は、彼らのような大企業に訴えられたら消し飛んでしまう。とても恐ろしい」[107]と戦意喪失している。

こうしたアプローチに対しては、大言壮語な主張を鵜呑みにすることなく、その法的妥当性をしっかりと見極めることが大事である。そのためには、必要に応じて知的財産権に詳しい弁護士などの専門家に相談するのが確実だが、これにはコストもかかる。どこがどう違法なのか、明確な説明を求める姿勢を示すのも一案だ。法的根拠がないと確信できるのならば、無視をしたり、受け流したりしても構わない。述べたように、違法性がなければ法的措置が取られる可能性は低いのである。

2つ目の警告手法は、オリンピック憲章を根拠とするものだ。一般にオリンピック憲章が何らかの偉大な国際条約や法規であるかのように誤解されている実情を利用して、萎縮効果を狙ったものである。しかし、実際は、オリンピック憲章はオリンピック組織の内規に過ぎないため、オリンピック組織との契約によって憲章の遵守を義務付けられているスポンサーや選手などはともかくとして、非スポンサーを含めた一般市民がこれに従う義務はない。オリンピック憲章の遵守を強要することは、喩えるならば、朝一で飛び込み営業に行ったら、「ウチの会社の就業規則では、朝はラジオ体操をすることになっています」といわれ、ムリヤリ体操を強要されるようなものである。ここは「御社の就業規則と、私は関係ありません」といわなければならない。

3つ目は、「オリンピックの永続性が保証できなくなる」という言い分に基づく警告だ。つまり、アンブッシュ・マーケティングが横行すると、スポンサーが期待するオリンピックの独占的商業利用権を保証できなくなり、そうするとスポンサーが集まらなくなり、そのことでオリンピックの財政基盤が揺らぎ、最悪の場合、オリンピックが開催できなくなるかもしれない、ということだ。「あなたのせいでオリンピックが開催できなくなって、日本代表選手の活躍も見られなくなるんですよ。それでもいいんですか?」とでもいいたげな主張である。しかし、百歩譲って1990年代半ばまでのようなスポンサー対抗型の大規模なアンブッシュ・マーケティングならまだしも、善意型アンブッシュ・マーケティングに対して、「そのせいでオリンピックが開催できなくなる」というのは、あまりに説得力がないし、そもそもこの主張自体、身も蓋もない言い分だ。民間組織が開催する民間イベン

図34　千代田生命の新聞広告。中央に鞍馬のイメージカットと「オリンピック・デー」への言及がある

トが、適法な自由競争の結果によって収益性を脅かされることについて、なぜ周りがそれを防ぐために気を使わなければならないというのだろうか。小麦粉が値上がりして利益が圧迫されているパン屋が、小麦粉の卸業者に対して、「このままではみんながウチの美味しいパンが食べられなくなるんですよ。それでもいいんですか？」という理屈で値下げを要求するようなものである。自分で収益性改善のための努力をしてはどうだろうか。

警告への反論と受け流しのテクニック

もちろん、オリンピック組織の警告に素直に従う企業ばかりではない。1996年、千代田生命はアトランタ大会前に行った企業広告についてオリンピック組織から警告を受けたが、実質的なダメージを被らずにトラブルを収束させている。同社の広告は図34の通りだ。左半分に大きく「こんにちは、千代田生命です」というフレーズが掲載されており、右側には生命保険の商品名と思しき「ファミリーエイド」と「千代田生命」のロゴが掲載されている。その真ん中に、鞍馬のイメージカットと、小さな文字で以下の文章が記されている。

オリンピック・デーというのをご存知ですか。国際オリンピック委員会（IOC）が創立されたのは1894年6月23日。これを記念してつくられたものです。西暦２０００年のオリンピック出場を目指す〝千代田生命スワローズクラブ〟の体操選手たち。ジュニアの時代から千代田生命は応援し続けています。

この広告が掲載されたのは6月17日。間もなくやってくるオリンピック・デーを紹介しつつ、自社が行っている体操選手育成という社会貢献活動をＰＲするという企業広告だ。これに対し、ＪＯＣは訂正と謝罪広告の掲載を要求している。広告を掲載した新聞社のひとつである朝日新聞社によれば、警告の根拠は以下の２点であったという。

①広告に「国際オリンピック委員会」、「ＩＯＣ」の用語を使うことは、千代田生命とＩＯＣが関係のある団体と誤認されるおそれがあり、不正競争防止法10条に抵触する。

②オリンピック・デーはＩＯＣの行事であり、勝手にその言葉を広告に使用することは許されない。[108]

①は法律の曲解・拡大解釈だ。当時の不正競争防止法第10条は、現行法の第17条にあたり、確かに、この条文は「国際オリンピック委員会」、「ＩＯＣ」を含む、「（経産省が定める民間機関も含む）国際機関を表す標章」の使用を禁止する内容のものだ。しかし、２つの観点から、この広告の文言が不正競争防止法に抵触する可能性は限りなく低い。この条項は、「ＩＯＣ」等の文言の使用を無制限に禁止するものではなく、使用禁止の要件として、第一に「その国際機関と関係があると誤認させるような方

法」で使用されていることと、第二に「商標として」使用されていることを挙げている。そこでもう一度広告の文章を読み、その趣旨を確認してほしい。ＩＯＣの創立日が6月23日であるという歴史的事実を文章で説明すると、その説明主体について「ＩＯＣと関係がある団体なんだな」と誤認する人が果たしているだろうか。「6月23日は芦田愛菜《まな》の誕生日です」といったら「えっ、知り合いなの？紹介して！」とつかみかかって来られるようなものである。

「商標としての使用」という要件も満たしていない。商標としての使用というには、広告中の「国際オリンピック委員会（ＩＯＣ）」の表示が、広告されている商品（この場合は生命保険）の出所を示すマークとして機能し、かつその表示によって、商品が表示の主体者から提供、もしくは管理や保証されていると誤認されるおそれがあるといえなければならない。しかし「国際オリンピック委員会（ＩＯＣ）」の表示が、あんなに小さく、しかも歴史的事実を説明する文章の一節として使用されているのに対して、その隣で大々的に「こんにちは、千代田生命です」と気さくな挨拶がなされているのである。どう考えても、これは千代田生命の広告でしかなく、ＩＯＣに関する記述は商品の出所や主体を表すものと把握することはまったくできない。

仮にも法律条文を掲げた警告をしている以上、ＪＯＣも違法行為と適法行為のだいたいのボーダーラインは検討したはずであり、本件に関して不正競争防止法違反を主張することが無理筋だと気付いていないわけがない。法律を振りかざせば丸め込めると思っていたのではないかと勘ぐってしまう。

②は、明言こそしていないが、オリンピック憲章を念頭に置いた主張であろう。「オリンピック・デー」はオリンピックに結び付く言葉であり、オリンピック資産であるから、ＩＯＣの独占所有物で

あり、勝手に使うなという理屈だ。だが前述した通り、そもそもオリンピック憲章に従う理由はない。おそらくお決まりの手なのだろう、「使用することは許されない」と、受動態を使い主語をぼかすことで、あたかも社会的なルールであるかのように錯覚させるテクニックも活用しているが、惑わされてはいけない。この一文を「JOCは許していません」と言い換えれば、一気に自分勝手なローカルルール感が出てしまうが、実態としてはまさにその通りである。それにしても、誰にも使わせたくないなら、最初から記念日なんてつくるなよ！という話である。このように、丁寧に相手の主張の法的妥当性を検証すれば、抗議に対する反論は十分可能なのである。

当時、千代田生命はどのように対応したのだろうか。この問題を取り上げた『朝日総研リポート』によれば、同社は当初「広告の文章は事実の記述に過ぎない」との趣旨で反論をし、話し合いの場を設けるなどしたが、最終的には、千代田生命側が「今後は疑念を抱かせることがないよう配慮する」という趣旨の文書をJOCに提出することでトラブルを終結させたという。一方で、JOCから要求された訂正広告や謝罪広告の掲出はしなかった。釈明の文書なども提出せず、一方的に突っぱねたまま無視することもできる事案ではあるのだが、現実的には落としどころを探るという作業が必要なこともある。これはこれで、争点をウヤムヤにしつつ、きれいに矛を収めるという、いかにも日本企業らしい妥結に至ったなという感想である。「疑念を抱かせることがないよう配慮」とはいうものの、千代田生命としてははなから疑念を抱かせたつもりはないのだから、実質的には何の解決にもなっておらず、同社は何もダメージを負っていないところがポイントである。

図35　1＝「インタラクティブ・メイル」ロゴマーク。2＝1976年モントリオール大会の競技ピクトグラムより、射撃（左）とレスリング（右）

世間の同情を集めてオリンピック組織に反撃

中小企業や個人事業主でも、インターネットを活用して大企業に遜色なく情報発信ができる現代においては、理不尽な警告を受けた事実を対外的に公表し、世間の同情を集め、オリンピック組織への非難を喚起することで警告措置に対抗するという手段も取られることがある。こうしたリスクはオリンピック組織も認識しており、マイケル・ペインは「いつでもどこにでも『反動作用』のリスクがあるため、広報活動には細心の注意が必要だった。一歩間違えれば、弱い者いじめのイメージを世間に与えかねない」[109]と警戒していた。

この手法を採った例として、カナダのゲイカップル向けの出会い系チャット「インタラクティブ・メイル」を挙げる。２００９年、同チャットを運営するテリジェンス社がチャットのロゴマークを商標登録すると、カナダオリンピック委員会（ＣＯＣ）が「この商標は、１９７６年のモントリオールオリンピックで使用されていた競技ピクトグラムに類似しており、ロゴが使用されることによって、出会い系チャットがオリンピック組織の許諾を受けているか、関与していると公衆に誤解される」と主張し異議申立を行ったのだ。オリンピックの競技ピクトグラムとは、競技種目を表す案内用絵文字のことで、言葉の通じない様々な国の人々が集まるオリンピックにおいては欠かせないものだ。とはいえ、大会エンブレムやマスコットとは異なり、大会ごとに競技の数だけ数十種類もつくられるピクトグラムのデザインは人々の記憶に残りにくい。ましてや30年以上も前の大会のものである。仮に似たデザインを使われたからといって（図35の通り、そもそも似ていない）、そのデザインからモントリオールオリンピックを連想し、まして何らかの関連性があると誤解することなど果たしてあり得るだろうか。

　本件は、ＣＯＣがテリジェンス社に直接抗議したものではなく、あくまでカナダの商標行政を所轄するカナダ知的財産局への異議申立手続きだったのだが、あまりに無理筋な主張がなされたためか、テリジェンス社は自社のプレスリリースでこれに大きく反発する声明を発表し、ＣＯＣを強く批判した。

> 誰がゲイのための出会い系チャットとオリンピックが関連していると思うだろうか。……〔中略〕……国民は、ＣＯＣが持つ権力の範囲に疑問を呈する必要があると思う。われわれのロゴは漠然とした棒人間でしかない。もし彼らがこの異議申立に勝ったら次はどうなる？　カナダ中のトイレの標識も変更しなければならなくなるのか？[110]

この件が、公共放送のＣＢＣなどの主要メディアにも取り上げられると、ほどなくしてＣＯＣは自ら異議申立を取り下げている。

　警告を公表し世論を味方につけるという方法によって、最も見事にオリンピック組織の警告を跳ね返すことに成功した事業者といえば、カナダのバンクーバーにあるレストラン「オリンピア　ピザ＆パスタレストラン」だろう。

問題視されたのはこの店の看板だ。図36の通り、看板には店名である「オリンピア」に、聖火のトーチとオリンピック・シンボルがあしらわれている。看板である以上、営業の出所表示として機能していることは間違いない。古代ギリシャの都市名「オリンピア」やトーチのイラストはともかく、少なくとも登録商標であるオリンピック・シンボルを看板に無断使用する行為は、アンブッシュ・マーケティングというよりは典型的な商標権侵害といわれても仕方がない。だが、そのような状況にもかかわらず、オリンピアは世論を味方につけることによって、オリンピック組織の警告をかわしてしまったのである。

図36　「オリンピア」店舗の看板

事件は２００４年に起こった。当時組織されたばかりの２０１０年冬季バンクーバー大会組織委員会は、カナダ国内でのオリンピック資産の無断使用やアンブッシュ・マーケティングの取り締まりを強化していた。その過程で発見されたのがこのオリンピアだったのだ。大会組織委員会はオリンピアに対し、店名を変え、オリンピック・シンボルとトーチをあしらった看板も撤去するよう、警告書を送ったのだ。

当初、オリンピアはこの警告書に相当臆したようだ。店主のモシ・アルバンドは、新聞の取材に対し「警告書を受け取ったときはショックで何も考えられなかったし、今も混乱していて、何をしたらいいのか分からない。法的なアドバイスを受けるべきなんだと思う」[111]と困惑しきった様子を見せている。だが、オリンピアは地域で愛されていたレストランだった。憔悴した店主の様子を見た常連客や近所の有志が、オリンピアを助けようと声をあげたのだ。彼らは、大会組織委員会に警告を取り下げるよう訴え、同時に大会組織委員会が小さな個人商店をいじめていると評判を立てた。支援の声は地元のニュースやソーシャル・メディアに拾われ、人々の同情を集めていった。常連客の呼びかけで集められたオリンピアの存続を望む嘆願署名は、数千人分にのぼったという。

そして、警告から約2カ月後には、公共放送のCBCがこの問題を「大会組織委員会、レストランの看板を巡り法的措置を取ると脅迫する」と報道するに至る。述べたように、オリンピアの行為には十分違法性を指摘することができ、この場合、大会組織委員会の警告は正当な権利行使の範囲だったのだが、それを「脅迫」呼ばわりである。この論調からも分かるように、世論は完全にオリンピア擁護に傾いていた。大会組織委員会会長のジョン・ファーロングは、CBCのインタビューに対し「世論の反発にどう対応するかは組織委員会の重大な課題になっている」と認め、「〔個人的には〕店主に同情している」[112]とコメントせざるを得ない状況に追い込まれた。まさに、ペインが危惧した、オリンピック資産についてのアグレッシブな保護活動への「反動作用」が跳ね返ってきたのだ。結局、大会組織委員会は、オリンピアに対しこれ以上の強硬手段に出ることはなかった。オリンピアによるオリンピック・シンボルの使用が権利侵害にあたるかどうかについては、ほとんど議論が深まらなかったようだ。

今でもオリンピアのウェブサイトには、この騒動の顛末が記されている。[113] 読むと、いかにも世間の同情をひきそうな情緒的な言葉が並んでおり、これはオリンピアも単にかわいそうな被害者というより、なかなかの策略家だったのかもしれないな、と思う。一部を引こう。「地域の良き隣人である小さなオリンピアに、大会組織委員会が営業停止を求めて乗り込んできたので、町中がびっくりしました」、「店主夫婦は、これはいじめだと感じ、それでも勇敢に立ち上がりました」、「すべての問題が落ち着き、大会組織委員会の脅迫から数年が経った今、オリンピアは、巨大なオリンピック組織のいじめに立ち向かい、自らを守り抜いた最初にして唯一の小さな会社として知られています」、「すべての身近な友人、そして遠くから応援してくれた友人たちの力がなければ、今の私たちはなかったでしょう。ありがとう！　ありがとう！　ありがとう！」と、こんな具合である。極悪な巨大組織のいじめに立ち向かい、勝利をおさめた小さいけれど勇敢なお店……古今東西、市井の人々が大好きなこのストーリー展開を演出されては、さすがのオリンピック組織も為す術がなかったようだ。

理路整然とした反論もせず、世間の同情を集めることもせず、オリンピック組織との駆け引きを試みた猛者もいる。アメリカのミネソタ州を中心に活動するインディーズバンド「ジ・オリンピック・ホープフルズ」のメンバーは、２００５年にＵＳＯＣからバンド名を変更するよう警告書を受け取っている。これを受けて、彼らはＵＳＯＣに対し、バンド名をそのまま維持する交換条件として、今後すべてのオリンピック大会において無料でライブを行うことを提案したという。だが、この提案は一顧だにされることなく無視されている。ほどなくして、バンドは「ザ・ホープフルズ」に改名した。

フロントマンのダーレン・ジャクソンは、この件に関するMTVのインタビューにおいて、事件に消沈しつつも「次のバンド名は『コカ・コーラ』か何かにしようかな」[114]とコメントを残している。バンドマンならこのくらいのビッグマウスとシニカルな姿勢は示すべきであろう。

「『おめでとう東京』もアウト」の衝撃

アンブッシュ・マーケティング規制に対する「反動作用」リスクの高まりは、強硬な警告でプレッシャーをかけることによってオリンピック資産の使用を中止させてきたオリンピック組織の方針に影響を与えつつあり、彼らのアプローチは近年方向転換を余儀なくされている。

2020年東京大会の組織委員会は、アンブッシュ・マーケティング対策について、「いわゆるリフレクションリスクではないですが、下手に一般向けにアンブッシュはだめだとか、何々はだめだというところを打ち出していくと、組織委員会は何でもだめだと言って、何もできないじゃないかという話になっていきがちのところもあるので、そこは非常に注意してやっている」[115]と明かす。反動作用リスクを警戒して、慎重な姿勢を取っている様子がうかがえる。

法的措置を取るにも慎重、警告にも慎重にならざるを得ないとすれば、次に取り得る対策手段とは何か。実は近年、オリンピック組織は新たなアンチ・アンブッシュ・マーケティング戦略を展開している。マスコミや広告関連団体といった、アンブッシュ・マーケティングの発信源となる業界に影響力を行使し、アンブッシュ・マーケティングの自主規制を促そうとする戦略である。こうした取り組みは、自分の属する業界の自主ルールや秩序には従おうという同調的な行動が起こりやすい日本社会において特に積極的に活用され、一定の成果を挙げている。

ＩＯＣ総会において、２０２０年東京大会の開催が決定し、日本中が歓喜したのは２０１３年９月８日のことだった。そのわずか２日後の朝日新聞の１面に、熱気に冷や水を浴びせるような記事（図37）が掲載された。見出しを引こう。

五輪商法　言葉にご注意
「おめでとう東京」もアウト
ＪＯＣ「知的財産権侵害」

朝日新聞
五輪商法　言葉にご注意
「おめでとう東京」もアウト
JOC「知的財産権侵害」
■JOCが「アウト」とする使用例
4年に1度の祭典がやってくる
おめでとう東京
やったぞ東京
招致成功おめでとう
日本選手、目指せ金メダル！
日本代表、応援します！
いずれも公式スポンサー以外の商業利用の場合

図37　オリンピックを連想させるに過ぎない語の使用が、知的財産権侵害であるかのような誤解を招く紙面構成

一見して、あたかも「おめでとう東京」が知的財産権侵害にあたるかのような印象を与える見出しであるが、法律的には完全な間違いである。しかも記事本文を読めば誤解が解消するかというとそのようなことはなく、ますますミスリードを誘う内容になっている。記事では、「２０２０年東京開催決定記念」、「２０２０円」、「やったぞ！東京」を謳ったセールやキャンペーンを行う事業者を紹介し、「こうした催しも思わぬ警告を受ける可能性がある。それが知的財産権だ」とつなげる。今の３つの文言に、知的財

産権など微塵も含まれていないのだが。続いて、ＪＯＣの見解が紹介されるが、これが明らかに法律の制限を踏み越えている。

ＪＯＣによると、公式スポンサー以外が、パッケージに招致成功と表示した商品を販売したり、「五輪招致おめでとう」とうたったセールを催したりすれば、知的財産権の侵害とみなすという。今のタイミングは「東京２０２０」、「4年に1度の祭典」といった文言でも五輪を示すと判断され、「アウト」というのがＪＯＣの主張だ。[116]

さらに、「ＪＯＣが『アウト』とする使用例」がご丁寧に別表としてまとめられている。それによれば、

「4年に1度の祭典がやってくる」

「おめでとう東京」

「やったぞ東京」

「招致成功おめでとう」

「日本選手、目指せ金メダル！」

「日本代表、応援します！」

といった文言は「アウト」なのだという。これらもオリンピックを連想させる言葉であり、オリンピック憲章でＩＯＣの独占所有物とされている「オリンピック資産」に含まれるという理屈だろう。

一から十までほとんどおかしな記事なのだが、まず、見出しや記事中に何度も出てくるこの単語についていいたい。「アウト」って、いったい何？　読者をミスリードするという目的において、これほど秀逸な表現はない。その意味するところを正確に表せば、せいぜい「ＪＯＣは使ってほしくないと思っている」程度のものだ。法的な裏付けなど何もない、ＪＯＣの完全な主観、勝手な希望なのである。それを、知的財産権の存在をほのめかしつつ「アウト」と表現したことで、まるで誰か公正な審判がいて、権利侵害だとジャッジしたかのような印象を与えることに見事に成功している。「許されません！」などの受動態表現もしかり、ＪＯＣの言葉選びのセンスにはしびれるばかりだ。

加えて、記事では「知的財産権に詳しい」弁護士のコメントも紹介している。知的財産に関する論文を多数執筆し、大学院で教鞭も執っている確かに知的財産権を専門とする弁護士なのだが、驚くべきことに「裁判で商標法や不正競争防止法に抵触すると判断されるおそれがある」と述べている。果たして、この弁護士は記事全体を確認したうえでコメントを提供したのか怪しいものがある。はっきりいって、これらの事例について「商標法や不正競争防止法に抵触すると判断されるおそれがある」とのコメントを載せられてしまったのなら、弁護士として恥をかかされたと憤っていいレベルだ。だが、そんな事情を読者が知る由もない。「弁護士も法律に抵触するおそれがあるといっている。もし訴えられたら負けるんだろう」という印象を受けてしまうことは避けられまい。

一応、弁護士のコメントの下に、こうした風潮に疑義を挟む意見も掲載している。だが、コメントをしているのがなぜか経済評論家でタレントの森永卓郎で、「小さな商店の企画や『おめでとう』の張り紙まで、商業利用とみなして問題視するのは無粋では」という申し訳程度の感想を述べるに留まっているのだから、反論としての説得力は皆無といってよい。結果として、『おめでとう東京』は知的財産権侵害になってしまう」という、事実とはまったく異なる印象だけが読後感として残る記事なのである。

注目すべきは、このトピックが、大阪版の夕刊とはいえ、東京大会開催決定の2日後の、『朝日新聞』の1面を飾ったということだ。記者はこの2日の間に、開催決定を祝う商業界のムードに着目し、しかもそれがオリンピック組織にとっては歓迎すべからざる事象ではないかとの問題意識を持ち、そのことを1面記事として世間に周知すべきだと責任者が判断し、各関係者に取材し、記事にまとめたというのだろうか。

あまりにもオリンピック組織の事情を汲んだ提灯記事が、これほどまでにスピーディに紙面を飾ったことに、いささか驚きを隠せない。阪神タイガース優勝をはじめ、スポーツイベントやブームに地元企業が素早く便乗することで地域経済を活性化させることには定評のある大阪地区における記事掲載であることも、考えてみればなんとも示唆的だ。結果的に、この記事が商業界の「五輪商戦」を、早い段階で牽制する役割を果たしたことは間違いない。

その後、『朝日新聞』は9月11日の東京版でも同じトピックを取り上げ、「『五輪』セールはダメ」、「JOC、便乗商法を厳しく規制」の見出しで、「パートナー企業以外が『五輪』を商売に使うことは御法度」と報じている。ただし、大阪版に比べると扇動的な筆致は幾分抑えられており、「おめでとう東京」、「やったぞ東京」、「祝2020年開催」などの文言については、「JOCが『使ってはいけない』とする表現例」との説明に留まっている。[117]

月末には『日本経済新聞』もこのトピックを記事化。[118]「五輪商戦　商標に注意」、「想起させるとNG」、「違法の線引き判断難しく」との見出しだ。法務面での掲載ということもあり、それなりに丁寧な分析をしているが、「ウェルカム東京」、「おめでとう東京」、「2020東京記念」などの表現について、「△判定」と表記したうえで、「東京五輪を想起させる使い方は、商標法や不正競争防止法に違反する可能性がある」、「IOCやJOCが問題視しており、使い続けると裁判で是非を判断」と解説した点は不適切だ。

前者については完全な誤りであり、登録商標でもなければ、オリンピック組織の広く知られた商品等表示（営業表示）でもない「おめでとう東京」などを、どう使おうが商標法や不正競争防止法に違反する可能性はない。後者は、オリンピック組織の主観なのだから誤りではないが、訴訟の可能性をチラつかせていたずらに読者の不安を煽るのはいかがなものだろうか。実際には、既に述べたように、合法なアンブッシュ・マーケティングに対し法的措置が取られた例は極めて少ない。仮に裁判になったとしても、裁判で合法であることが認定されるだけである。

それにしても気になるのは、『朝日新聞』も『日経新聞』も、許容される表現と許容されない表現の「線引きの難しさ」を強調している点だ。こうした記事のトーン自体が、読者に対して「オリンピックを連想させる表現は止めておいた方が無難」という自主規制の動機付けを与え、萎縮効果をもたらしている。なぜ線引きが難しいのか？　それは、両紙とも、境界線を法律上の基準ではなく、「オリンピック組織が問題視するかどうか」という基準で考えているからだ。そんなものはオリンピック組織の胸三寸なのだから、いくら考えても分からなくて当然である。そうではなくて、商標法などの関連法規に照らして許容されるのか、されないのかを検証すれば、簡単とはいわないが、少なくともオリンピック組織の気に障るかどうかを推し量るよりもはるかに境界線は明瞭だ。「おめでとう東京」が「アウト」だとか「グレーゾーン」だとか、そんなトンチンカンな記事にはならなかったはずである。

オリンピック組織に忖度する広告業界

当時のメディアの報道姿勢も不可解だが、広告業界の動きにも同様の不可解さが感じられた。広告業界専門誌『宣伝会議』は、２０２０年東京大会開催決定直後に発売された号（10月1日発売の２０１3年11月号）において、「緊急特別企画」と銘打ち、スポーツマーケティングについての特集記事を30ページにわたって掲載している。

この輝かしい特集記事の第1ページ目は、東京での開催決定を喜ぶ間もなく、オリンピック資産の無断使用についての注意喚起から始まる。曰く、「国際オリンピック委員会（ＩＯＣ）が所有するオリンピック資産は厳格に保護されており、正式なスポンサー企業にならない限り、それらを使用することはできない」、「今後オリンピックに関与する企業は、ＩＯＣが定めるルールに従ったマーケティングを展開する必要がある」、といった具合である。これからの7年間で、思い思いの広告表現によってオリンピックを盛り上げ、日本を元気にしようと考えていた広告関係者は、いきなり「ＩＯＣこそがルールだ。それを守れよ」と釘を刺されてしまうのだ。見逃せないのは次の一文だ。

東京でのオリンピック開催が決まった時、オリンピックを想起させる「おめでとう東京」や「招致成功セール」などの文言の使用が禁止されたが、権利を集約させて価値を最大化するオリンピックマーケティングの文脈に沿えば、このような措置は当然のことである。[119]

先の『朝日新聞』（大阪版）の内容をなぞる論調だが、専門外の新聞記者が大衆向けに書いた記事ではなく、広告業界の専門誌における、スポーツマーケティングの専門家の筆によって、こうした文章が書かれたことは驚きである。「『おめでとう東京』や『招致成功セール』などの文言の使用が禁止された」とあるが、いったい、いつ誰によって禁止されたというのだろうか？　実際は、オリンピック組織が「そういう表現は使ってほしくない」と希望しているに過ぎず、なんの拘束力も発生していない。「アウト」だの「グレー」だの曖昧な表現で読者を不必要に戸惑わせた新聞社にも感心しないが、それを基に、あたかもこうした一般的な言葉が禁句とされたことが既成事実であるかのように専門誌が断言するのは不適切だ。

あまつさえ、「このような措置は当然のことである」と結んだのは不可解だ。オリンピック組織が、オリンピックを連想させるに過ぎない一般的な言葉の使用まで規制しようとしているのは、前記引用文中でも言及しているように、オリンピック資産の使用権を（法律で許された範囲を超えて）集約し、その使用権を限られたスポンサーに独占的に付与するという体裁をとることで、スポンサーから得られる利益を最大化するためだ。営利団体が利益拡大を目指すこと自体は何も悪いことではないが、そのために、法律や社会通念の枠組みを超えて、過剰に第三者や一般市民の表現を「禁止」する措置の、どこが「当然のこと」なのか、理解に苦しむ。

さらに記事は続き、「公式スポンサー以外の企業が、オリンピックを想起させるロゴや呼称、あるいは文言を無断で用いた場合、それはアンブッシュマーケティングとして制裁の対象となる」とまで言い切っている。「制裁」とはなんだろうか？　オリンピックを連想させるがオリンピック組織の知的財産権を侵害しない称呼や文言を無断で用いたとしても、刑事上の罰も民事上の責任も負うことはあり得ない。ここまでくると、読者を萎縮させるための脅し文句として立派に機能している。だが、いったい何のためにここまで読者を脅さなければならないのだろうか。

どうも『宣伝会議』のこの号は、過剰にオリンピック組織に肩入れし、オリンピック組織の思惑通りに世論を誘導する手伝いをしているようにも思える。別のページでは、「これをすると『アンブッシュ』‼　オリンピックマーケティングガイドライン」[120]と題する小特集も組まれている。もうアンブッシュ・マーケティングははなから全面的に悪という前提に立っているのだ。内容も、法的に正確、あるいは広告業界全体の秩序に配慮した情報を伝えるとは到底いえず、オリンピック組織の意向を忠実に伝達することにのみ注力している。何せ、ガイドラインといいつつ、「基本は『オリンピックを想起させる意図がある表現』は全て権利に抵触すると考えておいた方がよい」で締めくくっているのだ。これでは何の指針にもなっていない。「登山でケガをしないためのガイドライン」で、「基本は、山に登ればケガをすると考えた方がよい」などと突き放すようなものである。ちなみに、同ガイドラインに示されている「アンブッシュマーケティングと見なされる表現例」には、『『未来にはばたく2020人の子供たち』を集めたスポーツイベント」という記載さえある。子どもが2020人集まってしまったら、一人は家に追い返せというのか？

オリンピック組織の本音としては、まさに「スポンサー以外はオリンピックに近づくな」なのだろうから、彼らから見れば百点満点のガイドラインなのだろう。しかし、広告業界全体のガイドラインとなるべき『宣伝会議』が、特定組織の意向に沿い、法的に間違った情報を拡散するのは問題があるといわねばならない。「オリンピックを想起させる意図がある表現」が、「全て権利」（なんの権利だか知らないが）に抵触するということはあり得ないのだから。

判断を放棄するJARO

JARO（日本広告審査機構）とは、広告代理店や広告主、メディア企業などから構成される団体で、テレビCMや新聞広告、チラシといった広告全般に関し、消費者からの苦情や問い合わせを受け付け、その適切性の審査をしている。法令に違反したり消費者に不利益をもたらしたりするような広告をなくし、もって広告業界の健全性を維持するための自主規制機関である。構成員の企業に対して、広告にまつわる諸問題についての勉強会なども行い、また、広告主や広告制作会社などから、企画中の広告についての適法性、適切性について問い合わせを受けることもあるという。こうした活動を通して、JAROは日本企業が広告制作をするうえで留意すべき様々な指針を示している。

そのような立場にいるJAROは、アンブッシュ・マーケティングについてはどのような見解を発信したのだろうか。実は、JAROは東京大会が開催決定するかなり以前から、オリンピックを連想させる内容の広告の是非に関して、同機構のウェブサイト上に情報を掲載していた。2011年4月1日付けの「広告にオリンピック関連の表現を入れることは可能か?」と題された記事では、「オリンピックを連想させる内容の広告について、オリンピック関連組織では、アンブッシュマーケティング防止キャンペーンを行っている」と、オリンピック組織のスタンスを紹介し、また、「JOCがオリンピックに便乗した広告と判断する基準」として、

①権利の主体者の許諾なしに、
②商業利用の一環として、
③企業、団体、個人のイメージアップ、商品価値をあげるために、
④オリンピックの用語やマークを使用する場合、
⑤オリンピックのイメージを使用して、権利の主体者と何らかの関係を有するとの誤認を生じさせる恐れがある場合

の5つを紹介している。

この基準自体の納得性はさておくとして、記事では、これはあくまで「JOCの判断基準」であることが分かる形で紹介されており、殊更に違法性を匂わせることはしていない点に注目したい。さら

には、以下のような解説も添えている。

知的財産に関連する日本の法律としては、不正競争防止法、商標法、著作権法があり、オリンピックに関する知的財産を無断で使用した場合、内容によっては、これらの法律に抵触する恐れがある。[121]

（強調は引用者による）

「JOCの判断基準」と「知的財産権法に基づく解説」を別個に記載し、「オリンピックに関する知的財産を無断で使用した場合」でも、法律に抵触するおそれがあるかどうかは、「内容による」と判断を留保しているのだ。先に5つも指針を挙げた「JOCの判断基準」と比べて、法律上の判断基準については何も具体的な指針を示さない点に消化不良の感はあるものの、それでも、「JOCの判断基準」と「知的財産権法上の判断基準」に一定の線を引いた解説は――本来は当たり前のことなのだが、それをしないメディアが多い状況に鑑み――、評価に値する。

しかしながら、そんなJAROの中立的な態度も、東京大会が決定するや否や、どういうわけか方向転換したように思える。JAROもまた、東京大会開催決定5日後の2013年9月13日に、会員企業に向けたメッセージを更新している。『祝！東京決定』NGの恐れのあるオリンピック広告の表現例」と題されたこの記事は、様々な業種の広告主から「広告にお祝いの文言を掲載したい」、「20円均一セールは可能か」などの問い合わせが寄せられている状況を受けて発信したとのことだが、そんな悩める広告主たちに対する答えがこれである。

結論から言ってしまえば、いかなる文言を使用しようとも、商業広告で2020年のオリンピック東京大会を想起させる表現をすることは、アンブッシュ・マーケティング（いわゆる便乗広告）として不正競争行為に該当するおそれがあり、JOC（日本オリンピック委員会）やIOC（国際オリンピック委員会）から使用の差し止め要請や損害賠償請求を受ける可能性がある。[122]

2年前と決定的に異なるのは、オリンピック組織の判断基準と、法律上の判断基準をないまぜにしている点だ。この内容が不正確で、ミスリード的であることは、もう繰り返しになるので詳しく指摘はしないが、JAROのスタンスが東京大会決定前と決定後で変わってしまったように見える点は興味深い。

一方、JAROは翌2014年に『広告法務Q&A』という、広告法規にまつわるQ&A形式の解説書を上梓しており、ここでは、再び「オリンピック組織の判断基準」と「法律上の判断基準」の区別を試みていることにも触れておく。この解説書では、「広告にオリンピック関連の表現を入れることは可能か」と題し、基本的には2011年版の記事をベースにした解説がなされている。すなわち、まずはオリンピック組織のアンブッシュ・マーケティングに対するスタンスの説明と、彼らがアンブッシュ・マーケティングだと判断するうえでの5つの基準（前述したものと同じ）を紹介し、後段には法律に基づく解説を配している。もっとも、肝心の知的財産権法上の判断基準に関する解説は大きくトーンダウンしている。以下引用するが、先に引いた２０１１年版の記事と比較してもらいたい。

知的財産に関連する日本の法律としては、商標法、著作権法、不正競争防止法があるものの、どのような広告表現が法違反となるのかについては判例がないため、ＪＡＲＯがその可否について回答することは難しい。[123]

なんと、法的判断についてはさじを投げてしまっているのである。法律問題に関するＱ＆Ａ形式の解説書なのに、回答を放棄してしまってよいのだろうか。さらに解説はこう続く。

実務上のトラブルを回避するためには、ＪＯＣや組織委員会に事前に相談されることが望ましい。

まさかのオリンピック組織に判断を丸投げなのである。これでは、「オリンピック組織の判断基準」と「法律上の判断基準」を分けて解説する意味は無に帰したも同然だ。オリンピックに乗じた広告の適切性に関する悩みについて、規制の当事者であるオリンピック組織に判断を委ねてしまっては、結局、前者の判断基準がすべてである。事前に相談したところで、オリンピックを連想させる表現は、「アウトですね」、「許されませんね」などと、違法か適法かは関係なく拒否するのが彼らのスタンスだ。百歩譲ってＪＡＲＯが判断できないにせよ、せめて第三者である法律家などに相談することを推奨すべきではないか。

そもそも、回答を放棄した理由として挙げられている「どのような広告表現が法違反となるのかについては判例がないため」との言い訳はかなり奇妙だ。商標法にせよ、著作権法にせよ、不正競争防止法にせよ、裁判例は山ほどあるし、学説や解説も無数に展開されている。それらを主要なものに絞って検証するだけでも、著作権の切れたマークをチラシに書いても著作権侵害にはならないし、他人の登録商標の形式的な無断使用であっても、商品やサービスの出所を示すなどの商標としての機能を発揮する態様で使わなければ商標権侵害にはならないし、「おめでとう東京」のような、他人の周知・著名な商品等表示と同一でもなければ類似もしない、せいぜいそれを連想させるに過ぎない表現をどう使おうが不正競争防止法違反にはならないことは分かるはずだ。この事実を無視して「判例がないので回答が難しい」と逃げを打つのは、広告業界の指針となるべき団体として、適切な姿勢といえるだろうか。

オリンピック表現自粛ムード

こうして振り返ってみると、2020年東京大会開催決定後、まるで示し合わせたかのように、マスコミや広告業界の指針となるべき各機関が、オリンピック組織のアンチ・アンブッシュ・マーケティング・キャンペーンに同調し、適法なオリンピック資産の利用行為まで、あたかも権利侵害、違法であるかのような論調で情報発信をしていたことが分かる。そのスピード感とシンクロ感には驚かされるばかりだ。

このような動きが、世の中にどのような影響を与えたか。「オリンピックを連想させる広告やキャンペーンは、いかなる内容であれ許されない。もし使ったら権利侵害のトラブルが生じる」という誤った印象が業界全体を覆ったのだ。オリンピックに近づくことすら恐れさせる「空気」の醸成である。主要各紙、業界のオピニオン・リーダー誌、業界の自主規制機関がこぞってそうしたムードを率先して煽ったのだから、無理からぬ話だ。

その結果、２０２０年東京大会開催決定後の日本では、オリンピックに対してまるで腫れ物のような扱いをする風潮が見られた。少なくない事業者が、「オリンピック」やそれを連想させる言葉を、あたかも使用禁止用語、タブーのように扱い、言論の萎縮ともいうべき状況が発生したのだ。

例えば、旅行情報誌などを発行するＪＴＢパブリッシングは、同社の雑誌等に広告を出稿する広告主や広告代理店に向けて、「東京２０２０オリンピック・パラリンピック競技大会の広告表現についてのお願い」[124]と題する文書を発信。「オリンピック・パラリンピックマーク等の無断使用、不正使用ないし流用（アンブッシュ・マーケティング）はＩＯＣ及びＩＰＣ（国際パラリンピック委員会）の知的財産権の侵害に該当します」と断言したうえで、同社の媒体における、オリンピック等を連想させる用語やイメージ、グラフィックなどの無断使用を禁止した。禁止表現の例として、「○○リンピック」、「２０２０円キャンペーン」、「５つの円を組み合わせたマーク」などを挙げているが、法的な基準からすれば明らかな過剰反応だ。

リオデジャネイロ大会を控えた２０１６年７月には、元プロテニス選手でタレントの松岡修造が、サントリーの清涼飲料の新製品記者発表イベントに登壇。３度のオリンピック大会出場経験があり、テレビ朝日のオリンピック番組ではキャスターを務める予定で、リオ大会で活躍が期待された錦織圭《にしこりけい》選手の指導者でもあった松岡に、この時期、マスコミからオリンピック関係の質問が飛ぶのは既定路線であった。松岡もまたリップサービスで大いに答えたが、記者発表終了後に、イベントを主催した代理店が「『松岡さんが言った「五輪」の話は（報道に）使わないでほしい』とマスコミ各社に要望[125]」したという。新製品発表イベントで、CMタレントがオリンピックについて語ったとなれば、オリンピック組織の知的財産権侵害になると危惧したのであろう。この件を報じた「日刊サイゾー」によれば、代理店は「〝五輪憲章違反〟で商標法に抵触」してしまうと話していたという。

清涼飲料分野では、サントリーの競合にあたるコカ・コーラ社がワールドワイドオリンピックパートナーについていることから、代理店としてはセンシティブになったのだろうが、登壇者のコメントに他人の登録商標が含まれていたからといって、それが商標法に違反することはあり得ないし、オリンピック憲章違反と商標法違反が直結するという心配もナンセンスだ。何の問題もない話題だったのにもかかわらず、まるで差別用語でも使ったかのように「言葉狩り」の憂き目に遭った松岡が気の毒としかいいようがない。

レストランでブラジル料理も出せない

同年8月、リオデジャネイロ大会の真っただ中に発行された、ぐるなびと東京メトロが共同で発行するフリーペーパーのタウン誌『TOKYO TREND RANKING』の表紙には、奇妙な見出しが躍っていた。「4年に一度の祭典を楽しもう!!　ブラジル&スポーツを渋谷で体験！」である（図38）。「4年に一度の祭典」はまだ分かるが、「リオデジャネイロオリンピック」を「ブラジル&スポーツ」という言葉で言い換えるセンスはどうなのだろうか。担当者の苦労の跡は偲ばれるが、力業過ぎて、公に言ってはいけない言葉を隠語でなんとかムリヤリ伝えましたという感じになってしまった。

注目すべきは、表紙のみならず、記事本文でも徹底して「オリンピック」の語を排除していることだ。記事の書き出しは、「開催地、ブラジルの熱を体感できる街といえば渋谷！」となっているが、これではブラジルが何の開催地なのかが分からない。「オリンピック」とは書けないと判断したにせよ、もうちょっと上手いごまかし方があったのではと素朴に思う。まるで最初は「今、大盛り上がり中のオリンピックの」という文節があったのに、校了直前に慌ててそこだけ削除したかのような不自然な仕上がりである。

図 38　東京・渋谷のブラジル料理店、スポーツバーなどを紹介。記事中でも「スポーツの祭典」などの、ぼかした表現が頻発

しかし、こうした不自然な表現でも発行されたことはよかったのかもしれない。オリンピック組織の主張は「オリンピックを連想させる言葉も使うな」なのだから、「4年に一度の祭典」はおろか、「ブラジル&スポーツ」すら気に食わないという可能性はある。事実、オリンピック組織が例示する「NG表現」には「祝・夢の祭典」や「4年に1度の祭典がやってくる」も入っているのだから、これだって彼らにいわせれば「アウト」なのかもしれない。

もし、こうした広告表現の適切性について、ＪＡＲＯに意見を求めたらなんと答えるだろうか。先に紹介したスタンスからすれば、「ＪＯＣか大会組織委員会に聞いてくれ」といわれそうだが、実は、リオデジャネイロ大会の時期にはそれなりに広告主からの相談に乗っていたようである。２０１６年４月に更新されたＪＡＲＯウェブサイトのＦＡＱ「オリンピック関連の広告事例～２０１６リオ編～」[126]によれば、例えば「販促物のカレンダーに、オリンピックの歴史について説明した記事を掲載したいが、問題だろうか」という問いに対して「アンブッシュマーケティングと見なされるおそれがある」と回答している。相談には乗っているものの、明らかな過剰反応に終始しているのは残念だ。販促物とはいえ、記事の形式で歴史的事実を記述することに違法性はない。

ただし今回ＪＡＲＯに感心したのは、「ＮＧ事例」だけでなく、「ＯＫ事例」も提示していたことだ。ＮＧ事例の紹介ばかりでは境界線を推し量ることもできないわけで、この取り組みは評価したい。ＪＡＲＯがＪＡＲＯの責任において「便乗とは見なされない」と言い切った問い合わせとは何か？　それは、「ブラジル料理を新商品として発売予定だが、オリンピックに便乗していると見なされるだろうか」であった。そんなこと、誰かに聞かなければ分からないことなのだろうか……。ＪＡＲＯの姿勢は評価するものの、ここでは、２０１６年にブラジル料理を客に提供することすら躊躇させてしまっている、オリンピックに対する萎縮ムードの異常さを指摘するべきだろう。

このように、マスコミや広告業界を通じて、アンブッシュ・マーケティングに対する萎縮の空気を作り出すというアプローチは、短期間で大きな効果を挙げたといってよいだろう。しかし、オリンピックの「オ」の字すら口にすれば権利侵害になりかねないという誤解が広まり、ＣＭタレントは大会の話題すら気軽に話せず、ＳＮＳで企業アカウントが選手を応援することは憚られ、飲食店はパブリック・ビューイングもままならず、ブラジル料理を出すことすら躊躇する。街から歓声は聞こえてこず、「がんばれ！ニッポン！」のつぶやきは限られた公式スポンサーのみから投稿される。それが本当にスポーツイベントのあるべき姿だろうか？

この傾向が押し進められれば、スポンサーやテレビ局といった特定のステークホルダーだけがオリンピックを楽しみ、一般市民はそれらをただ遠巻きに眺めるだけといった状況を生むことになるだろう。しかし、それで果たしてオリンピックの熱狂や理念が市民にまできちんと行き届くのだろうか。オリンピック・ムーブメントの推進という観点からも、オリンピックの楽しみ方について、限られた少数の特権階級と一般市民との間に差別を設けるような戦略は、悪手だと考える。

アンブッシュ＝社会的な悪ではない

残念ながら、広告業界やメディアの動向からは、アンブッシュ・マーケティングに関しては、法律上の判断基準ではなく、オリンピック組織の気に障るかどうかを忖度することによってその是非を判断する傾向が見て取れる。また、オリンピック組織の気に障る場合は法律上も問題となるとの誤解すら散見される。だが、こうした考え方には法的な正当性がなく、また公共に対して、人々の正当な表現の自由を奪っているという点において不利益を生じさせている。結果的に、オリンピック組織の私益のみを不公平に肥やすものである。

この問題を、冷静に法律上の基準で考えて、発信することができる者は少ない。可能性があるとしたら主には法曹界だ。法曹界は、当然のことながら法律を基準にして物事を考えるのが基本姿勢であり、アンブッシュ・マーケティングの問題もその例に漏れない。実際に、法曹界では、知的財産権を侵害しないアンブッシュ・マーケティングは違法ではないという考え方が主流だ。そのうえで、アンブッシュ・マーケティングに社会的意義を見出したり、過剰なアンブッシュ・マーケティング規制を憂慮する意見も少なくない。

　例えば、弁理士の中村仁《ひとし》、土生《はぶ》真之は、「便乗型のアンブッシュは、スポーツイベントを草の根的に盛り上げる役割も果たし、かつ、中小企業も主体となるため経済効果が波及する裾野も広いと考えられる。従って、直ちにアンブッシュ＝社会的な悪という単純な構図が成立するわけではない[127]」と、適法なアンブッシュ・マーケティングは社会にメリットをもたらすと述べたうえで、「アンブッシュを十把一絡げにして強力に規制するような仕組みは…〔中略〕…大会主催者・スポンサー、アンブッシャー、社会全体の何れにとってもメリットを失わせることになりかねない」と警鐘する。

　スポーツ社会学者の黒田勇《いさむ》も、ＦＩＦＡワールドカップに対するアンブッシュ・マーケティングを指して、「いわば〝豊かな便乗広告〟の氾濫によって、Ｗ杯というイベントはますます世間に認知され、盛り上がるとも言えないだろうか[128]」と、アンブッシュ・マーケティングがイベントを活性化させるという正の側面を指摘する。また、「スポンサーシップを重視し、イベントに関連した企業のマーケティング活動を過度に制限することは、イベント価値の上昇を抑えることとなり、イベントの社会的意味も狭めてしまう可能性があることを考えなければならない[129]」と、行き過ぎたアンブッシュ規制が大規模スポーツイベントの社会的な価値を棄損する可能性に言及している。

「イベントだぞ？　バズってなんぼだろう。オリンピックという言葉が世の中に溢れるのを阻止したいとさえ見えるが、本当にそれで良いのか」[130]と強い表現でアンブッシュ・マーケティング規制に異を唱えたのは弁護士の福井健策《けんさく》だ。福井は、「五輪をめぐる過剰な言葉狩り」を「法的根拠がないのに知的財産権を装」っていると喝破したうえで、多くの人々の参加や体験のシェアを許容せず、特定少数者によって情報を独占しようとするオリンピック組織のビジネスモデルを「20世紀型」と表現し、これからの時代とは相容れないものになることを示唆している。

もっとも、法曹界にも「自粛派」の声がないわけではない。弁理士の栗原潔《きよし》は、「ＪＯＣからクレームが入るだけでも企業イメージに差し障るケースもある。オリンピックに世間の注目が集まっている今、波風を立てるような行為は避けた方が無難だろう」、「実務上の現実解としては、疑わしい時はその都度、ＪＯＣに問い合わせるという方法をとらざるを得ないだろう」[131]と慎重だ。

弁理士の冨井美希は、オリンピックを連想させるに過ぎない表現については、商標法や不正競争防止法の保護対象とは言い切れないとしつつ、それでも「アンブッシュマーケティングであるとして大会委員会から突然警告を受けるおそれがあるのです。その場合に上記の法律を持ちだして反論し、仮に裁判で勝利したとしても、ＪＯＣと敵対してしまっては、ビジネスへの悪影響は避けられないでしょう」、「ことオリンピック東京大会に関しては、無用な争いや不意の出費を避けるべく、アンブッシュマーケティング行為に該当しないか入念に検討することが推奨されます[132]」と、やはりＪＯＣ基準で判断することが無難であると述べている。

法に従わない者に従うことが無難なのか

筆者の立場はこれまで述べてきた通りだが、改めてまとめると、「オリンピック組織の事情は分かるが、彼らが世間を欺いて特権的地位を築こうとしていることは受け入れられない。公正公平な競争を取り戻すために、われわれは正しい知識で対抗していく必要がある。仮にこのままの状況が進めば、オリンピックの価値自体も棄損されることになるだろう」ということに尽きる。オリンピック組織が採用しているビジネス・スキーム上、アンブッシュ・マーケティングを規制しなければ、スポンサー離れを引き起こし、オリンピックの財政基盤が危うくなる、という事情は理解できる。彼らにとって規制の必要性、動機があることはよく分かるのだ。しかし、だからといって、その事情に社会が与して、オリンピックだけを特別扱いしなければならない理由にはならない。

このことは、いつ理不尽な警告を受けるかもしれないわれわれ一般市民も知っておくべきである。確かにオリンピック組織のやり方は巧妙だ。自らが巨大な公的機関であるかのような印象を世間に与え、業界団体やメディアを取り込み、「オリンピックの財政を支えることは、自国の選手のサポートにもつながるんです」と、人々の愛国心にも揺さぶりをかける。自らを「特別扱いされて然るべき存在」と演出するのが実に上手いのだ。キャンペーン等における言葉の選び方も秀逸で、自らの主張が法的にも正当で、社会的なコンセンサスを得ているかのような錯覚を起こさせることに成功している。これには素直に感心してしまうし、自らのブランドを強固に保護する手法としては見習うべき点も多い。

だが、そうした手法に簡単に丸め込まれることはない。彼らは、自身の運営するイベントの成功という私益追求のために、法律や社会通念を超えた要求を社会に突きつけているのである。人気ラーメン店が、近所の居酒屋がランチ営業を始めたせいで客離れを起こし、「当店の財政基盤を維持するためには、当店以外のランチ営業は規制されるべきだ。居酒屋なのに昼間も営業するなんて不正な便乗行為で許されない」などと言い出すのと変わらない。巧みなレトリックを駆使することで、他人の正当行為にあたかも違法であるかのような印象を与え、自分だけ特別扱いされる風潮を作り出そうとする行為は、一歩間違えれば、どちらが「不正行為」なんだという話になり得る。みんなに平等な決められたルール（法律）のもとで公正な競争が行われるよう、正さなければならない。

その観点から、「実務上のトラブルを避けるために」という名目で、オリンピック組織の言い分に従うことをよしとする「自粛派」の見解には、筆者は賛同しかねる。確かに、例えばクライアントから相談を受けた場合に、法律上の解とは別に、クライアントがトラブルに巻き込まれないようにという観点から保守的な回答をすることは、それはクライアントの立場に立った、親身なアドバイスの形ではあるのだろう。「クレームが来るだけでも困る」というスタンスの事業者が少なくないのは事実だし、そうしたクライアントに「違法ではありません」と「正しい」助言をして、いざクレームが来てしまったら（クレームが言いがかりレベルだったとしても）、弁理士、弁護士がクライアントから怒られることもよくある。会員企業に対するＪＡＲＯの助言などもそうかもしれない。

だが、それはあくまで個別のクライアントなどに対する助言だから、その相手にとって適切ということなのであって、一般論として「トラブルを避けるためには、法律上は必ずしも正しくない主張だとしても受け入れた方が無難」と判断するのは、やはりはっきりと不適切だと考える。仮にそうした判断を是とするのであれば、法的な正当性はさておき、声の大きい者、力の強い者には従うことが無難、という話になってしまう。なんのための法律なんだ。どんな恐怖社会なんだ。いくら相手が強者でも、法律を不当に解釈して競争を有利に運ぼうとしたり、他人の自由を侵害しようとしていたら、その法律の正当な解釈によって対抗しなければならない。特に法曹界の人間であるならばそうあるべきではないだろうか。

仮に、適法なアンブッシュ・マーケティングが横行したせいでオリンピックの収益性が落ちたとしても、それがなんだという話なのだ。自由競争の中で淘汰されることは、甘んじて受け入れなければ仕方がない。その場合は、他の収入源を探すなり、競技数を減らすなり、開催国を分けるなり、いくらでもやりようがあるではないか。工夫を凝らして、身の丈にあった経営をすればよいだけの話だ。他の民間企業はみんなそうしているのだ。「オリンピックは、今のやり方と、今の開催規模で未来永劫存続させなければならない」というのは、オリンピック組織の勝手な希望なのであって、世界中の人々がそれに付き合ってくれると思ったら間違いだ。最悪、ＩＯＣがなくなったとしても、別の新しい組織が新しい経営方針で引き継ぐことは可能だろうし、そもそもアスリートの活躍の場は何もオリンピックだけではないだろう。

別にオリンピックなんかなくなったって構わない、と思っているわけではない。むしろオリンピックの理念にはとても共感している。世界中から集まったアスリートたちが、共通のルールの中で、国籍や人種、性別や障害の有無に関係なく、互いの健闘を称えながら競技に打ち込む姿からは、フェアプレーの美しさ、相互理解の大切さや、平等な社会の尊さを学ぶことができる。

一方、自らと特定少数のスポンサーの利益を保護するために、他人の適法な行為をあたかも違法であるかのように喧伝し、他人の自由の制限を試みる今のオリンピック組織の行動は、フェアプレー精神とは真逆であるといわざるを得ない。彼らとしては上手に正当化しているつもりかもしれないが、果たしてそれはこれからも上手くいくだろうか。

オリンピック組織が、大会の規模を維持する目的で、アンフェアに自己の利益を追求し続けることは、倫理規範の尊重を謳ったオリンピック理念を否定する行為である。こうした行為がこれからも続けば、大会の規模は維持できたとしても、やがて誰もオリンピックにフェアプレー精神を感じることはできなくなり、平等な社会を投影できなくなるだろう。そうなれば、市民のオリンピックに対する忠誠心も希薄になっていくはずだ。それはオリンピックのブランド価値を減じ、オリンピック・ムーブメントを破壊することと等しい。そうなったら、とても悲しく、不幸なことだと思うのだ。

コラム4　オリンピックは普通名称か？　下

20世紀以降、ＩＯＣは自分たち以外に「オリンピック」を名乗る競技大会に数々の抗議を行い、その名称の変更を実現させてきた。もともとは普通名称だったものでも、個別抗議やキャンペーンなどを通じて、他者の使用を排除し、その使用を事実上独占してしまえば、やがてその語は普通名称ではなくなり、有効な商標権の付与に値する固有の商標に昇華することがある。実に1世紀以上にわたり、少しずつ他者の使用が排除されてきた「オリンピック」は、現在、ＩＯＣの固有の商標として成長したといえるのだろうか。

国によって状況に差があるが、ここでは日本の状況について述べる。１９９０年代にＪＯＣが「オリンピック」の語の使用規制を積極的に主張し出した頃、「オリンピックは普通名称」との見解は一般的だった。１９９２年、『朝日新聞』はＪＯＣについて「『オリンピック』そのものを商標なみに扱[133]」っていると批評。これは取りも直さず「オリンピック」は普通名称という前提に立ったものだ。同年、日本新聞協会も「オリンピックは一般的な名詞」という見解書をJOCに送付している。1996年、オリンピックをもじった「1億2500万人の超夢リンピック」という特番を放送したフジテレビの広報局長は「オリンピックというのは一般名詞だと思う[134]」とコメントしている。

また、日本では現在でも「国際数学オリンピック」、「国際物理オリンピック」、「国際情報オリンピック」、「技能オリンピック」等、「オリンピック」を冠称し、もしくは世間から通称されているIOCと無関係の大会が複数存在している。さらに2007年には、「オリンピック」が普通名称であることを示唆した特許庁の決定すら存在する。「国際数学オリンピック」の主催組織の日本支部である数学オリンピック財団とIOCが、「日本数学オリンピック」の商標権の有効性を巡って争い、IOCが負けるという事件が起こったのだ。このとき特許庁は、「『オリンピック』の文字は他の文字と結合して…〔中略〕…『競技会』の意味を表す語として採択・使用されるものである[135]」と判断している。

実際、複数の辞書で「オリンピック」の項を引いてみると、「国際的な競技会につける名称。『技能――』」〔大辞泉上巻〕、「〔古代オリンピック、IOCのオリンピックから〕転じて、体育以外の国際競技一般にもいう場合がある。『技能オリンピック』『数学オリンピック』等」〔精選版日本国語大辞典〕など、「一般的な競技大会」の意味を掲載しているものも確かにあった。

筆者の見解としては、現在、スポーツ競技大会について「オリンピック」を単独で使用する場合には、IOCの固有商標と評価できると考える。ただし、他の語と結合して「○○オリンピック」と使用されたり、比喩的に「△△のオリンピック」などの形で使用されたりした場合には、そうした使用例が多数併存している状況に鑑み、一般的な競技大会やコンテストの意味で理解される場合があることも認めるべきだろう。皆さんは「オリンピック」を普通名称だと思うだろうか。それともブランド名だと思うだろうか。

第5章　アンブッシュ・マーケティング規制の最終手段

法律がないなら法律をつくればいい

前章までで、オリンピック組織によるアンブッシュ・マーケティング規制は、知的財産権法に則っていないにもかかわらず、巧妙なキャンペーン、警告活動、啓蒙活動によって、あたかも知的財産権法違反であるかのような雰囲気を醸成することで成立しており、一部ではこれにおもねることを良しとするような風潮すら見られることを確認した。一方、法律の正当な解釈によってこうした風潮に対抗することは可能であり、また対抗することが公正、公平な自由競争社会を守ることにつながると述べた。

しかし、オリンピック組織は、既にこうした考えの一歩先を行っているのだ。彼らは、彼らの推進するアンブッシュ・マーケティング規制が、通常の知的財産権法のもとでは正当性を持たないことは重々承知している。いくらメディアを通して啓蒙活動を繰り返し、また直接的な警告で脅してみたところで効果には限界がある。仮に、相手から「違法ではないし、何ら後ろめたいことはない」と居直られてアンブッシュ・マーケティングを強行されれば為す術はない。ならばどうするか。アンブッシュ・マーケティングを規制できる法律がないのなら、法律をつくってしまえばいい。そう考えたのである。

昔から、政府や関係省庁に対して、様々な団体が、自らの利益追求を目的とした立法や法改正の働きかけを行うことはあり、それはロビイング（ロビー活動）と呼ばれている。有名なものでは、ウォルト・ディズニー社が、アメリカでミッキー・マウスの著作権が切れそうになるたびに、著作権の存続期間を延長するための著作権法改正を求めてロビイングを行い、これを実現させてきたといわれている。こうした動きを指して、アメリカの著作権法は、一部で「ミッキー・マウス保護法」と揶揄されることがある。

ＩＯＣも、オリンピック資産に特別な保護を与える法律、いわば「オリンピック保護法」だが、その立法をロビイングによって各国政府に促すアプローチを長年行ってきた。「ミッキー・マウス保護法」は単なる揶揄、皮肉的な呼称であって、実際にアメリカの著作権法がディズニーのみを優遇し、ミッキー・マウスだけを手厚く保護しているわけではないが、ＩＯＣが求める「オリンピック保護法」は、文字通りオリンピック資産だけを手厚く保護し、ＩＯＣの利益のためだけに存在するものである。そんな法律が果たしてあっていいものだろうか。

ＩＯＣのロビイングの歴史は古く、１９５０年頃から、各国のＮＯＣを通じ、各国政府に働きかけを行っていたようである。この時代は、一業種一社契約によるスポンサーシッププログラムや、アンブッシュ・マーケティングという概念が確立するずっと前であり、オリンピックのビジネスモデルを特別に保護する理由はないように思える。だが、第3章で見た通り、ＩＯＣは１９９０年前後までオリンピックに関する知的財産権の取得にほとんど無頓着であった。特に商標登録を怠っていたことから、世界中で様々な第三者にオリンピックに関する商標権を取得されてしまっていた。また、そもそも「オリンピック」という語について、ＩＯＣが主催する競技大会の固有名詞であるという社会通念も希薄であり、ＩＯＣとは無関係に「オリンピック」を名乗るイベントが多数併存し、また「オリンピック」の語やオリンピック・シンボルは自由に使えるという認識から無断使用が公然と行われていた。こうした状況から、ＩＯＣにとっては、オリンピック資産の特別な法的保護を求める十分な動機があったのである。

彼らのロビイングはそれなりの成果をおさめ、１９９０年代半ばまでに、少なくともアメリカ（１９５０年）、フィリピン（１９６１年）、オーストリア（１９６１年）、リヒテンシュタイン（１９６４年）、バルバドス（１９８５年）、オーストラリア（１９８７年）、イギリス（１９９５年）、アルゼンチン（１９９６年）などにおいて、オリンピック資産について、ＩＯＣあるいは現地のＮＯＣに一定の独占権を与える特別法が制定されている。また、詳細は確認できなかったが、１９６３年の時点で、ノルウェー、ポルトガル、トルコ、ウルグアイなどにおいても同様の趣旨の法律があったことが、当時のＪＯＣの調査によって明かされている。[136] アラブ首長国連邦、ハンガリー、イランでも政令によってオリンピック資産の使用制限がなされていたという。後述するが、日本においても、１９５０〜60年代にかけて立法化が検討されたことがあるが、廃案になっている。

この頃のオリンピック保護法は、「オリンピック・シンボル」、「オリンピック」の語、「オリンピック・モットー（より速く、より高く、より強く）」に代表される、特定のマークや語句について、IOCの許可なく商業目的や商取引上の使用を禁じる内容を基本としている。一般的な商標法は、保護対象の商標を「商標として使用すること」（端的にいえば、商品などの出所を表示する、他者の商品などと識別可能な目印として使用すること）を禁止するものだが、オリンピック保護法は「商業目的」であればどのような使用方法でも禁じられると解釈できるものが多く、商標法よりも手厚い保護を与える特別な内容となっている点が特徴だ。ただし、現在のオリンピック組織が試みているような、「オリンピックを連想させるに過ぎない表現」までをも積極的に規制する内容にはなっていないものが多い。もっとも、前述の通り、当時はこれらの特定マークや語句についても、一般的な知的財産権法上または社会通念上、独占がほとんど認められていなかった時代であったことを考えると、こうした内容でも、十分にオリンピックを特別扱いし、一般法や社会通念を超越した法的保護を与える法律だといえる。

ゲイ・オリンピック事件

実は、これまで紹介したIOCやNOCによる警告例のうちいくつかは、オリンピック保護法を根拠としたものだ。特にアメリカでは、1987年以降、アメリカオリンピック委員会（USOC）がオリンピック保護法を積極的に活用して警告を行っている。1987年は、アンブッシュ・マーケティングの問題が顕在化し始めた時期と符合するが、直接的なきっかけとなったのは、1982年に勃発した通称「ゲイ・オリンピック事件」の最高裁判決である。[137]

「ゲイ・オリンピック」とは、１９６８年メキシコシティ大会等で活躍した元オリンピック選手のトム・ワデルらが発起人となって開催された、ＬＧＢＴのための国際的なスポーツイベントの名称であった。１９８２年に第１回大会がサンフランシスコにおいて開催されることが告知されると、ＵＳＯＣは「ゲイ・オリンピック」の大会名の使用中止を求めて抗議を行う。しかし、大会運営組織が名称変更を拒んだため、開会式の２週間前にＵＳＯＣがオリンピック保護法を根拠に訴訟提起に踏み切ったという事件である。アメリカのオリンピック保護法は１９５０年に制定され、１９７８年に「アマチュア・スポーツ法」として改正されている（その後１９９８年に「オリンピック＆アマチュア・スポーツ法」として改正され現在に至る）。この「アマチュア・スポーツ法」は、商取引や競技大会の宣伝目的において、「オリンピック」の語などを、（ＵＳＯＣの）オリンピックと関連するかのような誤った示唆を与える形で使用することなどを禁じている。[138] 訴訟では、この法律の有効性自体が争点のひとつになった。具体的には、アマチュア・スポーツ法が、ＵＳＯＣに「オリンピック」という単語の商業上の独占使用権を特別に与え、権利行使を許すことは憲法違反ではないかというゲイ・オリンピック側の主張が争われたのである。しかしながら、１９８７年に最高裁は彼らの主張を退け、ＵＳＯＣが、第三者が「オリンピック」の語を商業上使用することを禁じる権限を持つことは憲法違反ではないと結論付けた。ＵＳＯＣがオリンピックに長年にわたり投資し、「オリンピック」の語に商業的価値を与えてきた成果が重視されたのである。この判決を受け、「ゲイ・オリンピック」は大会名を「ゲイ・ゲームス」に変更されることを余儀なくされた。なお、大会自体はその後も現在に至るまで開催され続けている。

この最高裁判決は、当時のイベント業界に少なからぬ衝撃を与えた。当時、「オリンピック」を冠称したIOCと無関係のイベントはアメリカでも多数存在しており、例えば、「単語オリンピック」、「ドッグ・オリンピック」、「カニ料理オリンピック」、「ゼロックス・オリンピック」、「おむつオリンピック」、「ネズミオリンピック」などが挙げられる。後半にいくにつれて、いったいどんな大会なんだか謎が深まる一方だが、とにかくいろいろな「オリンピック」があったのである。だが最高裁判決に基づけば、これらのイベントも軒並み法律違反になってしまうのだ。なお、ゲイ・オリンピックの発起人トム・ワデルは、裁判当時これほどたくさんの「オリンピック」があった中で自分たちだけが訴えられたことに不信感を抱き、「結局のところ、ネズミやらカニやらコピー機なら『オリンピック』は使えても、私はゲイだから『オリンピック』を使えないということか[139]」と、訴訟の根底にはUSOCの差別意識があったのではないかとほのめかしている。

最高裁判決以降、勢いづいたUSOCはその他の「オリンピック」についても次々に使用中止へ追いやった。例えば、カリフォルニア州で1967年から開催されていた州の警察機関の職員と退職者によるスポーツイベント「カリフォルニア警察オリンピック」は、1989年に「カリフォルニア警察夏季競技大会」に変更されているし[140]、高齢者向けのスポーツイベント「シニア・オリンピック」は、1990年に「国際シニア競技大会」に変更されている[141]。「カニ料理オリンピック」などについてのその後はようとして聞かれず、やはり抗議を受けたか、自然消滅したものと思われる。「ゲイ・オリンピック事件」以降、少なくともアメリカでは、「オリンピック」を冠称したイベントは実施されにくい状況が完成しているといえよう。

オリンピック・シンボルと赤十字マークの違い

ＩＯＣは、各国単位でオリンピック保護法をつくることに飽き足らず、より国際的なオリンピック保護も目論んでいた。すなわち、オリンピック保護の「国際条約化」である。彼らが目指したのは、赤十字マークの絶対的な使用制限を定めたジュネーヴ条約並みの手厚い保護であった。

赤十字マークとは、皆さんにもお馴染みであろう白地に赤い十字のマークで、一般的には「病院のマーク」という印象を持たれることが多い。だが、実はこの赤十字マーク、及び「赤十字（Red Cross）」の語は、１９４９年に採択されたジュネーヴ条約という国際条約により、日本を含む１９６カ国の条約締結国において、人道支援団体の赤十字社と、軍隊において医療活動を行う衛生部隊（衛生兵）のみが使用できると定められている。赤十字社と無関係の病院や薬局、一般の企業や団体などはみだりに使ってはいけないことになっているのだ。例えば、手元にあるスマートフォンやメッセンジャーアプリの「病院アイコン」や、おままごと用のおもちゃの「病院マーク」などをよく観察してほしい。そこで使われているのは赤十字マークではなく、黒や青だったり、形が十字ではなかったりすることに気付くはずだ。これは、ジュネーヴ条約やそれに基づく国内法に配慮しての措置である。

もっとも、一般的な病院マークに過ぎないという認識も多く、赤十字社もそれほど積極的な取り締まりをしているわけではないことから、あまり気にされずに使用されるケースも少なくないようである。ただし、無断使用が赤十字社や第三者から指摘されることもあり、例えば日本では、２００９年にキックボクサーの赤十字竜《あかじゅうじりょう》が、日本赤十字社からの申し入れによりリングネーム改名を余儀なくされたり、[142]２０１６年にはアイドルグループ℃－ｕｔｅが赤十字マークの入った衣装を着てライブを行い、テレビ放送時にマークに修正処理が施される[143]という事態が起こっている。

取り締まりこそそれほど厳しくはないが、法律上は、赤十字マークについては、商標法や著作権法等に抵触しないような使い方はもちろん、商業上の使用であるかどうかも関係なく、ほとんどいかなる場合でも使用が禁止されているという、まさに最強の保護を受けているのである。

なぜ赤十字マークにはここまで極端に手厚い保護が許されているのか。そこには、ジュネーヴ条約上、戦争時においても衛生施設、衛生部隊等を攻撃することが禁じられており、その衛生施設等を示すための目印として赤十字が使われているという背景がある。もし、赤十字マークが世の中に氾濫していると、戦争が起こったときに、衛生施設が適切に判別できず、またその重要性が理解されず、戦時中の人道秩序が守られなくなるというのが、このマークの使用が強く制限されている理由である。もっともその割には、赤十字マークは事実上病院や医療全般を表現する記号としてやや一般化され過ぎている状況にあり、もはやいっそのこと新しいマークをつくってしまった方がよいのでは……とも素朴に思うが、それはともかく、ひとついえることは、赤十字マークの使用制限が、戦時における傷病者の生命の適切な保護という、極めて人道的な公益保護という目的のうえに成り立っているということだ。

これに対して、民間のスポーツイベント事業を示す標識に過ぎないオリンピック・シンボルや「オリンピック」の語などの保護強化は、事業者であるＩＯＣの私益の保護を目的とするものでしかなく、赤十字マークとオリンピック・シンボルは、その点においてまったく種類が異なるものである。つまり、オリンピック資産が赤十字マークと同等の保護を受けなければならない合理的な理由はないのである。

オリンピック保護条約の実態

それでも、IOCは政治力を駆使して「オリンピック保護条約」の成立を目指した。各国NOC、各国政府を通して、国連の機関で国際的な知的財産権保護促進のための活動を行っているWIPO（世界知的所有権機関）に近づき、オリンピック資産の保護のための国際条約制定を促したのだ。

この動きに協力的だったのがケニア政府であった。[144] 同政府はオリンピック保護条約締結に向けて協力することをIOCに表明し、アフリカの主に英語圏の国の政府間の意見を取りまとめたうえで、1978年5月にWIPOに議題として上程した。このときケニア政府は、「オリンピック・シンボルがほとんどの国で保護されていないせいで、各国のオリンピック委員会（NOC）が甚大な経済的損害を被っている」と主張し、「WIPOは、特に商品やサービスの提供に際しオリンピック・シンボルの使用を禁止させることについて研究するべきである」[145] と上程の理由を説明している。

なぜ、ケニア政府がこれほどまでにIOCに肩入れし、その要望を国連機関に対して代弁するに至ったのだろうか。これまでにアフリカ大陸でオリンピック大会が開催されたことはないし、ケニアの選手団は1950年代からオリンピック大会に参加しているものの、この時期に開催された1976年モントリオール大会、1980年モスクワ大会は、政府意向により参加をボイコットしている。決してオリンピック・ムーブメントに積極的とはいえない国なのだ。にもかかわらずケニア政府がIO

Cに協力した背景には、発展途上国のNOC（ケニアでいえば、ケニアオリンピック委員会）は政府の管理下に置かれていることが多く、オリンピック・シンボルが独占的に保護されることによって得られるNOCの経済的利益（正確にいえばIOCからNOCに分配される利益）が、そのまま政府にとっての利益にもなるとの期待があったものと考えられる。

ケニア政府の上程した議題はWIPOにおいて審議されることになったのだが、他国の会議参加者からは異論も出た。特に先進国グループは「オリンピック・シンボルの価値は認めるものの、これを国際条約で保護すれば、将来IOC以外の国際的な民間団体が同様の取り扱いを要求してきた場合に拒否することができなくなる」[146]との趣旨で反対意見を述べたという。つまり民間団体のマークについて、一団体に限って特別扱いするような国際条約をつくることはふさわしくないということだ。真っ当な指摘であると考える。一方、発展途上国グループは、おそらくこれもNOCの権利保護強化が国家の利益につながるとの打算から、概ね賛成に回ったという。

こうした議論を経て、ケニア政府の提案は条約案としてまとめられることとなった。そして何度かの審議や修正案の提出を経て、1981年9月にケニアのナイロビで開催された会議において「オリンピック・シンボルの保護に関するナイロビ条約」（以下、ナイロビ条約）として採択、翌1982年に発効に至った。ナイロビ条約の内容はシンプルで、重要な内容は以下の二つである。

①条約締結国は、IOCの承認なく、商業目的のためにオリンピック・シンボルを標章・標識として使用することを、妥当な措置によって禁止する義務を負う。

②条約締結国は、ＩＯＣの承認なく、オリンピック・シンボル及びこれを含む商標を登録することを、拒絶または無効とする義務を負う。

要は、条約締結国においては、オリンピック・シンボルを勝手に商業目的で使わせるな、商標登録させるな、ということだ。ＩＯＣにとっては悲願のオリンピック資産保護のための国際条約だったが、しかし実のところ、この条約はいささか中途半端な内容に留まったといえる。まず、保護の対象がオリンピック・シンボルのみに限定されており、「オリンピック」の語や、その他のオリンピックを連想させるような表現は規制対象の範囲外である。しかも、「標章・標識として使用」することを禁じる内容であるため、「標章・標識」すなわち「目印」にならない使い方、例えばチラシなどの装飾の一部として使う分には規制対象外となると考えられる。商標法による規制範囲よりは多少広いと解釈できる余地もあるが、それほど著しい差はない。少なくとも、赤十字マークの保護レベルにははるかに及ばない内容だ。もっとも、当時ＩＯＣはオリンピック・シンボルの商標をまったくといってよいほど登録していなかったので、商標登録に代わる保護手段ができたことはそれなりの意義があったのだろう。

しかしナイロビ条約の何よりの誤算といえば、この条約を締結する国が少なく、しかも締結国が発展途上国に偏ってしまったということだ。条約採択後、１９８３年３月までに条約を締結したのはケニア、エチオピア、赤道ギニア、エジプト、コンゴ共和国、グアテマラの６カ国。条約検討時に反対を表明した先進諸国はなかなか参加に踏み切らなかった。現在は52カ国がナイロビ条約を締結しているが、締結国はやはりアフリカ諸国が中心であり、いわゆる主要国とされる国々はほとんど締結していない。例えば日本、中国、韓国、アメリカ、カナダ、イギリス、ドイツ、フランスなどはいずれも締結国ではなく、条約に従う義務を負っていないのである。これでは、ナイロビ条約の国際的な存在感は薄いといわねばならないだろう。

アンブッシュ・マーケティング規制法の誕生

ナイロビ条約がオリンピック資産の保護に対して不十分な内容と影響に留まった1980年代半ば以降、皮肉なことに、オリンピック組織にとって、オリンピック資産の法的保護を強化する必要性はさらに高まっていった。一業種一社契約に基づくスポンサーシッププログラムの確立がアンブッシュ・マーケティングの横行を招き、オリンピック組織は、アンブッシュ・マーケティングからスポンサーに与えたオリンピックの独占的商業利用権を保護しなければならなくなったのである。

1990年代以降、IOCは各国政府に対し、単に「オリンピック」の語やオリンピック・シンボル等に特別な保護を要求するだけでなく、「オリンピックを連想させるに過ぎない表現」の使用さえも規制するような特別法の立法を要求し始める。こうした法律を、これまでの「オリンピック保護法」と区別して、「アンブッシュ・マーケティング規制法」と呼ぼう。

オリンピックの連想語さえ使わせないというアンブッシュ・マーケティング規制法の発想は、国民の表現の自由を過度に制限する可能性を大いにはらんでいる。しかも、一民間組織のイベントのみに対してこのような超特別待遇を保証する法律は、平等原則にも著しく反している。だが、1990年代以降にオリンピック大会の開催が決定した国の大半において、ＩＯＣの要求通り、アンブッシュ・マーケティング規制法が制定されているという事実が存在する。なぜ、このような要求が通ったのかは後に考察するとして、まずは各国のアンブッシュ・マーケティング規制法の内容を概括しよう。

１９９３年のＩＯＣ総会で２０００年のオリンピック開催国に選ばれたオーストラリアでは、１９９６年に「シドニー２０００年大会保護法[147]」が制定されている。オーストラリアにはもともとオリンピック保護法が存在していた（１９８７年制定）が、これを強化する内容だ。従来のオリンピック保護法と異なるのは、オリンピック・シンボルや「オリンピック」の語などに加えて、「Millennium Games（ミレニアム大会）」、「Sydney Games（シドニー大会）」、「Sydney 2000（シドニー２０００）」、「Summer Games（夏季大会）」、「Team Millennium（チーム・ミレニアム）」、「2000 Games（２０００年大会）」といった、シドニー大会を連想させ得る一般的な表現も保護対象として列挙した点だ。

本法では、こうした保護対象について、「商業目的で使用すること」が原則として禁止されている。つまり、２０００年の夏にシドニーで行われる大会やゲームは何もオリンピックだけではなかろうに、「２０００年大会」、「夏季大会」、「シドニー大会」などという一般的な言葉が、商業上のあらゆる使い方において、ＩＯＣの独占物になりかねないということだ。これは、厳しい。日本のロック歌手、氷室《ひむろ》京介に「SUMMER GAME」というヒット曲があるが、オーストラリアでは商品として販売できないという事態にもなりかねない。なお、本法は２００７年に廃止されている。

１９９７年のＩＯＣ総会で２００４年のオリンピック開催国に選ばれたギリシャでは、１９９８年にオリンピック資産の保護を強化する法律（法律第２５９８／１９９８号[148]）が制定されている。本法では、オリンピック・シンボル、「オリンピック」、「Cultural Olympiad（文化オリンピアード）」、「Olympic Games 2004（オリンピック競技大会２００４）」などの語に加え、「Athens 2004（アテネ２００４）」の語などが保護対象と位置付けられており、これらの語は商標法に準拠した保護を永久的に受けられるとされている。ただし、あくまで商標法準拠なので、商業目的のいかなる使用方法も禁じたオーストラリアの法律に比べると慎ましい。また、オリンピックを連想させる語としては「アテネ２００４」くらいしか保護対象としていないため、アンブッシュ・マーケティング規制法としてはやや不十分だと思われる。ギリシャでは、当地で紀元前に古代オリンピックが行われていた経緯から、後からやって来てオリンピックについて独占権を主張するＩＯＣの姿勢に批判的なむきがあり、慎重な立法となった可能性が考えられる。

２００１年のＩＯＣ総会で２００８年のオリンピック開催国に選ばれた中国では、２００２年に「オリンピック・シンボル保護条例[149]」が制定されている。本法では、オリンピック・シンボル、「オリンピック」やその略称[150]、北京大会のエンブレム等に加え、「北京２００８」の語が保護対象とされ、これらの表現を「商業目的（潜在的商業目的も含む）で使用すること」が禁じられた。ここで注目すべきは「潜在的商業目的」が規制対象と明示されている点だ。「潜在的商業目的による使用」とは、例えば「北京オリンピック開催おめでとう！」、「昨日のオリンピックで○○選手が金メダル！」といった、一見するとオリンピックを祝福したり、報じるに過ぎない文言の使用を指している。こうした表現であっても、それが事業者によってなされた場合には、結果的に消費者の関心を引き寄せることから、潜在的には商業目的であり、禁止対象とされたのである。これは、事業者が積極的な広告宣伝の意図なくオリンピックに言及する善意型アンブッシュ・マーケティングをターゲットとするものであり、この規定に従えば、およそすべての事業者はオリンピックについて一言も触れられないといっても過言ではない。ＣＭやチラシはもちろんのこと、店先の立て看板や垂れ幕、ＳＮＳやブログに至るまで、どのような趣旨の文章においても、「オリンピック」や「北京２００８」とは書けないということになりかねないのである。

なお、当時中国では、所轄の行政機関（工商行政管理局）が本法に基づく取り締まりを積極的に行っており、当局の発表によれば、２００４年から２００７年９月までの時点で、本法に基づく権利侵害事案を１３９７件処理し、[151]大会直前の２００８年７月末までには合計２８８２件を摘発したという。[152]もはや国中から「オリンピック」を消し去る勢いだが、もともと共産党批判を封じるための言論統制が行き届いている中国の政策を考えると、ＩＯＣの方針と中国政府の方針は、言論統制という点において親和性があったのかもしれない。

オリンピック連想権

２００５年のＩＯＣ総会で２０１２年のオリンピック開催国に選ばれたイギリスでは、２００６年に「ロンドンオリンピック・パラリンピック大会法２００６」[153]が制定されている。イギリスではもともと「オリンピック・シンボル保護法」というオリンピック保護法が存在していた（１９９５年制定）が、これを強化する内容である。本法の特徴は、「商品やサービス等が、ロンドンオリンピックと関係があることを大衆にほのめかし得る表現の使用権」を「ロンドンオリンピック連想権」と称し、そ

グループ1	グループ2
games（大会）、Two Thousand and Twelve（2012）、2012、twenty twelve（20/12）	gold（金）、silver（銀）、bronze（銅）、London（ロンドン）、medals（メダル）、sponsor（スポンサー）、summer（夏）

図39　ロンドンオリンピック・パラリンピック大会法2006　附則4第3条による

の独占権をロンドンオリンピック大会組織委員会に与えている点にある。つまり、「オリンピックを連想させる商業上の表現は、すべて大会組織委員会のもの」ということだ。これは、おおよそあらゆる形態のアンブッシュ・マーケティングを禁止する根拠となり得る規定である。

また、ロンドンオリンピック連想権を侵害するかどうかを検討する具体的な基準として、図39に示す「グループ1」内の言葉の組み合わせ、もしくは「グループ1」内の言葉と「グループ2」内の言葉の組み合わせが使われているかどうかを考慮する、と規定されている。

つまり、オリンピックを連想させる趣旨において「2012 Games（２０１２年のゲーム）」、「2012 Summer（２０１２年の夏）」といった表現を使用することすら規制対象になり得るということだ。「２０１２年の夏」という、これ以上になく普遍的な語句の使用さえ憚られる世の中は、やはり異常だ。これでは、おちおち顧客や取引先に暑中見舞いすら送れないではないか（ただし、文脈上、明らかにオリンピックとは無関係な趣旨の使用であれば規制の対象外である）。

イギリスでも、本法に基づく取り締まりは積極的に行われており、「オリンピックブランド警察」と揶揄された大会組織委員会の専門チームや、所轄の行政当局である取引基準局が、街なかの中小企業や商店に至るまで、オリンピック連想権侵害を指摘する警告活動を行っている。一方、この法律はさすがにやり過ぎだという意見も多く、広告業界からは「厳罰主義だ」、「宣伝広告も表現の一部であり、その表現の自由を脅かすものだ」と非難の声があがった。[154] 当時ロンドン市長だったボリス・ジョンソンでさえ、「こんな狂気じみたこと〔行き過ぎたブランド保護〕は、この地では許容されるべきではない。もし誰かが『オリンピックカフェ』という喫茶店を開いていたとしても、幸運を祈りたいね」とコメントし、本法の弾力的な運用を求める事態となった。[155] なお、前記の条項は２０１２年12月31日まで有効な時限条項であったため、現在では規制は効力を失っている。

２００９年10月2日のＩＯＣ総会で２０１６年のオリンピック開催国に選ばれたブラジルでは、立候補時点からアンブッシュ・マーケティング規制法の立法作業が進んでいた。そして、開催都市を選出するＩＯＣ総会の前日に「オリンピック法」[156]が制定され、リオデジャネイロに決まると同時に発効している。本法では、オリンピック・シンボルや「オリンピック」等の語に加え、「Rio 2016（リオ２０１６）」、や聖火等のシンボルも保護対象とされている。

特筆すべきは、これらの保護対象について、「商業目的であるか否かを問わず」使用が禁止されているという点だ。これは、これまでのアンブッシュ・マーケティング規制法と比べてもかなり踏み込んだ内容である。報道・批評目的や私的な使用においても「オリンピック」や「リオ２０１６」などの言葉を使ってはいけないということだろうか。ここへ来てまさに赤十字マーク並みの絶対的な使用制限を実現してしまったといえよう。

さらに、大会直前の２０１６年5月には新たなアンブッシュ・マーケティング規制法（Law No

13,284 of May 10, 2016）[157]が制定された。本法では、具体的な用語やシンボルは特定せず、「経済上または広告上の優位性を達成するために、リオデジャネイロ大会と直接的または間接的に関連性を示し、ブランド、商品またはサービスを展開すること（第三者にそのブランド等が大会主催者から承認、認可または支援されていると認識させることを含む）」全般が禁止された。これによって、商行為においてリオデジャネイロ大会を連想させる語句やイラストを使うなどして、間接的に言及することすら許されなくなったといえる。

しかし、せっかくの大規模イベントなのに、そのイベントに関連する表現を軒並み使用禁止にしてしまえば、盛り上がるものも盛り上がらないだろう。実際、リオデジャネイロ大会は地元での盛り上がりに欠け、観客席は空席だらけだったと報じられている。ニュースサイトの「THE PAGE」は、大会開催期間中のリオデジャネイロを指して「五輪が実施されているとき独特の、街全体を包む祝祭の雰囲気は薄い[158]」と評している。その背景のひとつには、行き過ぎたアンブッシュ・マーケティング規制法の存在もあったのかもしれない。オリンピックの公式スポンサーの利益を守ろうとするあまり、現場のオリンピック・ムードを盛り下げ、それによってオリンピックの価値を減じてしまっては本末転倒である。なお、前記いずれの法律もオリンピックの開催年いっぱいの時限立法であり、２０１６年12月31日で失効している。

なお、きりがないので詳細な中身は割愛するが、２００６年以降の冬季オリンピック大会の開催国であるイタリア、カナダ、ロシア、韓国においてもアンブッシュ・マーケティング規制法が制定されている。

なぜオリンピックだけを特別扱いするのか

このように、法律の内容は各国ごとに差はあれど、アンブッシュ・マーケティング規制法は、商標法や著作権法といった一般的な知的財産権法で認められる範囲をはるかに超越した強い権限をオリンピック組織に与えていることは共通している。オリンピック・シンボルや「オリンピック」の語はもちろん、「都市名＋西暦年数」をはじめとする、オリンピックを連想させるあやふやな表現までも商業目的で（ブラジルでは特定語句については非商業目的においても）使用を禁止する内容が含まれている。

こうした法律は、主に３つの問題をはらんでいる。第一に、国民の表現の自由を規制ないし侵害、また産業や文化の発展を阻害するおそれがある。知的財産権法は、権利者の利益保護、利用者の自由、産業や文化の発展促進とのバランスを考慮したうえで、表現に対して適切な保護範囲を設定している。オリンピック組織の利益保護に偏重した「特別法」はそのバランスを無視し、破壊するものである。

第二に、オリンピックだけを法的に特別扱いすることは他の民間組織との間で著しく不均衡である。特定の民間組織の私益を保護するために、法律が特別な権利を付与することは、近代国家として遵守すべき平等原則に反する。「オリンピック」は歴史的には普通名称のように使われており、現在においても一部にその傾向が見られる点についてはこの際目をつぶり、ＩＯＣが主催する競技大会を指す世界でも指折りの著名ブランドのひとつであり、経済的な価値も高いと認めたとしよう。だからといって、合理的な理由もなく法律がオリンピック資産だけを特別扱いすることはあってはならない。「マクドナルド」や「Google」だって世界的な著名ブランドだし、ミッキー・マウスやポパイのイラストだって世界的に著名な表現だ。なぜ、これらのブランドや表現との扱いに差を設けるのか？　平等原則に基づく根拠が必要だろう。

第三に、こうした特別法がオリンピックの理念と矛盾し、オリンピック・ムーブメントがもたらそうとしている公益の実現を阻害するおそれがある。オリンピックは私的なイベントだが、公益性を認めるとすれば、それはフェアプレーの尊重や、国籍や信条等で差別されない平等な社会の実現等を謳ったオリンピックの理念に対して認められるべきである。百歩譲って、こうした公益性を保護する目的で何らかの特別扱いが検討されるのであれば、それは許容されるべきという考え方もあるかもしれない。だが、オリンピックのみを優遇する特別法は、オリンピック資産のあらゆる使用方法を、不合理に、オリンピック組織と彼らが認めたスポンサーにだけ認めることで、オリンピック資産の経済的価値を最大化し、オリンピック組織の私益を肥大させるものである。これは「フェア」とか「平等」という理念とは真逆の状態だ。アンフェアや不平等にお墨付きを与えるような法律がまかり通り、これに基づく取り締まりが行われれば、市井の人々はオリンピック理念を信用できなくなるだろう。そうなれば、やがて彼らのブランドイメージは棄損され、オリンピック・ムーブメントは崩壊する。オリンピック理念が掲げる平等な社会の実現は、オリンピック組織自身の手によって遠ざかることになるのだ。

オリンピックに来てほしければ、オレ様のための法律をつくれ

ここで疑問なのは、なぜ、各国政府はＩＯＣの意向を容れて、国民の自由を制限するなど負の影響

の大きいオリンピック保護法やアンブッシュ・マーケティング規制法の制定に踏み切ったのだろうかということだ。その理由として、ＩＯＣが、オリンピック開催都市として立候補した都市や政府に対して、オリンピック大会の開催条件として、オリンピックのための特別法の立法を要求する戦略を採っていることが挙げられる。元ＩＯＣのマイケル・ペインの言葉を引こう。

> 開催都市に選ばれた時に最も大変なのは、マーケティングプログラムの開発の準備に向けてＩＯＣの広範囲の要求に応えなくてはならないことです。……〔中略〕……ＩＯＣは開催国が決定される前に、立候補国の政府に、すべてのオリンピックのマークやシンボルなどを保護する特別措置法や、アンブッシュマーケティングを制限するための法案を通過させるように要求します。[159]

要は、「オリンピックに来てほしければ、オレ様のための法律をつくれ」ということだ。これは、ものすごい要求である。もしもあなたがコンサートプロモーターで、海外のロックスターの来日公演を企画したところ、ロックスターが「オレは大麻をバリバリやってるので、来日中は大麻を合法化してくれ」などといい出したらどう思うだろうか。「ジョークなのかな」と思うだろう。だが、ＩＯＣはこれを本気でいっているのである。

ＩＯＣによる立法要求は、立候補した都市に対する「質問票」という形で提示される。この質問票は、ＩＯＣが、立候補都市がオリンピックの開催国としてふさわしいかどうかを審査するために送付するもので、立候補都市は「申請ファイル」と呼ばれる一次審査資料と、「立候補ファイル」と呼ばれる二次審査資料という形で回答することが求められている。ＩＯＣが満足する回答ができなければ、審査を通過することはないわけだから、実質的には質問というより開催条件の提示といってもよいだろう。質問内容は、立候補の動機から立候補都市の財政状況、開催日程の予定、大会開催に対する国民の支持状況に至るまで多岐にわたるが、その中で、オリンピック資産の法的保護についても触れられている。

　立候補都市に対する質問票を通して、その国の政府にオリンピック資産の法的保護を要求するアプローチは、遅くとも１９７４年には試みられていた。当時使われていた立候補都市に対する質問票には、「貴国では、オリンピック標章〔オリンピック・シンボル、「オリンピック」、「オリンピアード」、オリンピック・モットー、オリンピック旗を指す〕は法律によって保護されていますか？　同様に大会組織委員会のエンブレムについても法的保護を得られ、大会前に法的手続きによって権利行使を行うことができますか？」という項目がある。また、別ページには「立候補条件」として、「立候補都市は、オリンピック標章と大会組織委員会のエンブレムについての政府による十分な保護を得なければならない」と記されている。[160]

　この、質問の体裁を借りたＩＯＣの要求は、アンブッシュ・マーケティングの時代に至るとさらにエスカレートし、露骨にアンブッシュ・マーケティング規制法の立法を促す形になっていく。東京を含む２０２０年大会の立候補都市に提示された質問票には、以下の質問項目が掲載されている。

　オリンピック競技大会開催のために、新たな法律を制定する予定はありますか？　該当するものがあれば説明してください。[161]

アンブッシュ・マーケティングの効果的削減と制裁（オリンピック・スポンサーの競合企業による不正競争の防止など）に必要となる法規制…（中略）…ができる限り早く、かつ２０１８年１月１日までに成立することを確約する政府の関係当局の保証書を提出してください。[162]

最初の質問は、新たな法律を制定しろといわんばかりだし、後段の質問に至っては、もはや質問の体裁すら保っていない。「遅くとも２０１７年中に、アンブッシュ・マーケティング規制法を立法しろ」と命じているだけである。

１９９０年代以降にオリンピック開催国として選ばれた大半の国でアンブッシュ・マーケティング規制法が制定されている事実は、各国がこのＩＯＣの要求を受け入れたことを示している。普通だったら「そんなムチャクチャなことをおっしゃるなら来ていただかなくても結構です」というべき事案なのだが、このような要求が成立していた背景には、多くの国がオリンピックを招致する高いモチベーションを有していた時代であったことが挙げられる。１９８４年ロサンゼルス大会が、一業種一社契約に基づくスポンサーシッププログラムのもとで多額のスポンサー収入を得て商業的な成功を見たことで、都市や国家には、自治体や国家の財政をリスクにさらさずともオリンピックを招致することは可能であり、その恩恵のみを得ることができるという期待が高まった。これを受け、１９８０年代後半から２０１０年代にかけては、オリンピック招致を巡って、複数の都市、多い時には10以上の都市が立候補を表明し、他の立候補都市とPRやプレゼンテーションでしのぎを削り、時にはIOCへの贈賄事件や疑惑が発生し社会問題化する状況すら生まれた。過熱する招致活動は、しばしば「招致合戦」という言葉で表現された。つまり、各都市、各国を「買い手」、IOCを「売り手」とすれば、オリンピック・ビジネスはこの間売り手市場の状態を維持し続けてきたといえる。

売り手市場においては、売り手が買い手よりも優位に立ってビジネスの主導権を握ることができるのは市場原理であり、オリンピックも例外ではないということだ。それにしても、各国政府よりも優位に立ち、その立場を利用して自分に都合のよい法律までもつくらせてしまうとは、IOCの発想の大胆さと強気の姿勢、巧みな交渉戦術には、危機感を覚えると同時に素直に舌を巻かざるを得ない。

もっとも、こうした交渉戦術が今後も通用するかどうかは分からない。2010年代半ば以降、開催コスト（特に国や開催都市が負担する、競技会場などのインフラ整備に関する費用）の上昇と、世界的な政情不安から、各国のオリンピック招致に対するモチベーションは弱含みを見せている。2024年大会の開催地を巡っては、ボストン、ブダペスト、ローマ、ハンブルクが立候補を表明するも相次いで辞退する運びとなり、最終的な立候補都市はパリとロサンゼルスの2都市に留まった。IOCは、次回2028年大会の立候補都市が無くなることを危惧してか、2017年のIOC総会において、2024年大会の開催都市をパリとし、同時に2028年大会の開催都市としてロサンゼルスも選出する異例の措置を取った。仮にこうした状況が続き、オリンピック・ビジネスが「買い手市場」に転向すれば、今後のアンブッシュ・マーケティング規制法の成否にも影響が出てくる可能性があるだろう。

しかし、そもそも立法とは国民を守り、公益と秩序を維持するために検討されるべきものである。

市場原理に振り回されて、特定の取引相手の利益のための法律ができたりできなかったりすること自体がおかしいのである。各国政府の立法担当者には、立法の意義と重みについて、胸に手を当てて考えてもらいたい。

コラム5　2020年東京大会とアンブッシュ・マーケティング規制法

執筆時の現在進行形の事象を単行本に記すことは、本来はあまりふさわしくないが、コラム枠ということでご容赦いただきたい。第5章で見た通り、2000年以降のすべての夏季オリンピック大会開催国ではアンブッシュ・マーケティング規制法が成立している。この情勢の中、2020年東京大会に向けて、日本における法制化はどのように検討されてきたのか、ここに記録しておこう。

225ページで紹介したように、IOCは東京都に対し、立候補段階の2012年の時点で「アンブッシュ・マーケティングの効果的削減と制裁に必要となる法規制…〔中略〕…ができる限り早く、かつ2018年1月1日までに成立することを確約する政府の関係当局の保証書を提出してください」と迫っている。これに対する東京大会招致委員会の回答は以下の通りだ。

日本国においては、「不正競争防止法」が制定されており、オリンピック・マークを許可なくオリンピックと関連づけた形で商標として使用するなどの便乗行為は、刑事罰の対象として厳しく規制されている。これに加えて、著作権、意匠権、商標権などの知的財産権は、法律により厳格に保護されており、違反した者に対しては、懲役刑を含めた厳しい制裁が科されている。オリンピック・スポンサーの各種の権利は、これらの法律に基づき確実に保護される。[163]

つまり、既存の知的財産関連法でアンブッシュ・マーケティングに確実に対処できるとして、新たな法制化の確約は避けたのだ（実際、2017年中の立法は実現されなかった）。さらに、2013年にIOCが各立候補都市を評価したレポートでは、本件に関するIOCと招致委員会のやり取りが明かされている。それによると、招致委員会は「現行法の枠組みのもとで、約2週間あればアンブッシュ・マーケティングは差し止めることができる」[164]と表明したという。

だがこれまで述べたように、現行の知的財産権法のもとではアンブッシュ・マーケティングは合法で、規制することはできない。まして、その合法行為を2週間で差し止めるなど、どう考えても不可能である。招致委員会はIOCにいい加減な回答をしたといわざるを得ない。ちなみに招致委員会の立候補ファイルについては、後に大会組織委員会会長の森喜朗《よしろう》も、予算計画を指して「いかに滅茶苦茶な計画かということが歴然としました」、「大変ずさんなもので、大きな問題でした」[165]と痛烈に批判している。特許庁に提出した事業計画書（127ページ）といい、重ねていうが彼らは相当いい加減な仕事をしている。

いざ東京大会招致が決定すると、アンブッシュ・マーケティングを規制するのは大会組織委員会の仕事だ。実務を行う中で、やはり法律があった方が望ましいと彼らは考えたのだろう。２０１７年８月、大会組織委員会は、超党派のスポーツ議員連盟並びに関係省庁に対し、アンブッシュ・マーケティング対策の法整備を正式に依頼している。しかし、行政側に慎重な意見があったため、とんとん拍子にはいかない状況だったようだ。

ここに追い打ちをかけたのが、２０１８年初頭の冬季平昌大会における日本代表選手の壮行会規制問題だ（53ページ）。学校や企業が所属選手を公に応援することすら制限しようとするＪＯＣの姿勢に対し、多くのメディアや世論から厳しい目が向けられたのである。これを受け、同年３月14日に日本商工会議所と東京商工会議所が、当時のオリンピック担当大臣鈴木俊一に宛て、アンブッシュ・マーケティング規制法に反対する意見書を提出。この際鈴木は「法制化ありきとする必要はない」とコメントした。また、これに先駆けた3月3日の『読売新聞』は、早くも「スポーツ議員連盟は…（中略）…特別措置法の制定を見送る方針を固めた[166]」と報じている。見出しには「壮行会問題など配慮」とあり、本件の影響の大きさがうかがえる。もとはといえばこの問題は、平昌大会に際しＪＯＣが加盟下の競技団体等に配布したガイドラインが端緒である。立法化に期待をかけていた大会組織委員会としては、ＪＯＣに横やりを入れられた思いだったのではなかろうか。

さてここからは執筆時点の筆者の予想となることを重ねてご容赦願いたい。以上を踏まえた検討進捗状況と、２０２０年東京大会までの残り期間を考慮すると、日本のアンブッシュ・マーケティング規制法が、単独の法律として制定される可能性は低いと思われる。あり得るとしたら、既に存在する、東京大会に対する国の支援内容等を定めた「東京オリンピック競技大会・東京パラリンピック競技大会特別措置法」を一部改正し、アンブッシュ・マーケティングを規制する内容の条文を追加する措置ではないか。実は韓国では、冬季平昌大会開催の約１カ月前に、同趣旨の法律を一部改正する形でアンブッシュ・マーケティングを規制する条文が追加されており、この手法が参考とされる可能性がある。あるいは法制化ではなく、関係省庁からの通達、通知のような形でアンブッシュ・マーケティングの自粛を促すメッセージ（具体的な指針や行動基準を含むかもしれない）を国民に向けて発信するという選択肢もあるだろう。法的拘束力はないものの、まさに自粛を促す圧力として機能する可能性がある。

いずれの未来が待っているにせよ、そうした規制や自粛の是非と、オリンピックに対してどのように向き合っていくべきかは、われわれ自身が考えていかなければならない。本書のこれまでの内容と、これから始まる第６章をヒントにして、どうか皆さんも考えてみてほしい。

第６章　１９６４年から学ぶ、アンブッシュ・マーケティングとの向き合い方

立法運動の胎動と、それを無視する社会

これまでの章で、オリンピック組織がアンブッシュ・マーケティングを規制するために、キャンペーン、警告、自粛ムードの醸成、立法化とあらゆる手段を講じてきたことを紹介してきた。現行法や社会通念に照らして何ら問題のない行為をあたかも違法行為のように喧伝するアプローチに対しては、反論したり受け流したりして上手に対処していくべきなのだが、それは決して簡単な話ではない。また、新たな法律をつくられてしまったら対処はさらに困難になる。それでは、こうしたオリンピック組織の巧みな戦略に、われわれはいかなる態度で対峙すべきなのであろうか。実は、そのヒントが１９６４年の東京オリンピックにある。

日本が法制化を含むオリンピック資産の保護強化の圧力にさらされたのは、実は２０２０年が初めてではない。１９６４年東京大会の際にも、ＩＯＣの要請を受けたＪＯＣ（当時は日本体育協会の傘下）

や大会組織委員会が、あらゆる手段を講じてオリンピック資産の使用規制を試み、オリンピック保護法の制定を画策していたのである。

人間の営みは、50年程度ではそう変わらない。当時のオリンピック資産の使用規制を巡る情勢を振り返り、そこから得られる教訓に基づき、今日の日本におけるアンブッシュ・マーケティング規制の是非や、規制に対してどのように向き合っていくべきかについて、最後に論じることとする。

前章で、ＩＯＣは１９５０年頃から、オリンピック保護法の制定を目指し、各国のＮＯＣを通して各国政府へのロビイング活動を始めたと述べた。日本も例外ではなく、１９５０年、ＩＯＣは日本体育協会に対し、国内でオリンピック・シンボルがみだりに使われないよう何らかの措置を講じることを命じている。これを受けた日本体育協会は特許庁に相談を持ちかけ、オリンピック・シンボルの使用認可の在り方について協議を行っている[167]。しかし、他国の例に漏れず、当時の日本でもオリンピック・シンボルや「オリンピック」の語は自由に使えるものという認識が一般的であり、また法的にも、まだ著作権保護期間中だったオリンピック・シンボルはともかくとして、「オリンピック」の語を独占する法的根拠はなく、ＩＯＣの要請は、今日のアンブッシュ・マーケティング規制と同様、社会通念とは相容れにくい内容だったといえよう。

実際、このときの日本体育協会と特許庁における検討はあまり具体化しなかったようで、社会に影響を与えることもなかった。その2年後の１９５２年、東京都が１９６０年大会の開催都市として立候補を表明し、１９５５年のＩＯＣ総会で落選。しかし間髪を置かずに、同年に次回１９６４年大会への再立候補を目指して招致活動を継続することを決議する。東京へのオリンピック招致の機運が高まってきたこの頃を境に、ＪＯＣの内部では徐々にオリンピック資産の保護強化を模索する動きが活発化していく。そして、まだ東京大会が決まらぬ１９５７年、早くも日本版「オリンピック保護法」の制定が画策されている。「オリンピックの五輪模様などの使用制限に関する法律案」と題されたこの法案は、「オリンピックの五輪模様もしくはこれに類似する図形、形状を、営利の目的をもって使用することを禁止」し、また「オリンピック競技大会、その類似名称、またはオリンピック大会に関係あると誤解を招く名称を、競技会その他の行事の名称として用いることを禁止」するという内容であった。なお、前者の規定に違反した者には、３万円以下の罰金刑も科すとしている。[168]

オリンピック・シンボルについて、「営利の目的をもって使用することを禁止」ということは、商標としての使用に限らず、営利目的であれば、形式的にオリンピック・シンボルを描くことも含めて全面的に禁止する、という趣旨だろう。これは、商標法や不正競争防止法よりも強い保護である。また、対象は行事名に限られるものの、オリンピック大会と「関係あると誤解を招く名称」の使用も禁止されるという。つまり解釈次第では、例えば「１９６４東京大会開催記念セール」、「4年に一度の祭典フェア」といったイベント名も規制対象になり得るということだ。これは、１９９０年代以降に制定されているアンブッシュ・マーケティング規制法と比べても遜色ない厳しさである。

しかし、この法案は結局立法化のうねりにはつながらなかった。オリンピック資産について、無断使用が禁じられるべき他人の財産であるといった認識がほとんど見られない時代においては、オリンピック資産の法的保護を殊更に強化する必要性は理解されるべくもなかった。ＪＯＣの立法戦略は、明らかに時期尚早だったのである。

１９５９年５月26日、ミュンヘンで開かれたＩＯＣ総会において、１９６４年大会の開催地として東京が選出され、東京オリンピックの開催が決定しても、オリンピック資産を巡る世間の認識はさして変わらなかった。むしろ招致決定をきっかけに、一部では、オリンピックの商標を活用して積極的に儲けようという動きが顕在化していた。招致決定翌日の５月27日には、特許庁の窓口にオリンピックに関連した商標を登録しようとする者が我先にと集まり、その日のうちに、オリンピック・シンボルだけで44件が商標出願されている。[169] その後も出願は増え、６月３日までの８日間で88件にのぼったという。[170]

こうした行為は、今日では「明らかな便乗で不正出願だ」と非難を浴びかねないが、当時は違った。この話を聞いた日本住宅公団初代総裁の加納久朗《かのうひさあきら》は、「それには僕も気がつかなかったな。気がつけば僕もやったんだが（笑）」[171] と応じ、評論家の大宅《おおや》壮一《そういち》と「オリンピックでどういうことをすればもうかるだろうか」と、話題に花を咲かせている。このエピソードが象徴するように、オリンピック資産の活用は、市井の人々の自由に委ねられているというのが当時の一般的な認識だったのである。メディアの論調も穏やかで、オリンピック・シンボルに富士山や舞妓の刺繍をあしらった布地の販売を計画し、このデザインを商標登録しようと特許庁を訪れた土産店の男性を取材した『週刊新潮』は、「彼の出願がとおったかどうかはわからないが、ミヤゲ物店が〔オリンピックで儲かる仕事を考えるうえで〕大アナなのは事実のようである」[172] と、そのビジネスセンスに一定の評価を与えている。

また、生活情報誌『オール生活』では、都議会議員、経済評論家、経営者による「いまから準備すべきオリンピック目当ての金もうけ法」と題された座談会[173]が開催されており、オリンピック・シンボルを商業利用することの妥当性について以下の発言がなされている。「〔五輪〕マークの使用は現在許可制なんですか？」、「あれはトレード・マークじゃないでしょう」、「絶対に使用してはいけないということは言えないのじゃないかと思いますね。それにマークのついておらないものは売れませんよ。それだけは注意した方がいいですよ〔笑声〕」。やはり、オリンピック・シンボルが誰かの占有物であり、その利用に際しては許可が必要という認識は希薄だったようだ。

その一方、当時東京都議会議員だった出口林次郎《でぐちりんじろう》は気になる発言も残している。彼は先の座談会の中で、「体協〔日本体育協会〕で何人かの委員会を作って、そういうこと〔オリンピック・シンボルの使用権の管理〕をやるというようなことを言っています」、「日本では、五輪の輪を使うということはやかましくなると思いますよ」、「はっきりしませんが、五輪のマークを簡単に使用できないことだけは確かですね」といった発言を繰り返したのだ。

商魂の五輪マークへの攻勢を食い止める

出口が示唆した通り、この頃を境に、ＪＯＣや大会組織委員会はオリンピック資産の保護体制を整え始める。１９５９年６月、ＪＯＣはオリンピック・シンボルとオリンピックの標語〔より速く、より高く、より強く〕の取り扱い方法についての内規を作成。これらの標章は、オリンピック・ムーブメントのためだけに使用するものとし、一般の商標には使用させないという方針が定められた[174]。さらに同年8月、JOCは「オリンピック標章委員会」を内部組織として結成する。これは、オリンピック資産の無断使用を抑止するための委員会で、このような組織がつくられたのは、諸外国も含めて、オリンピックの歴史上初めてのことだったという。同年9月に組織された1964年東京大会組織委員会は、標章委員会の意義について以下のように語っている。

> そうでなくても、商標やデザインの盗用で、日本の商業道徳の低さは世界的に定評がある。そこへ、オリンピック印のトイレット・ペーパーなんてヘンなものが万一にも実現したら、それこそ、東京オリンピックも水に流れてしまうかもしれない。われわれはなんとしてでも、この商魂の、五輪マークへの攻勢をくいとめなければならない。[175]

さらに、日本体育協会は、オリンピック・シンボルの商業利用を禁じるための全国遊説のキャンペーンを行うことを表明。「オリンピック出場選手にさえ、無許可では五輪マークを使用させない。まして、商品ごときには……」と気炎を吐いている。これまで当たり前のように許容されてきたオリンピック・シンボルの商業利用が、突如として、このような強い調子で牽制され始めたのである。1950年にIOCからオリンピック資産の保護強化について要請を受けたJOCは、以来、この件を組織内で検討してきたが、立法化も頓挫し、世論も動かせず、ほとんど成果を出すことはできていなかった。東京オリンピック開催決定を受けて、いよいよ大会開催までに成果を出さねばという意気込みや焦りが透けて見える。何せ、「なんとしてでも、この商魂の、五輪マークへの攻勢をくいとめなければならない」、「商品ごときには……」といった言いぐさである。いかにも穏やかではない。商魂が、あたかも悪鬼のごとく表現されているではないか。

こうした発言の数々は、１９９０年代にＩＯＣがアンブッシュ・マーケティングに対して行ったネガティブ・キャンペーンを思い起こさせる。アンブッシュ・マーケティングを「寄生虫」と表現し、「オリンピックを傷つけている」と糾弾したあのやり口だ。日本のオリンピック組織は、ＩＯＣに30年先駆けて、オリンピック資産の無断使用へのネガティブ・キャンペーンを展開していたのである。

矛盾する使用規制と資金調達

もっとも、彼らの意気込みとは裏腹に、こうしたキャンペーン活動は長らくほとんど実を結ばなかった。オリンピック・シンボルの使用について自制を促す注意喚起は、オリンピック組織や東京都の広報誌などでは展開されたものの、マスコミの反応は鈍く、人々の心も動かしはしなかったのである。

この背景には、東京オリンピック大会の運営資金難という問題があった。現在も変わっていないが、他の多くのオリンピック開催都市同様、当時の東京でも、大会招致決定直後から、巨額のオリンピック開催資金をどのようにして捻出するかは東京都と大会組織委員会にとって大きな課題であり、マスコミの関心事でもあった。ちなみに、道路整備や競技場建設費などの間接費用を除いた、東京オリンピック大会運営のための直接費用は、立候補時点では当時の金額で60億円と表明されていたが、１９６３年初頭には１００億円と見積もられ、最終的には９９億４６００万円が支出されている。なお、道路設備や東海道新幹線の建設費などの間接・関連費用も加えると総事業費は９６０８億２９００万円にのぼった。巨額の開催費用を前に、当時の報道論調は、「正体のつかめない運営額」、「大ザッパな計画」、「お先真っ暗の資金捻出」と辛辣なものであった。

そんなさなかの1959年8月、突如としてJOCは、大会組織委員会がフジテレビから2億1000万円余りの資金提供を受けると発表した。フジテレビが資金提供と引き換えに手に入れたものは何か。それはオリンピック・シンボルの使用権であった。大会組織委員会とフジテレビの合意内容は、フジテレビの番組スポンサー収入の1パーセントを大会組織委員会に支払う代わりに、対象番組の前後にオリンピック・シンボルを使用した企業CMを流すことができるというものであった。放送中の番組の約半分が対象となり、大会開催年までの契約で前述の金額に達する計画だったという。これは、日本の大会組織委員会が民間企業に認めた、オリンピック・シンボルの使用許諾第1号として記録されることになる。

オリンピック・シンボルを商業利用することは「商道徳に反する」と広報しておきながら、一方でカネ次第で商業利用にお墨付きを与える大会組織委員会の態度は矛盾しているともいえる。この合意について、当時の報道は「こういう既成事実のまえでは、〔オリンピック・シンボルの〕使用制限基準も骨抜き同然。『宣伝と協力、金次第で』ということにもなる恐れがある」[176]と、まさにこの点を指摘している。

だが、資金調達が喫緊の課題として取り沙汰される中、こうした矛盾は放置されることになる。フジテレビへの使用許諾を契機に、大会組織委員会はオリンピック・シンボルの金銭的価値を自覚したようだ。資金難を解決する方法を模索している折も折、オリンピック・シンボルが数億円で売れることが分かったのだから、これを利用しない手はなかった。

１９６０年12月、大会組織委員会は「東京オリンピック資金財団」を発足させる。これは、大会運営費のうちの約40億円を調達することを目的として結成された団体である。そしてその資金調達方法は、ほとんどがオリンピック資産の使用許諾をテコとしたものであった。

まずフジテレビに対して取った方策と同様、大企業を中心に、協賛金と引き換えにオリンピック・シンボルを広告に使用する許諾を与えるアプローチを取り、これにはトヨタ自動車、日本ビクター（現・ＪＶＣケンウッド）、ナショナル（現・パナソニック）、富士フイルム、キッコーマン、さいか屋などが応じ、契約合意に至っている。さらに許諾対象は大企業に留まらず、商工会議所や全国商店協議会などの各種の業界団体に対し、オリンピック・シンボルをあしらったシールなどの景品を販売したり、販促物をつくらせたりして、加盟する中小企業や個人事業主にも配布を許可した。また、当時の公共

図40　トヨタ自動車が許諾を受けて銀座に設置したオリンピック・シンボルを使用した看板広告

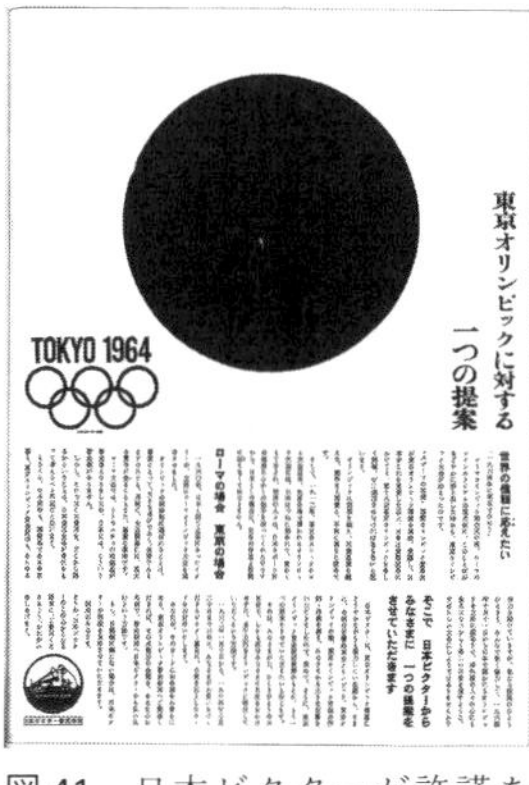

図41　日本ビクターが許諾を受けて新聞に掲出した全面広告

事業体には軒並み協力を依頼し、オリンピックをモチーフにした図柄の郵便切手、オリンピック・シンボルを表示した宝くじ、「オリンピアス」と名付けたオリンピック・シンボル入りのタバコの販売など、様々な試みで資金調達が行われた。[177]

今でいう「オールジャパン」で東京大会を金銭的に支援しているような格好だが、逆にいえば、そのカネと引き換えに、オリンピック・シンボルが公式に全国津々浦々までバラまかれたということだ。市街地にはオリンピック・シンボルを掲げた大企業のネオンサインがきらめき、新聞にはオリンピック・シンボルを使った企業広告が躍り、商店街ではオリンピック・シンボルをあしらった景品のシール、包装紙や買い物袋、大会のチケットが当たる抽選券などが配られ、郵便局やタバコ屋ではオリンピック・シンボル付きの切手や宝くじ、タバコが飛び交うことになったのである。

ここまでオリンピック・シンボルの商業利用が公式に日本中に氾濫している中では、「オリンピック・シンボルの商業利用は商道徳に反する」といった標章委員会のキャンペーンは説得力を持ちようがなかった。資金財団は、各企業、団体から入ってくる金銭を名目上は「募金」や「寄付」と称していたが、実態としてはオリンピック・シンボルの使用許諾料であることは誰の目にも明らかであった。当時の報道は、資金財団の活動をこう評している。

東京オリンピックまであと842日だが、けれどかんじんの金がない。そこでオリンピック財団が商売を始めた。五輪のマークを業者に貸して使用料をもらう。宝くじ、共同募金、協賛競馬といろいろと頭をいためている。[178]

身も蓋もない言い方だが、資金財団の存在意義を端的に表しているし、もっといえば、今日のＩＯＣや大会組織委員会によるスポンサーシッププログラムだって同じことだ。こうして資金財団は順調に大会運営費を集めることに成功した。だが、それと引き換えに、オリンピック・シンボルは街に溢れ過ぎてしまった。スポンサーの数を一業種一社に絞ってオリンピック資産の価値を維持する仕組みが完成するのはまだ遠く先のことであった。右を向いても左を向いてもオリンピック・シンボルが目に入る状況下で、市井の人々がオリンピック資産を無断で使用することに対する後ろめたさ、心理的ハードルは、下がることはあっても、上がることはほとんどなかっただろう。その結果、オリンピック資産の無断使用はむしろ増加していったのである。この状況を、後に『週刊現代』は以下のように記している。

> 東京五輪組織委員会では、商品の販売にこのマークを使わせ、その代償として寄付を受ける、という考えだった。そこで大企業から厳選してではあるが、許可制で五輪マークの使用を認めた。この結果デパートやら銀行やら、街に五輪マークがはん乱し、その結果、マークの尊重の思想が薄れ、あちこちの業者が無断でこの聖なる印を使いだしたのである。[179]

東京オリンピック招致以前のオリンピック・シンボルの扱われ方からすると、そもそもオリンピック・シンボルを「尊重」すべき「聖なる印」とまでする風潮があったかどうかは疑問だが、少なくとも、大会組織委員会が広報していた「オリンピック・シンボルの商業利用は非道徳的」とする価値観が浸透しなかったことは確かだろう。

そもそも、オリンピック資産の商業利用について、これを道徳、道義的な観点から問題視し、啓蒙しようという発想に矛盾があったのである。これが例えば赤十字マークのように、本来が人道支援のために使用されるようなマークであれば、その商業利用を道義上の問題とする価値観は馴染むが、オリンピックは民間組織の商業イベントであり、オリンピック・シンボルは大会イベントを指す商標として商業利用されるものなのである。その商業利用自体を非道徳的と位置付けてしまえば、オリンピック組織自身や、許諾を与えたスポンサーによる商業利用の正当性を説明できず、自己矛盾は回避できない。

今日のアンチ・アンブッシュ・マーケティング・キャンペーンは、アンブッシュ・マーケティングを道義上の問題として位置付けるものは少ない。そうではなく、知的財産権法上の問題があると匂わせることで、オリンピック資産の無断使用やアンブッシュ・マーケティングを牽制する戦略を採っている。こうした戦略によって、「権利者」であるIOC自身や、「権利者」から許諾を得たスポンサーの商業利用の正当性を担保しているのだ。これは、オリンピック組織の長年のマーケティングの歴史の中で辿り着いた戦略なのだろうが、1964年東京大会におけるキャンペーンの失敗もその糧になっているのかもしれない。

「よく分からないが、使用してもよいのではないか」

増え続けるオリンピック資産の無断使用に対し、ＪＯＣや大会組織委員会は直接的な対応を取れずにいたが、ある程度の事例把握はしていたようだ。例えば１９６２年11月のＪＯＣの報告書には、オリンピック・シンボルをあしらった岐阜提灯や女性用下着、観光会社のロゴマーク、オリンピック・シンボルの付いた制服を着た店員が働き、パチンコ玉にまでオリンピック・シンボルを刻印した「オリンピック・センター」なる店名の名古屋のパチンコ店、「オリンピック資金協賛」の文字とオリンピック・シンボルが印刷された電話消毒器用の袋などの事案が記録されていたという。[180]

だが、世間がそうした事案を問題視する風潮は、相変わらずなかなか広まりを見せなかった。前掲報告書によると、名古屋のパチンコ店は、オリンピック・シンボルと「オリンピック」の語の使用に際し、愛知県庁の建築主管課にその可否について問い合わせを行ったが、県庁の担当者から「この件についてはよく分からないが、法的な制限がないので使用してもよいのではないか」と回答を得ていたというから、自粛ムードも何も醸成されていなかったことがうかがえる。

一方、１９６２年にはオリンピック資産の商業利用を巡るちょっとした騒動も起きている。この年の初夏、現在も開催されている食品等の審査イベント「モンドセレクション」の第1回授賞式がベルギーで行われ、製菓大手のグリコが、同社の商品「アーモンド・チョコレート」でナッツ部門の最高賞を受賞した。これを受け、同社が新聞に「世界で優勝　グリコチョコレート」、「ベルギーのチョコレートオリンピックで第1位」と謳った全面広告を掲載したところ、「権威が曖昧なコンテストの入賞を、〝オリンピックで第1位〟と表現するのは誇大広告ではないか」と、競合他社や経済誌から批判を受けたのだ。

現在でも、モンドセレクションの権威についてはときどき疑問が呈されることがあるが、第1回審査会ともなればなおさらだろう。実際、当時のモンドセレクションには国際的な権威も知名度もなかったため、「世界で優勝」、「オリンピックで第1位」という表現は確かに大げさであり、優良誤認的との指摘は一理あるだろう。経済誌では「知能的な誇大宣伝で、ボロ儲けをしている[181]」、「従来、日本人は国際的の行事についてはは大へんに弱い。これを利用して、グリコが、世界のチョコレート界の王座に座ったような印象的な広告をしたのだから、その広告を見たものは、とにかく、日本品の中で一番いいチョコレートは『グリコ』だという印象はたしかに受けたに違いない。これは明らかに道義的な広告のあり方とはいえない[182]」と手厳しく評価されている。

ただ、こうした批判の内容を読めば明らかなように、グリコが「オリンピック」の語を無断で使用したこと自体は特に責められておらず、論点はあくまで広告表現が誇大であることの是非である。[183]このことからも、やはりオリンピック資産を無断で商業利用すること自体について殊更に罪悪と見なす風潮は存在していなかったことがうかがえる。

ちなみに、グリコを擁護しておくと、実は同社が「ベルギーのチョコレートオリンピックで優勝」と謳ったのには無理からぬ事情があった。そもそも、モンドセレクション自体がオリンピックを名乗っていたからである。当時のモンドセレクションの受賞ロゴマークには、ベルギーの公用語のひとつであるフランス語で「オリンピアード」を意味する「OLYMPIADES」の標章とともに、オリンピック・シンボルがしっかりと使用されている（図42）。この件については、グリコの騒動を把握したJOCがベルギーオリンピック委員会（BOIC）に報告しているが、取り締まりなどには至らなかったそうだ。[184]

こうした情勢の中、1961年、JOCは再びオリンピック保護法の立法化を画策している。本法案は「オリンピック標章の使用制限に関する法律」と題され、「オリンピック」、「オリンピアード」の語、オリンピック・シンボル、「より速く、より高く、より強く」のオリンピック標語とこれらと類似するものを「オリンピック標章」と総称し、これらについて、「みだりにこれを用いてはならない」とし、違反すれば6カ月以下の禁固または1000円以下の罰金刑も科すという内容であった。なお、オリンピック標章を使用することができるのは、日本体育協会と、協会から許可を受けた者のみとしている。[185]

図42　第1回モンドセレクション受賞メダル

注目すべきは、「みだりにこれを用いてはならない」という制限規定の文言だ。これは、商業利用であるか否かを問わず、社会通念上の正当な理由がない限りは、一律的にオリンピック標章の使用を禁じるということを意味する。仮に実現すれば、2009年のブラジルのアンブッシュ・マーケティング規制法（「オリンピック法」）並みの厳しいオリンピック保護法になっていただろう。どうやら立案者には、赤十字マークについて「みだりにこれを用いてはならない」と定めた「赤十字の標章及び名称等の使用の制限に関する法律」の条文が念頭にあったようだが、既に述べたように、戦時における生命の保護という極めて高い公益性を有する赤十字マークと、民間組織の私益を保護するための商標に過ぎないオリンピック・シンボルを同列視することは不適切で、雑な立案だったといわざるを得ない。

実際、この法案は、国会提出前に、知的財産制度を所轄する通商産業省（現・経済産業省）から「〔本法案と赤十字法を〕同一に断ずることはできない」と喝破されたうえ、法案全体としても「その必要が認められない上、立法論においても商標法、不正競争防止法との関連から疑義があると思われるので、立法はとりやめるべきであると考える」[186]と一刀両断する意見が呈されたことで、そのまま立ち消えとなった。当時の通産省が、商標法や不正競争防止法が存在する中で、敢えてオリンピック資産について別個の法的保護を与えることに難色を示していたことが分かる。ネガティブ・キャンペーンも効果を出せず、立法化も頓挫。当時の日本のオリンピック資産の無断使用対策は、遅々として進まなかったのである。

オリンピック組織に反発する広告業界

１９６３年に入ると、ＪＯＣ、大会組織委員会は各種の業界団体に対し、オリンピック資産の無断利用を自制するよう、道義的観点からの働きかけを強めていった。この年の春頃、ＪＯＣは東京染織意匠保護協会（現・日本染織意匠保護協会）と共同で、染織物業者に向けて、「オリンピックの標章、標語、文字などの使用の限界について、よい例、悪い例などを展示するなどして、関係者の道義心に訴える」[187]ための展示会を開催している。実際に、オリンピックを連想させ得るいくつかのデザインを展示し、使用の可不可を評価したのである。気になるのは、ここで示された「よい例」と「悪い例」の境界線だが、展示会の模様を報じた業界誌『カラーデザイン』によると、これについては「これとて正式な基準もない」状態であり、ＪＯＣの９人の担当者が多数決で良し悪しを決定したのだという。これでは、何の指針にもなりようがない。明確な判断基準を示さないことで、判断の主導権をオリンピック組織の胸三寸に委ねさせる戦略は、現在のアンチ・アンブッシュ・マーケティング・キャンペーンにも通じる。結局、同誌は「全体の雰囲気にオリンピックを感じさせるものは芳しくない」、「ムードとして、オリンピックを感じさせるものはチェック」と、抽象的なレポートを繰り返した挙げ句、「大変難しいことだけれども、安易な転用だけは、国の恥になるだけに、やめてもらいたいものである[188]」と、困惑を滲ませながらも、一応ＪＯＣの意向に沿ったまとめで記事を締めくくっている。

同年、広告業界誌『宣伝会議』５月号では、ＪＯＣの常任委員である鈴木良徳《よしのり》が「オリンピックは広告に利用できるか」と題する論考を寄稿している。この記事において、鈴木は、オリンピック資産の無断使用を終始一貫して強く牽制している。「オリンピックと広告とは、永久に溶けあわない水と油の関係にある」、「本当の私たちの腹をいうなら、オリンピック・マークなどは使ってもらいたくないのである」といった調子で、キッパリとした拒絶の意志を示している。ただし口調は強いが、その根拠はやはり道義に頼っており、以下の一文にそれが表れている。

オリンピック・マークは、国際オリンピック委員会（ＩＯＣ）の紋章である。他人の紋章を勝手に使うことは、自分の紋章を卑下することであり、悪意によって使用すると考えるよりほかはない。たとえば菊の紋、あおいの紋、九曜の紋など…〔中略〕…それがなんらかの表章《ママ》として使用されている社会制度の下にあっては、法に禁止条項があるとないとをとわず、やはり、その道義的責任は負わなければならないであろう。[189]

もっとも、こうした考え方が、そもそも商業的に活用されているオリンピック資産に妥当しないことは既に述べた通りだ。オリンピック資産の商業利用と国章の商業利用を等しく非道徳的と位置付けるのであれば、スポンサーによるオリンピックの商業利用も正当性を失うことになる。先に引用した「オリンピックと広告は水と油の関係にある」という発言もろとも、現に東京オリンピック資金財団によるオリンピック資産の使用権の営業活動が行われ、日本中でオリンピック資産が公式に商業利用されている中では、説得力に欠けるといわざるを得ないだろう。

しかし、鈴木の筆致の鋭さもあってか、『宣伝会議』の読者からは反響があったようだ。その後、同誌は1963年の7月号、8月号、12月号と、通算3号にもわたって、オリンピックの広告利用について特集を組むことになる。これは、オリンピック組織にとっても願ったり叶ったりの機会だったに違いない。オリンピック資産の使用規制について存分に世間に知らしめることができるのだ。しかしながら、当時の広告業界はそう簡単に懐柔されるほど従順ではなかったし、『宣伝会議』も、広告業界とオリンピック組織の公平な議論の場を設けることを意識していた。

7、8月号では、広告代理店関係者と日本体育協会関係者の座談会を企画。広告代理店の関心事がオリンピック資産の使用規制問題に集中する中、そこでなされた日本体育協会の説明に対し、彼らが不満を表明する局面が頻発するという、なかなか鬼気迫るものになっている。広告代理店各社のコメントから一部を引こう。

「まあ、何もかにも『べからず主義』で、これでいくと、ほんとうにうるさいですね。オリンピックの『オ』の字も広告には使えないといった感じ……」（小林利雄／宣弘社社長）

「旅行会社が『オリンピックを見物に行くのに私のところへ乗ってください』というのがいけないなぞとは、どうも解せないなあ」（花輪勇／日本合同宣伝社社長）

「いまそう言っているけれども、実際問題としては、みんなやっちゃうね。守らなかったら罰則はあるの？（日本体育協会：刑罰とか何か、そういうふうなものは全然ないのです）それなら、やっちゃうよ」（小谷正一／電通プランニングセンター主幹[190]）

「そういうこと（オリンピックの広告利用）を、何か罪悪……罪悪じゃないけれども、そういったような押えかたをするといった点があるのじゃないですか。お前たちはカネもうけで言って来ているんだろう、だから押えるんだといったような……。われわれの純粋な気持ちをそこでざせつさせるような……。それがなくなってくれたら、ほんとうにありがたいと思うんだがなあ」（小林利雄[191]）

いずれも、当時の広告界、ひいては商業界の率直な感想であろう。各社からこうも責め立てられては、日本体育協会の担当者としては分が悪かった。出席した国際課の山田吉弥は、「尊大すぎるというふうにとられるかもしれませんが……」、「法律的にどうのこうのということはできないけれども、こちらとしてはそういう宣伝はしてくれるなということを言っているわけなのです」、「それ〔オリンピックの語〕をうたわれますと、いまのあれでいくと、ちょっと困るのじゃないかと思うのですけれどもね」[192]と、終始防戦に回っている。この時点において、広告業界はオリンピック組織の方針に対して鮮明な反発姿勢を取っていたことがうかがえる。

一足のラバーシューズが潮目を変えた

『宣伝会議』の座談会がちょうど開催されていた頃だと思われるが、日本のオリンピック資産使用規制問題にとって大きな転機となる出来事が発生した。１９６３年６月、スイスで開催されたＩＯＣの理事会と国際競技連盟の会議の席で、ある日本製のラバーシューズが議題に挙がり、問題視されたのだ。このラバーシューズには「OLYMPIC」の語とオリンピック・シンボルが無断使用されており、そのまま海外に輸出されたものであった。この件について、会議に出席した日本のＩＯＣ委員である東　龍太郎《あずまりょうたろう》は、ＩＯＣ事務総長のオットー・メイヤーから直接注意を受けたという。[193]

　このときの東は、翌年に迫るオリンピック大会の開催都市、東京都の長たる現役の東京都知事であり、１９５０年からＩＯＣ本部の委員も務めている東京オリンピック大会招致の立役者であった。さらに過去には日本体育協会会長、ＪＯＣ委員長も歴任したという経歴の持ち主である。名目的にも実質的にも東京オリンピックの最高責任者だったといえる。そんな東が、オリンピック資産の無断使用のカドでIOCからやり玉に挙げられたのだ。彼にとっては面目丸つぶれ、はっきりと大恥だったことだろう。この事態が、その後の東京都、日本体育協会、JOC、大会組織委員会の方針に大きな影響を与えたことは想像に難くない。

事実、この頃を境に、オリンピック資産の無断使用は急速に社会問題化していく。まず、大会組織委員会は、無断使用に対して、道徳面からの啓蒙活動という従来の方針を転換し、既存の法律を活用した積極的な取り締まりを行うようになった。おそらく、トップからそのような指令が出されたものと思われる。

取り締まりの法的根拠とされたのは著作権法である。マークや大会名の無断使用を取り締まるには、一般的には商標法が最も活用されるが、当時IOCを含むオリンピック組織は、オリンピック資産について商標登録をまったくしておらず、商標法は活用できなかった。他人の営業上の活動と混同を生じさせる行為を規制する不正競争防止法違反という主張もあり得たと思うが、当時の日本ではオリンピック大会は営業活動とは考えられていなかった[194]ようで、こちらも取り締まりの根拠としては不適と判断されたようだ。著作権法を根拠とした場合、「オリンピック」等の単語は取り締まりの対象にはなり得ないため、主なターゲットはオリンピック・シンボルの無断使用に絞られた。

オリンピック・シンボルは、確かに当時は著作権保護期間中[195]であり、無断使用が著作権侵害に該当する可能性が高く、法的には的確な対応といえる。それにしても、あまりに急激に強硬策に舵を切ったなという印象ではある。ラバーシューズがIOCの会議で取り上げられてからわずか2カ月後の1963年8月、JOCは、オリンピック・シンボルを無断使用していた定食屋を著作権法違反で提訴すると発表した。やり玉に挙げられたのは、東京の赤羽で営業していたその名も「キッチン・オリンピック」。店の正面壁に大きく掲げた電光看板をはじめ、内装やマッチなどもオリンピック・シンボルを無断使用し、何度か警告を受けても使用を止めなかったという。[196] ただし結局、訴訟前にキッチン・オリンピック側が自主的にオリンピック・シンボルの使用を取りやめ、裁判沙汰には至らなかったようだ。[197]

こうして、オリンピック資産の無断使用が、道徳の問題から一気に法律の問題へとシフトしていく中、大会組織委員会は、三度オリンピック保護法の立法化に乗り出す方針を決定した。トップダウンの後押しがあり、世間の関心も高まる中、タイミングとしてはバッチリだった。このことは、新聞で「五輪マーク盗用、強く取締り」、「組織委　国会で立法措置望む」との見出しのもと、以下のように報じられた。

> 五輪マークはＩＯＣ〔国際オリンピック委員会〕憲章で流用を禁じられているが、大会が近づくたびに各国で盗用問題が起こっている。日本はとくにこの傾向が激しく、これまでも後楽園ホールに五輪旗があがったり、ハンカチ、タオルなどにたびたび流用され、マーク入りの商品が海外に出て国際問題にもなっている。…〔中略〕…二日の組織委員会では、早急に対策を立てる必要があるとの意見が圧倒的で、…〔中略〕…具体策を検討することになった。[198]

おそらく、件のラバーシューズのことを指しているのであろう、「マーク入りの商品が海外に出て国際問題にもなっている」の一文は見逃せない。同じ記事で、衆議院議員で東京オリンピック大会準備促進特別委員長の島村一郎は「問題がこれほど深刻だとは知らなかった。さっそくＪＯＣ関係者と打ち合わせ、立法化の措置を実現したい」とのコメントを寄せている。これまでずっと立法化の提案に乗ってこなかった国会もついに動いた。ここへ来て、日本のオリンピック保護法は一気に現実味を帯びてきたのである。

「女のパンティ」がスケープゴートに

立法化の動きと同時に、オリンピック組織の関係者によるメディアを用いたネガティブ・キャンペーンも勢いを増していく。以下は大会組織委員会事務総長の与謝野《よさの》秀《しげる》による、経済誌の対談記事における発言だ。

　これから後、オリンピック煎餅とかオリンピック饅頭なんかもできるでしょうが、五輪マークを余り乱用されちゃ困るんですね。ただこれを取締るには、著作権法とかで法律的に根拠が薄いんです。やっぱり自粛してもらいたいという意味で、いま立法化ということで進んでるんですがね…〔中略〕…ひどいものになると女のパンティにオリンピックのマークをつけて売る、なんてものもあるんですからね（笑）。そうなると法律で取締らなけりゃ……。[199]

この、オリンピック・シンボルをあしらった「女のパンティ」というのは、石川県で販売されていたものが日本体育協会の役員によって見つけられたもので、[200] １９６２年の時点でＪＯＣが報告書に記していた女性用下着における無断使用と同じものだろう。ＪＯＣ、大会組織委員会は、オリンピック・シンボルを国章などと同一視されるような神聖なシンボルと位置付けてきた。それを下着につけたという事案は、無断使用の悪質性をＰＲするうえで格好の対象だったのだろう。意識的にか無意識的にか、オリンピック組織の関係者はしばしばこの「女のパンティ」を、無断使用の象徴的存在として繰り返しあげつらった。

例えばＪＯＣ常任理事の鈴木良徳は、複数のメディアにおいて、「いちばんひどかったのは、大阪の商店が足利の加工業者につくらせ、北陸地方におろしたパンティ、婦人用下着類に、オリンピック・マークをつけたものである」[201]、「パンティーやさるまたに国連旗、英米旗、日の丸の旗とオリンピックの旗をかいたものが売出されたことがある。ちょうど日の丸が婦人の恥部にあたり、オリンピックの旗がPenisの作用で掲揚されるところにあるという、大変にこった品物である」[202]と、無断使用の最もひどい事例として引き合いに出している。

こうしたパンティ戦略……もといキャンペーン戦略は奏功し、メディアの論調もオリンピック組織と同調するようになってくる。例えば、「七色パンティの向うをはった五輪パンティ。普通、花模様をあしらってあるところに五つの輪をならべてあるのだが、まったく不心得きわまりない。…〔中略〕…憲章がいかように厳しかろうとも、これは精神だけで罰則がない。それでは困ると、マークの悪用を取り締まる法律を作ろうという気運が盛り上がっている」[203]（『週刊現代』）、「日本では食堂や運動靴や、はてはパンティーにまで五輪マークが乱用されている。しかも、これを取り締まる国内法がない」[204]

（『週刊読売』）、といった具合である。

なんと、ラバーシューズの事件からわずか数カ月にして、主要紙、主要雑誌が、オリンピック資産の無断使用を批判し、オリンピック保護法制定の必要性を説くようになったのだ。これは何も「パンティ作戦」だけのおかげというわけではない。元をたどれば、日本のオリンピック組織のドンである東龍太郎が、ＩＯＣでかかされた大恥が端緒である。潰されたお上の名誉を挽回せよとの有形無形の圧力が、オリンピック組織の原動力となり、こんなにもスピーディにメディアや国会に影響を与えるまでのムーブメントを生み出したのだ。

年賀状にもオリンピック・シンボルは描かせない

だが、トップダウンによって物事が性急に決まろうとしているときこそ、錯綜する情報を整理し、その決定がもたらす未来を冷静に見つめ、妥当性を丁寧に検証する作業が必要だ。オリンピック資産の無断使用問題に対する世間の関心が高まる中、『宣伝会議』１９６３年12月号は、本号を「オリンピック特集号」と銘打ち、ほぼ全ページにわたってオリンピックと広告の問題についての情報集約に努めている。

同号から感じられるのは、これまで実質的にはあまり気にする必要のなかったオリンピック資産の利用について、急速に締め付けがきつくなってきたことについての警戒感だ。巻頭では、再び広告代理店関係者とオリンピック組織関係者の座談会の模様が掲載されている。

記事から、後に「戦後日本を代表するプロデューサー」と評された、当時電通プランニングセンター主幹の小谷正一《こたにまさかず》の言を引こう。オリンピック資産の商業利用を巡る当時の日本の状況を端的に整理し、法規制ありきという世間の風潮がもたらすデメリットについて警鐘したものである。

> オリンピックの標章については…〔中略〕…残念ながら、こんにちでの状況を見ますと、正直者がバカを見るというのが、現状のようです。いわば野放し状態で、あまり固苦しいことをいっちゃいかんというふうな、非常に大らかな形でこんにちまできた。結果としてパンティにまで五輪マークがはいるという事態が、もうすでに起こってきている。だが、これをあんまり規制してしまいますと、広告主に対してオリンピックというものは、近寄り難いんだという印象を与えてしまって、尻込みさせるおそれがある。マスメディアを使ってオリンピック・ムードを盛り上げるという作用のうえで、広告が寄与する面は軽視できないと思います。…〔中略〕…残念ながら現状では、あまりにも露骨な商業主義が前面に出て、オリンピック標章の権威、美しさというものを、少しよごしかけているので、立法化というような動きが出てきているんじゃないかと、ぼくらは見ておるわけです。だが、願わくば、角をためて牛を殺すようなことのないようにしていただきたい。[205]

オリンピック資産の商業利用については、長らくそれが規制対象とは思われておらず、また実際に規制する明確な法的根拠も乏しく、ほとんど自由な利用がなされてきた。１９６３年の夏頃までは積極的な取り締まりも行われず、商業界や市井に無断使用の規制を呼びかけるメッセージは届いていなかった。その結果として、自己の利益のためだけにオリンピック資産を借用し、オリンピック・ムードに寄与もしなければ、場合によってはその品格を汚しかねないような無軌道な無断使用事案が複数発生し、これら（特にパンティ）が殊更にあげつらわれた結果、立法化による規制を求む声に一定の支持が集まる状況に至ってしまった。

だが、一口にオリンピック資産の商業利用、無断使用といっても、その程度、内容、目的は一様ではない。悪質な態様のものもあろうが、小谷が指摘するように、アプローチの仕方によってはオリンピック・ムードの盛り上げに寄与するものもある。また、寄与しないまでも、オリンピックブランドやオリンピック組織に特段の不利益をもたらさない些末なものも多いだろう。

こうした実情を考慮せず、オリンピック資産の利用についてそのすべてを一律的に厳しく規制することによって、国を挙げての一大イベントであるオリンピックに「近寄り難い」雰囲気ができ、そのことでオリンピック・ムード自体が消沈してしまうとなれば、まさに「角をためて牛を殺す」ことになってしまう。これは、多額の資金を負担して大会を招致する開催都市、開催国家としても望ましいことではないし、オリンピック組織にとっても同様であろう。小谷の問題提起は、今日のアンブッシュ・マーケティング規制を考えるうえでも通用する重要なものだ。

また、規制ありきという風潮、「オリンピック資産の無断利用は許されない」という空気が広まりつつある中、参加者の関心は、オリンピック組織が「どこまでを規制対象とするつもりなのか」という点にも集まった。どこまでなら許されるのかが分からなければ、リスクヘッジの論理が働き、オリンピックにまつわるあらゆる表現に対して、まさに「近寄り難く」なってしまう。小谷が危惧する

「自粛ムード」の完成だ。しかし、規制の判断基準、ボーダーラインについて、大会組織委員会事務局参事の松沢一鶴《いっかく》は以下のように明言を避ける。

> 先ほど来、コード（基準）を出せという話し《ママ》ですけれども、これがむずかしいことでして、わかっていてもやれない状態です。細かく規制の線を出せば、ひとつのモノサシ的な効果はあるかもしれませんが、反面、今度は抜け道が非常に多くなるでしょうし、たとえばコードにないから使えるというようなおそれがあるんで、簡単には出せないのです。[206]

明言を避ける理由をこんなにもあけすけに明言してくれただけでも、この座談会は意義があったというべきだろうか。要は境界線を曖昧にすることで、結果的に広い範囲で自粛を促すことを是としているのである。これでは、広告業界との溝は埋まりようがない。

しかしながら、この時代の『宣伝会議』は簡単には食い下がらなかった（２０１３年の同誌とはえらい違いである）。他のページでは、ＪＯＣの内規である標章使用規定の全文とともに、その逐条解説とＱ＆Ａを掲載し、さらには、これまでＪＯＣが一般から受け付けたオリンピック標章の使用申請に対する承認・非承認判断の実例集まで紹介したのだ。これらの情報を活用すれば、自ずとオリンピック組織の判断基準も浮かび上がってくるわけで、当時の読者には大いに参考になったことだろう。もっとも、そこで明らかになった判断事例には、驚くべきものもいくつかあったのだが……。その一例を以下に紹介しよう。

・「オリンパス」の文字は、「オリンピック」と類似するので使用不可。ただし、カメラ会社の商標については特例。
・陶磁器の展覧会に出品する陶器に五輪マークを絵付けすること、作品の背景に五輪マークを描くことについては、作品が私蔵される保証（商業ルートに乗らない保証）がなく、なんらオリンピック大会とも関係がないので不可。
・学校の運動会で五輪旗を使用することは、オリンピック大会と何の関係もないので不可。
・年賀状に五輪マークを使用することは、たとえ個人といえども禁じる。オリンピック標章は、個人・法人・団体を問わず、自己の便宜や利益のために、勝手には使えないという原則。[207]

いずれもなかなかスゴいことをいっていないだろうか。「オリンパス」とは、ギリシャ神話における神々が住む山の名前であり、オリンピック大会とはまったく異なる意味を持ち、まったく異なる文脈で使われる言葉である。光学機器メーカーのオリンパス社の社名の由来もオリンパス山であり、オリンピック大会とは無関係である。それを上から目線で「特例」にしてやるといわれても、オリンパス社としても戸惑うばかりだろう。

展覧会の出品物や運動会での使用については、オリンピック組織に対して不利益を生じさせるものとは考えにくく、大目に見てやれないものかと素朴に思う。年賀状における使用に至っては、こんなことを生真面目に問い合わせる方も大概だが、「自己の便宜や利益のための使用だから」と杓子定規に使用を禁じる方もどうかしていると思う。そもそも年賀状って「自己の利益」のために書くものなのか……？

いずれも1963年当時の判断事例であり、現在も同様の判断とは限らないが、今も大会組織委員会やJOCに問い合わせれば、「アウトですね」、「止めていただきたい」などといわれかねない気がしなくもない。

「立法化はオリンピック・ムードを壊すおそれがある」

さて、オリンピック保護法についてはその後どのような経過をたどったのであろうか。大会組織委員会の立法化方針に対し、国会の東京オリンピック大会準備促進特別委員会が賛意を示すと、その後JOCは、先行して施行されていた、アメリカ、フィリピン、オーストリアのオリンピック保護法を参考にしつつ法案の叩き台を作成。この叩き台に基づき、同月内に衆議院法制局で法案の検討が開始されている。8月23日から27日にかけて、JOC、オリンピック大会準備促進特別委員会、そして時のオリンピック担当大臣であり、後に内閣総理大臣となる佐藤栄作が会合し、オリンピック保護法を議員立法として、同年の秋の臨時国会で成立させる方針を確認した。それまでの2度の挫折が嘘のように、とんとん拍子で事が運んでいったのである。法案は関係各局における数度の検討を経て、10月半ばまでには内容が固まっている。「オリンピック五輪模様等の使用の規制に関する法律」と題されたこの法案の、主な内容は以下の通りである。

①五輪マークもしくはこれに類似する模様や形状を、商品、営業施設、広告その他の営利事業のために使用してはならない。ただしJOCがその使用を委嘱した場合はこの限りではない。
②「オリンピック」、「オリンピアード」もしくはこれらに類似する語、「より速く、より高く、より強く」（オリンピック標語）は、みだりに、商品、営業施設、広告その他の営利事業のために使用しないようにしなければならない。
③主務大臣は、JOCの申し出により、①の規定に違反した者に対し、五輪マークの使用を止めるべきことを命令することができる。この処分をしようとする際には、あらかじめ聴聞をしなければならず、聴聞に際しては、違反者に意見表明及び証拠提出の機会を与えなければならない。
④③の命令に従わない者は、10万円以下の罰金に処する。

注目すべきは、オリンピック・シンボルについては営利事業への使用を明確に禁じられているのに対し、「オリンピック」等の語は「みだりに営利事業のために使用しないようにしなければならない」と、訓示的な規定に留まっている点だ。罰則もオリンピック・シンボルの無断使用にしか科せられておらず、それも、まずは無断使用者の言い分も聞いたうえで中止命令を下し、それに従わなかった場合にやっと罰金刑が科せられるというものだ。

もちろん、商標法等の一般的な知的財産権法による保護よりも手厚い保護が特別に与えられており、平等原則に反する厳しい内容ではあるのだが、これまでの法案に比べるとマイルドな内容に落ち着いている。この法案で規制できる行為は、オリンピック組織が自制を促してきた範囲よりも明らかに狭く、例えば、前掲した、展覧会へ出品する芸術作品や運動会、年賀状にオリンピック・シンボルを使う行為については、この法案に照らすと適法ということになる（営利事業ではないから）。組織委員会が懸念していた「規制の線を出せば、ひとつのモノサシ的な効果はあるかもしれませんが、反面、今度は抜け道が非常に多くなるでしょうし、たとえばコードにないから使えるというようなおそれがある」という事態が現実になっているといえよう。

果たして、これはオリンピック組織が望んだ形のオリンピック保護法だったのだろうか。国会へ提出する法案を作成するにあたっては、議院法制局や関係省庁、党内機関等との調整が必要だ。１９６１年の法案検討時に、通産省がオリンピック保護法の必要性を認めなかったことは既に述べたが、慎重派、反対派を含む多くの関係者によって法案が揉まれていく過程で、オリンピック組織が当初目指した内容の法案ではなくなっていった可能性もある。ある意味では、彼らも立法化のうねりに巻き込まれた存在だったといえるかもしれない。

オリンピック保護法の廃案

ともあれ、これで法案提出の準備は整い、あとは国会審議にはかるだけであった。ところが、第二次池田勇人《はやと》内閣下で10月15日に召集されたこの年の臨時国会は、池田の政治戦略により、召集時点で既に解散総選挙が規定路線となっていた。法案のみならず補正予算審議にすらほとんど時間が取れないことが予測された中、オリンピック東京大会準備促進特別委員会は、オリンピック保護法案の提出を断念せざるを得なくなってしまった。結局、臨時国会召集から8日目の10月23日、池田は衆議院を解散し、国会は閉会。法案提出は翌年の通常国会まで持ち越されることになったのである。

一旦引っ込められた法案は、再度、関係当局間で内容が再検討されることになったようだ。このとき浮き彫りになったのが、前年の勢いのまま立法化を推進するオリンピック組織及びオリンピック東京大会準備促進特別委員会と、再び慎重派に転じた行政機関との温度差である。

例えば、1964年1月に開催されたオリンピック東京大会準備促進特別委員会の会議で、立法化について意見を求められた文部省（現・文部科学省）体育局長の前田充明《みつあき》は、「今立法化してしまうとオリンピック・ムードを壊すおそれがあり、政府としては直ちに立法化は考えていない」との趣旨の答弁をしている。[208] オリンピック行政を所轄する文部省としては、オリンピック・ムードを盛り上げることが命題であり、それに水を差すような立法ははなから歓迎しないということだろう。このとき前田は「〔立法化によって、国民に対し〕何となしに、オリンピックのマークを使っては悪いのではないかというような印象を持たせるのもどうか」とまで述べている。「オリンピック資産を無断で使うのは悪だ」というのがオリンピック組織のそもそもの見解なのだから、両者の考えは根本から噛み合っていない。この答弁を受けて、2月の予算委員会では、大会組織委員会の柳田秀一がオリンピック担当大臣の佐藤栄作に怒りのクレームをぶつけている。

> 法制化の作業が衆議院の法制当局で立法化にかなり進んできておるのですが、文部当局から出向しておるあなたの下の内閣の審議室というのですか、そのほうのお役人さんのほうでかなり足を

引っぱっておるという動きを聞くのですが、あなたはお耳に入っておりますか。これがいわゆる体育協会なり日本国内オリンピック委員会ではかなり問題になっておるわけです。そのために、たとい政府提案の法律にならなくても、特別委員会等での議員立法ですら足を引っぱられておるというので、非常に憤激を買っておる事実があるのです。[209]

この「文部当局から出向しておるお役人さん」というのは、先の前田を指しているのだろう。かなり溝が深まっている様子がうかがえる。しかし佐藤によると、反対しているのは文部省だけではなかったようだ。文部省の話は聞いていないとしつつ、「今までのところでは〔ネックになっているのは〕通産省の商標権との関係でございます」と答弁している。このとき佐藤は、既に様々な者によって商標登録されているオリンピック関連の商標をどう扱うか、登録商標の使用も禁止するとなると何らかの補償が必要になるのではないかという点が通産省で議論になっていると説明し、さらに、佐藤自身の懸念として「はたしてこのオリンピックに間に合うように法律ができるだろうか」とこぼしている。

オリンピック行政を所轄する文部省、知的財産制度を所轄する通産省が揃って立法化に後ろ向きになり、担当大臣も消極的な態度に転じる中、再びオリンピック保護法に暗雲が立ち込めていた。そして2月28日、オリンピック東京大会準備促進特別委員会の会議において、政府は各省の意見を踏まえ、ついにこの件についての最終見解を国会に突きつける。総理府（現・内閣府）総務長官の野田武夫の口を借りてなされた発言をまとめるとこうだ。

①オリンピック・シンボルの乱用を法律によって規制することは以下の理由により相当問題がある。

②「オリンピック憲章」は国際法上の条約ではなく、国として法律をもって守らなければならないものではない。

③健全なオリンピック・ムードの盛り上がりを殊更に抑制する欠陥がある。

④オリンピック・シンボルの使用実態として、過去に適法に商標登録を受けた上で使用しているもの、事実上使用しているもの、ＪＯＣの承認を受けて使用しているもの、オリンピックの精神を阻害する意思をもって使用するもの、善意で使用するもの、特段何も考えずに使用するもの等が複雑に混在しており、区別することが困難。

⑤既得権に基づく使用者に対する補償が必要だが現実的には困難。逆に既得権者の継続使用を認めた場合には、法の平等な実行ができない。

⑥商標法、意匠法、著作権法等の既存の法律によって既に知的財産権は保護されており、罰則もある。これに加えてオリンピックの品位、権威を保持するために、新たな規制や罰則を設けることの適切性に疑問がある。

⑦したがって、政府としては、ＪＯＣらがオリンピック・シンボルの保護について努力することを期待するとともに、オリンピック国民運動等によって、オリンピック・シンボルの正しい使い方について国民の理解と協力を得ることによって、オリンピック・シンボルの保護をすることが適正だと考えている。[210]

日本のオリンピック保護法案が、事実上廃案となった瞬間であった。この答弁以降、オリンピック保護法を成立させようとする動きは確認できなかった。東京オリンピックを約半年後に控えたタイミングで、特別法によるオリンピック資産保護の可能性は潰えたのである。

なんという運命のいたずらだろうか。前年の解散総選挙がなければ、とんとん拍子の勢いのまま、先の臨時国会でオリンピック保護法が成立していた可能性は高かった。このときの解散は、東京オリンピック大会と池田首相の自民党総裁任期切れを翌年1964年に控える中で、63年のうちに総選挙を終わらせておこうという気運が党内で高まったことで断行されたといわれている。後年「ムード解散」、「なんとなく解散」と呼ばれたように、差し迫った必要性は特になく、総選挙後の党派別勢力図もほとんど変わらなかった。そんな気まぐれな政治劇の犠牲となって廃案となった日本のオリンピック保護法。この報せに、オリンピック組織は唇を嚙み、広告業界は胸をなでおろしたのだろうか。

改めて前記の政府見解を振り返ると、これは、ラバーシューズ事件以降、また東京大会を目前に控え、メディアも巻き込んでオリンピック資産の無断使用問題が過熱していた中にもかかわらず、かなり冷静かつ大局的にこの問題を観察し、判断を下したものと評価できる。

まず②についてだが、今日でもなお誤解されがちなオリンピック憲章の位置付けについて、国際条約や法律と同列視せず、国内法で遵守する理由がないと正しく評価していることが分かる。近年施行のものも含め、他国のオリンピック保護法やアンブッシュ・マーケティング規制法には、立法機関が

ＩＯＣ以下オリンピック組織の迫力に押されてオリンピック憲章をあたかも金科玉条のように捉えてしまっていることも制定の背景にあると思わざるを得ないのだが、何度も述べるようにこれは民間組織の内規なのである。当時の日本の行政府が、権威にのまれず、オリンピック憲章の実態を冷静に捉えた点を評価したい。

③、④については、前述『宣伝会議』１９６３年12月号で小谷が指摘していたような、様々な目的、態様のもとでなされるオリンピック資産の使用を一律的に制限することでオリンピックに近寄り難い雰囲気が醸成され、それによってオリンピック・ムード自体が消沈してしまうリスクについて目を向けたものと評価できる。これは今日、アンブッシュ・マーケティング規制法を成立させてしまっている多くのオリンピック開催国、ひいてはオリンピック組織自身においても軽んじられている視点ではないだろうか。

最も重要な指摘なのが⑥だ。アンブッシュ・マーケティングの法規制の是非を考えるうえでは、知的財産権法という、すべてのブランドや表現に対して一定の道理に基づき平等な保護を与える法律が確立しているにもかかわらず、なぜオリンピックだけを特別扱いする必要があるのか、という問題を無視してはならない。当時の日本の行政府はこの問題を直視し、その結果、オリンピックに対し、法による特別な保護を与えることについて「適切性に疑問がある」、つまり合理的な説明がつかないと結論したのである。

前記の通り、オリンピック憲章が国内法を拘束するいわれがない以上、いかにオリンピックに社会的な権威が備わっているとしても、同じく社会的な権威を持つ大企業のブランドや有名作家の芸術作品などと同じように、既存の商標法や著作権法等の枠組みで保護することが妥当という結論にならざるを得ないはずなのである。そうでなければ平等原則に反してしまう。立法待望の空気が巻き起こる中で、このポイントを的確に捉え、待ったをかけた行政府の判断力は、今日アンブッシュ・マーケティング規制法を躊躇なく成立させてしまっている国々の立法機関よりも優れていたと評価したい。

使用自制は「お上《かみ》が望んでいる」こと

前記、⑦の政府要請通り、これ以降、オリンピック資産の保護は「国民の理解と協力を得て」実現を目指すことになり、再び啓蒙活動によって国民の自制を促す戦略が採られるようになった。それ以前と異なるのは、政府もオリンピック組織に協力し、彼らの啓蒙活動の後ろ盾として行動するようになったことだ。

1964年4月2日、総理府はJOC並びに各省庁宛てに「オリンピックの五輪模様等の乱用防止のための対策について」と題した通達を発し、オリンピック資産の乱用を防止する趣旨を広く国民に普及、徹底し、特に関係する業界に対して、JOCの承認なしに使用しないよう、理解と努力を深める措置を取るよう要請している。[211]

この要請に基づく啓蒙活動は、例えば、名古屋商工会議所の広報誌に掲載された「オリンピック標章使用による東京大会時の歓迎装飾について」[212]との注意喚起文に表れている。おそらく、地元の商店街などが、東京大会開催期間中や、聖火リレーの通過時などにのぼりや垂れ幕、旗などの装飾物を掲げることを見越したものだろう。「日本体育協会、日本オリンピック委員会から標件に関して左記の通り周知ならびに協力方の依頼がありましたのでお知らせいたします」との導入で、オリンピック資産を用いた歓迎装飾は公共団体以外使用できないことなどを通達している。

また、経済誌『商業界』は、オリンピック・ムードを盛り上げる装飾物の数々をグラビアで特集する傍ら、「オリンピックのマーク、およびオリンピックという文字はＩＯＣのものであって、商業目的に使用することは厳禁されている」と釘を刺し、さらに「オリンピック装飾の本来の目的は、来日する選手やお客を歓迎するためのものであるから、それが商業目的に乱用されないように当局は望んでいる[213]」とつなげ、大会組織委員会が制定する東京大会エンブレムの公式な取扱ルールを把握するよう呼びかけている。

いずれの呼びかけも、「日本体育協会、日本オリンピック委員会からの周知、協力の依頼」、「当局は望んでいる」と、お上からの通達事項である点を強調している点は興味深い。国際信義や道徳に訴えた警告とも、著作権法違反や特別立法を匂わせた警告ともまた違う、妙なプレッシャーを感じさせるものがある。

こうした啓蒙活動は、１９６３年夏以降の無断使用問題の盛り上がりと相まって、「オリンピック資産の無断使用はよくないことである」という世論の醸成に大きく寄与した。この時期以降、メディアがオリンピック・シンボルは勝手に使えないことを常識であるかのように扱い始めたのである。服飾評論家のうらべまことは、アパレル業界誌で「いうまでもないが、オリンピックというタイトルを営業に用いることは禁じられてある[214]」と述べ、また、経済誌『商店界』には、以下のような記載がある。

一般の商店にとってオリンピックは、厄介なものである。まず国際オリンピック憲章というものがある。もう誰もが知っているように、第五十六章には、オリンピックということばやマークを、商業的に使用してはならぬ、とちゃんと書いてある。ある新聞にこういう写真がでていた。K市のある商店街が、五輪マークを書いた旗をのきなみにぶらさげて大売り出しをやっている。オリンピック・セールというわけである。新聞では、無分別かつ安易な使用法である、とたたいていた。[215]

いつの間にか、「オリンピック」の語やオリンピック・シンボルの商業利用が禁じられていることは、「もう誰もが知っている」、「いうまでもない」ことであり、何も考えずにオリンピック・シンボルをぶらさげてしまった日には、新聞で「無分別かつ安易」であると叩かれる状況になっていたのである。また、読売新聞記者の成島忠昭によれば「世論の大勢は、〔オリンピック標章を〕勝手に利用することにたいしてかなり批判的なので、法律上の制裁はないにしても、社会的、道義的な制裁を受けるおそれが強い」のだという。成島は、「ムードを高めるつもりだったのが、信用を失墜するという逆効果を招く場合が多いのだから、勝手には使わない方が賢明だ[216]」と結んでいる。

一昔前には、オリンピック・シンボルを含むオリンピック資産は誰もが自由に使えるものという認識が一般的だった。ほんの数年前には、東京オリンピックで一山当てるにはオリンピック関連の商標を登録してしまうのが「ウマい手」であり、誰もがオリンピック資産について「よく分からないけど別に使ってもよいのではないか」と考えていた。そんな時代がウソのようである。東京大会の開幕を目前に控えて、政府とオリンピック組織の「道徳教育」が、ここにやっと実を結んだのである。

JOC、訴えられる

「これで安心して東京オリンピックの日を迎えることができる。ＩＯＣのお偉いさんの前で恥をかかずに済む……」。

ＪＯＣや大会組織委員会の面々の安堵の表情が目に浮かぶようだ。ところが、大会開幕を２週間後に控えた１９６４年９月26日、再び情勢はひっくり返る。なんと、突如として、主要各紙が一斉に、オリンピック組織が主張し、世の中に浸透させてきたオリンピック・シンボルの独占権を否定する記事を掲載したのだ。各紙の見出しを引こう。「五輪マークの専用権　〝ＪＯＣにはない〟」（『読売新聞』）、「五輪マークに著作権はない」（『朝日新聞』）、「五輪マーク　ＪＯＣに専用権なし」（『毎日新聞』）。

図43　問題となったちょうちん

いったい、何があったのか。これらの記事は、前日の９月25日に東京地裁で下された、日本提灯輸出協会（以下、提灯協会）なる団体と、日本体育協会、大会組織委員会、東京オリンピック資金財団が争った仮処分の決定[217]を報じたものである。

事件は、提灯協会が頒布していたオリンピック・シンボルを描いたちょうちんを巡って争われた。このちょうちんは、もともとは提灯協会が、資金財団に1000万円を支払うことを条件に、JOCから1年間の使用許諾を得て作成、頒布したものである（図43）。しかし、提灯協会は約束の1000万円を支払わず、しかも1年間の使用期限が過ぎた後も東京・銀座などにおいて頒布を続けた。実質的には、無断使用も同様の状態だったといえる。

オリンピック・シンボルに関する権利云々以前に、約束した使用料を払わずにシンボルを使用し続けた提灯協会の行為は明らかに契約違反であり、JOCが怒るのも当然だ。この事態を受け、JOCは1964年5月頃から7月頃にかけて、マスコミを通してこのトラブルの経緯を発表するとともに、オリンピック組織はオリンピック・シンボルの著作権を有していること、提灯協会の行為は無断使用であり著作権法に違反すること、提灯協会を告訴すると決めたことなどを表明した。赤羽の「キッチン・オリンピック」へ対応したときと同様の、ラバーシューズ事件以降に採用されている、悪質な無断使用者に対しては著作権法違反を根拠に訴訟も辞さない態度で警告するという戦略で、JOCのやり口としては典型的な行動だったと考えられる。

ところがである。このJOCの警告に対して、提灯協会は「われわれの正当なちょうちんの頒布、使用を妨害する行為だ」と反発の姿勢を露わにし、「JOCによる妨害行為」を禁止する決定を求めて、1964年8月に東京地裁に仮処分申請をしたのだ。JOCが告訴する前に、逆にJOCを裁判所に引きずり込んだのである。提灯協会が自らの行為を「正当」だと主張する根拠として掲げたのは次の2点だ。

①当初ＪＯＣと交わした使用許諾契約は今も有効である。

②そもそもオリンピック標章の使用に法的制限はなく、日本体育協会ないしＪＯＣ、大会組織委員会、資金財団らに専用権があるという根拠は全くないから、その使用は提灯協会の自由である。

このうち①については、支払いが滞った契約相手がしばしば主張する内容であり、特段の目新しさはない。裁判所も使用料の支払いがなされていないことなどを根拠に、この主張を一蹴している。問題は②である。この主張にはＪＯＣらは面食らったはずだ。現在もそうだが、オリンピック組織が推進するアンブッシュ・マーケティング規制は、知的財産権法をはじめ、一般法に照らせば根拠がないというのが彼らにとっての泣きどころである。だからこそ、オリンピック資産を保護する特別法を欲し、また知的財産権法違反を「匂わせ」たキャンペーン活動を重視しているのである。真正面からの訴訟になると、知的財産権を侵害しないアンブッシュ・マーケティングについては、規制する法的根拠がないことが明るみになってしまう可能性が高い。したがって、「悪質なものは訴える」と息巻いていても、その割に実際にオリンピック組織が法的措置に踏み切った例は少ない。強気の姿勢を見せつつも、状況や相手を慎重に見極め、警告のトーンを上手に調整している。ところが、今回は向こうから訴えられたような格好になってしまったのである。

この仮処分申請によって、おそらく日本の裁判所が初めてオリンピック・シンボルの専用権の有無について判断を行うこととなった。東京地裁の決定を要約すると以下の通りだ。なお、本決定では

「オリンピック標章」を、「オリンピック・シンボル」と「より速く、より高く、より強く」の標語と定義している。

①オリンピック憲章は、オリンピック標章の独占所有権者をＩＯＣと定め、各国ＮＯＣ（日本ではＪＯＣ）には国内での専用権を与えるとともにこれを保護するよう義務付けているが、オリンピック憲章はＩＯＣの規約に過ぎず、法律と同視することは到底できない。

②五輪マークが著作権法上に規定する著作物に該当するか否かについては、マークが比較的簡単な図案模様に過ぎないため、直ちにこれを肯定するに躊躇せざるを得ず、当裁判所は消極的に解する。

③ＪＯＣは営利事業を行っているわけではないため、オリンピック標章は営業上の利益を保護するための不正競争防止法上の保護対象にはならない。

④その他、日本体育協会（及びＪＯＣ）、大会組織委員会、資金財団がオリンピック標章の専用権を有すると解すべき根拠は見当たらない。

なんと、オリンピック憲章、著作権法、不正競争防止法、その他の観点からも、裁判所はオリンピック標章についてＪＯＣらオリンピック組織の専用権を一様に否定したのである。一応、この仮処分申請の本筋は、「ＪＯＣらが『提灯協会の行為は著作権法違反だ』などと喧伝したことが不法な妨害行為にあたるかどうか」ということであり、これについては、「ＪＯＣが著作権違反を指摘すること自体には相応の根拠があり、またＪＯＣらは職責上オリンピック憲章に従う必要性もあったことから、一連の行為が無根拠に相手方に損害を与える目的でなされたものとは言えず、不法行為とは認めがたい」との理由で、提灯協会の仮処分申請そのものは却下している。しかし、オリンピック資産の専用権がこうも否定されてしまっては、ＪＯＣらとしてはまさに「試合で勝って勝負で負けた」状態だったのではないだろうか。

もっとも、このときの東京地裁の判断の妥当性については疑問もある。②のオリンピック・シンボルの著作物性について、若干の含みは持たせているものの、「オリンピック・シンボルは著作物ではなく、著作権法では保護されない」という見解を示している。確かに、シンプルでありふれたデザインには著作物性が認められにくい（また、認められたとしても類似範囲は狭い）ものなのだが、個別具体的に観察したときに、そのデザインに作者の思想や感情が創作的表現として発露していれば、この手のシンボルマークであっても美術の著作物として著作権法の保護を受けられるべきである。１０３ページで触れた通り、五輪マークはオリンピックの理念を端的に表現するべく、創意工夫してデザインされたと評価できるので、著作物性はあると判断するのが妥当だっただろう。おそらく、ＪＯＣらが本件の答弁において、オリンピック・シンボルの創作背景等についての主張、立証をほとんどしていなかったため、裁判官はこのような判断に至ったと思われる。ＪＯＣにとっては悔恨の極みだ。

③は、当時いかにオリンピックが商業主義を排した慈善事業だと思われていたかが分かるエピソードではあるが、巨額のスポンサー料や放送権料を持ち出すまでもなく、観戦の対価として観客からチケット代を取ったり、オリンピック・シンボル入りの公式グッズを販売して収益を上げている時点で

オリンピックは営利事業と評価すべきで、オリンピック・シンボルは不正競争防止法上の保護対象と考えるのが妥当だろう。この点も、JOCらの主張、立証が足りなかったのである（もっとも、当時のオリンピックは、今日とは異なり商業主義の排除を謳っていたため、主張したくてもできなかったのかもしれない）。

なお、①については何の異論もない。「オリンピック憲章＝内部規約」という理解はもっと広まってほしいものである。また、今日ではオリンピック・シンボルは商標権による保護を受けているが、当時は商標登録がなされていなかったため俎上に載っていない。

このように、判断内容にはやや疑問が残る事件ではあったが、裁判所がオリンピック・シンボルを保護する法的根拠は何もないと判断し、そのことが大きく報道されたという事実は、オリンピック組織の目論見を大きく狂わせる結果となった。せっかく、オリンピック資産の無断使用は自制せよとの論調で国内がまとまってきたところだったのに、東京オリンピック開幕直前にして、司法機関からちゃぶ台返しをくらってしまったのだから。

この件を報じるマスコミの論調も変わらざるを得なかった。決定を受けて、「オリンピック東京大会を目前にひかえて、各方面に大きな影響を及ぼすものと注目される」（『読売新聞』）、「今後マーク使用問題に大きな波乱を呼ぶものとみられる」（『毎日新聞』）、「道義的にはともかく法的な規制はできないことになり、その影響が注目される」（『朝日新聞』）と、各紙、無断使用問題についての態度を留保し、今後の情勢を見極める姿勢に転じてしまった。

『読売新聞』に至っては、その後の紙面で「マークのハンラン」、「ムード盛り上げに一役」との見出しを掲げ、オリンピック・シンボルの氾濫に好意的とも取れる記事を書いている。この記事は、基本的には公式グッズについて報じる内容なのだが、「オリンピック標章の使用をめぐって、岐阜チョウチンの業者とオリンピック組織委員会がケンカ、裁判ざたになり、岐阜側に一応軍配が上がった。こういうエピソードをまじえて五輪マークのついたオリンピック・スーベニアがわっとばかりに出回っている[218]」と、無断使用も公式グッズも一緒くたに論じているのが興味深い。

こうして、１９６４年東京オリンピックにおけるオリンピック資産の使用規制は、開幕直前にしてどっちらけの様相を呈し、国民にわだかまりを残したまま本番に突入し、そしてそのまま閉幕してしまったのである。

自粛ムードはあったのか？

東京オリンピック招致決定から開催までの５年間、オリンピック資産の無断使用の是非を巡っては混乱の連続だった。気にしなくてよい、商道徳上の問題がある、カネさえ払えば使える、著作権法上の問題がある、特別法で規制されそうだ、やっぱり商道徳上の問題のようだ、法律上は何も問題がないことが裁判所で判断された……目まぐるしく情勢が変化し、情報も錯綜していた。オリンピック組織も神経をすり減らしただろうが、国民も振り回されたことだろう。

こうした混乱の中、結局のところ、当時の商業界はオリンピックとどう向き合っていたのだろうか。果たして、広告業界や政府の一部が懸念したような、東京大会の盛り上がりに影響を与えるような自粛ムードは生まれていたのだろうか。これについては、いくつかの証言が残っている。日本を代表する広告プランナー、アートディレクターの一人である向秀男《むかいひでお》は、１９６４年東京大会の開催期間中を振り返って、「意外にも期間中は静かな広告活動だった。この原因は…〔中略〕…一つはＪＯＣがオリンピックを利用する広告に対して、マークの使用権を資金面に関連づけて規制したこと」[219]と述べており、オリンピック資産の使用規制が、オリンピックにかこつけた広告活動を抑制させる効果を挙げたと分析している。

また、印刷業界の業界誌『印刷界』には「民間の商社が自発的に大規模な〔オリンピック関連の〕印刷Ｐ・Ｒをおこなうということは、意外になかった。一説には、アマチュア規定やオリンピック・マークの使用が厳しくて制作を何となく差し控えたくなるような空気も流れていたという。従ってわれわれは、すでにこの春ごろから『オリンピックは印刷界をうるおさず』との声をしばしば耳にしたほどであった」[220]との記述がある。

やはり、オリンピック資産の使用を規制する動きが、オリンピックを広告に利用することを控えさせる雰囲気を生じさせていた側面は否めない。冷静に考えてみれば、大会開幕の2週間前に「オリンピック組織にオリンピック・シンボルの専用権はない」との裁判所の判断が出たものの、だからといってこの時点から新たにオリンピックと連動した広告を立案し、実施することはスケジュール的にほとんど不可能だ。裁判所の決定が商業界に及ぼした影響は、実際にはほとんどなかったと考えるべきだろう。

ただし、当時の広告宣伝物を見てみると、本当に自粛ムードと呼べる状況にまで至っていたかとい

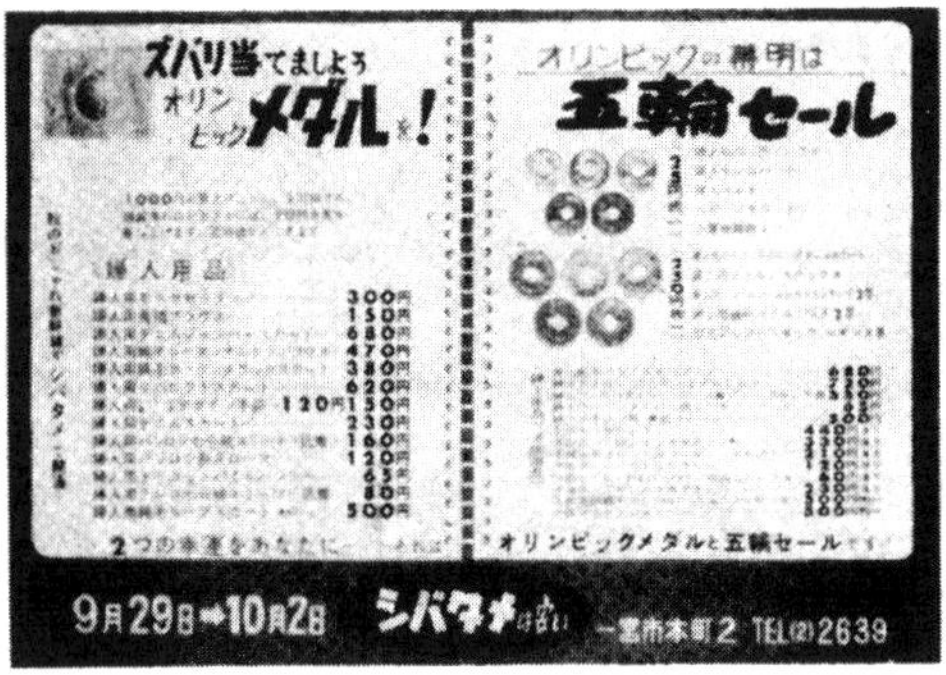

図44　5円玉と50円玉の配列でオリンピック・シンボルをかたどったチラシ

えば、実はそれも甚だ疑問なのである。広告業界誌『宣伝』には、広告史研究家の増田太次郎《たじろう》による、東京オリンピック開催直前から開催期間中にかけてのスーパーマーケットや小売商店のチラシ広告の批評が掲載されている。[221] 批評されているチラシのキャッチフレーズを参照すると、そこには自粛ムードを感じさせない、奔放な表現を確認することができる。例えばこんな風だ。

- 安値を競う！　おしゃれオリンピック
- TOKYO 1964　安値も記録更新！
- ズバリ当てましょう　オリンピックメダルを！
- オリンピックの幕明《まくあけ》は五輪セール
- 《オリンピックメダル》をさしあげます！
- ガンバレ日本　東京オリンピックを声援しよう！
- 世紀の祭典記念、トリプルサービスセール

どうだろう。これは、まったく自粛しているようには見えない。「世紀の祭典記念」という表現について、「オリンピック」の語の使用を控えようという意図を感じるくらいだ。また、キャッチコピーだけでなく、販促キャンペーン企画としても多彩なアンブッシュ・マーケティングが行われていたようである。

例えば、高知県のあるスーパーマーケットでは、近所が聖火リレーのコースだったことを利用し、「聖火リレー土佐路をゆく」と銘打ち、応募者先着100名に聖火リレーの模様を撮影した写真をプレゼントする企画を実施。長野県の百貨店では、1000円分以上の商品を購入した顧客に対し、「東京五輪音頭」のソノシートをプレゼントしていたという。

さらに、愛知県のある服飾雑貨店は、25円均一セール、250円均一セールを開催し、それを告知するチラシで5円玉と50円玉を五輪マークのように配置した写真を掲載している（図44）。チラシで「《オリンピックメダル》をさしあげます！」と謳った別の服飾雑貨店では、当時既にプレミアがついていた東京大会の記念硬貨を景品として提供したうえ、海外の過去のオリンピック大会の記念硬貨、ポスターなども入手し、店内で展示をしていた。この店舗では、キャンペーン期間中に通常の3倍の売上を上げたという。なんと自粛どころか、あの手この手でオリンピックと商売を連動させ、しかもしっかりと成果も出しているのだ。

しかし、そうはいっても商店街やスーパーマーケットのチラシである。一回ばらまかれてしまえばそれで終わりで、それゆえに、多少のミスや行き過ぎた表現があったとしても、大きな問題にはなりにくい。街の端々までは自粛ムードが行き届かなかった可能性もあろう。

では、連日大規模に繰り返し放送、頒布される、大手企業によるマスメディアを使った広告の様子はどうだったのだろうか。大手企業のCMは、古今東西、内容によって批判の対象になることが少なくない。もちろん、オリンピック組織も監視の目を光らせている。嫌われたりトラブルになったりしては広告としての意味はあまりないから、当時も今も、無難路線を選択するのが常套手段ではある。

果たして、オリンピックに対する自粛ムードはあったのだろうか。

あっぱれ！「五ビンのマーク」

当時の資料から新聞広告やテレビCMの内容を参照すると、目につくのがオリンピック資金財団を通して使用許諾を得たうえでオリンピック資産を活用した広告だ。すなわち公式スポンサーの広告である。これは、広告の隅に大会組織委員会の承認マーク（東京大会のエンブレム）、承認番号が掲載されているので判別しやすい。どういうわけか、三越、小田急百貨店、松坂屋、高島屋、東横百貨店、白木屋など、百貨店の広告にはこの手の公認広告が多かった。この他には、セイコー、日本石油（現・JXTGホールディングス）、味の素、東宝などが承認マーク付きのオリンピック広告を放送、出稿している。

だが、こうした広告よりも明らかに目立ったのは、圧倒的にオリンピック資産を無断使用したものか、あるいは今日のアンブッシュ・マーケティングに相当する広告の数々だ。その量は公認広告をはるかに凌駕し、表現手法は商店街のチラシにまったく引けを取らず、オリンピック組織の都合を考えないでいえば、東京大会の盛り上げに一役も二役も買っていた。いくつか例を挙げよう。

図45　三和銀行　新聞広告

まず金融機関。ストレートに「オリンピック」の語を使った広告が目立った。三和銀行（現・三菱UFJ銀行）のキャッチコピー「TOKYO 1964　ガンバレ日本　東京オリンピックを声援しよう」は、今ならオリンピック組織が卒倒するであろう典型的なアンブッシュ・マーケティングのキーワードが勢ぞろいしている（図45）。「オリンピックを成功させましょう　TOKYO 1964　みんなのねがい」というキャッチに、「あなたの貯蓄プランも成功させましょう」と若干ムリヤリ乗っかったのは大和銀行（現・りそな銀行）。「オリンピックからオリンピックまでに100万円貯めましょう」と、次のメキシコシティ大会までの目標貯金額を勝手に設定したのは日本興業銀行（現・みずほ銀行）だ。埼玉銀行（現・埼玉りそな銀行）は、「'64 TOKYO　記録のオリンピックといわれる東京大会記念にあなたの預金通帳の数字も　グンと記録更新してはいかがでしょうか」。それにしても、なんだかどこの銀行も人の貯金に口出しし過ぎてはないか？　大きなお世話という感じがしなくもない。

「体力と気力でオリンピックに」とこちらもストレートにムードを煽ったのは中外製薬の栄養剤「オルパ」。小西六写真工業（現・コニカミノルタ）はカメラ用フィルム「さくらカラー」の広告で、「カラーで世界新‼　オリンピックを〈さくらカラー〉で記録しよう」、旭光学（現・リコーイメージング）は「ペンタックスとタクマーレンズでオリンピックを写そう！」と、やはりいずれも分かりやすいコピーでオリンピックに便乗している。

目立ったのは、東京オリンピックをきっかけに普及が進んだといわれるカラーテレビの広告だ。東芝は「オリンピック」という語はあまり大々的には使わずに、しかし巧みなアンブッシュ・マーケティングを展開している。「ユニカラー」というテレビのコピーは、「ローマは白黒　東京はカラー中継」と、前回のローマ大会からカラー技術が進歩を遂げたことをアピールし、「日の丸が、聖火が、みどりの芝生が、会場そのままに、色あざやかに再現できます」、「ＴＯＫＹＯ　１９６４　東芝カラーテレビ」と結んでいる（図46）。これが１９６４年10月の新聞広告に掲載されれば、何をいわんとしているのかは一目瞭然である。かと思えば、同社の別の「ハイルック」というテレビのCMでは「オリンピックだ、いますぐテレビ、お代は月々二千五百円！」[222]と、堂々「オリンピック」の語を使っていたりもする。

ソニーはこの時期に合わせて携帯テレビを発売しているが、そのコピーも秀逸だ。「10月10日午後2時　あなたはどこにいらっしゃいますか？」。この日時は東京大会の開会式のものだ。続けて「ソニーテレビなら世紀の祭典をどこででも」、「ファンファーレ高らかに鳴りひびき、ギリシャを先頭に全世界選手団堂々の入場。感動と興奮のこの一瞬を、ソニーテレビはあなたのいるその場所にお届けします」、「一人一台がんばれニッポン！」とある。「オリンピック」とはただの一言も書かれていないが、それでいてここまでオリンピックを連想させる手法は鮮やかなアンブッシュ・マーケティングである。

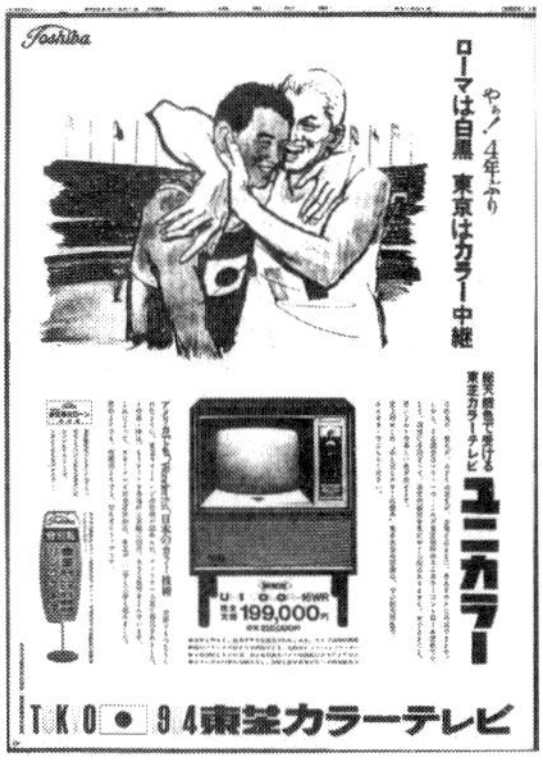

図46　東京芝浦電機、東芝商事「ユニカラー」新聞広告

中でも白眉だったのは三菱電機の「ダイナミカ　エース」というテレビの広告だ。商品の広告には「燃えさかる聖火！　はためく日の丸！　土をけるスパイク！　水をきる強じんな腕！　ほとばしる汗、汗、汗…　この日の感動

図47　三菱電機「ダイナミカ　エース」CM

を三菱テレビで！」の文字が躍る。東芝、ソニー同様、「オリンピック」を使わずオリンピックの情景を感じさせるキャッチコピーはなかなか上手い。さらに、テレビCMでは、コーラスグループのダークダックスを起用。CMソングを歌う彼らの前には「ダイナミカ　エース」が5台並んでいる（図47）。……なぜ、5台も？　ダークダックスは4人組。仮に一人一台という意味合いだとしても、ひとつ余る。ひょっとするとこの配列、オリンピック・シンボルを暗示している……？　苦肉の策というべきか、苦心の結実というべきか。ちょっと無理がある気がしなくもないが、その努力には拍手を送りたい。

1964年のアンブッシュ・マーケティングの中でも、筆者が最も気に入っているのは、桃屋の海苔佃煮「江戸むらさき」のテレビCMだ。現在同様、コメディアンの三木のり平をモデルにした黒ブチ丸メガネのアニメキャラクターが登場し、マイクに向かって5人の水泳選手を呼び出す。「第1のコース、かつおの塩辛くん。第2のコース、葉唐辛子くん。第3のコース、花らっきょくん……」よーいドン！で飛び込む選手たち。そして結果は……「ただいまの結果、味の新記録！」。そして5つの瓶詰がフタを正面にすると、オリンピック・シンボルを思わせる配列をなして旗の上に並ぶ（図48）。ナレーションがCMを締める。「わたくしたちは、選ばれた桃屋の五ビンのマークです！　桃屋の瓶詰は、食べることに意義がある！」。

オリンピックの「オ」の字も使っておらず、当時はもちろん、現在の知的財産権法に照らしても、何らの権利も侵害していない。にもかかわらず、どこを取っても隅から隅まで、喚起されるのはオリンピックのイメージだ。五輪マークを「五ビンのマーク」として堂々とパロディにするセンスと勇気は相当なものだ。この「五ビンのマーク」のデザインは、オリンピック・シンボルを暗示しているが表現としては非類似であり、著作権法や商標法に照らしても権利侵害とは到底認められないだろう。「食べることに意義がある」のコピーも含め、全体的に合法かつ良質なパロディとして見事に成功している。このCMについて、後に電通アメリカの社長となる内藤俊夫は「まったくオリンピックと関係ない商品だが、これほどたくみにオリンピックを利用した例もほかにない。ふざけるな、と言う前にまず吹き出してしまう」[223]と評している。筆者もまったく同意見である。

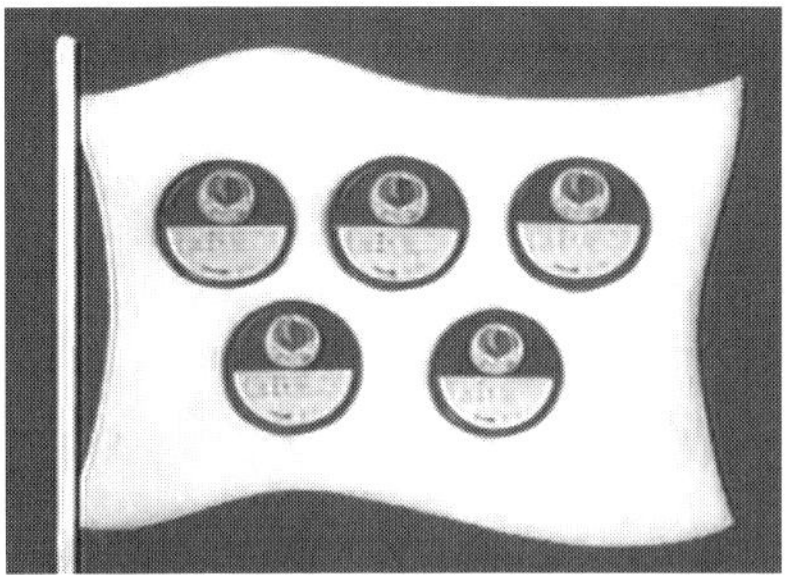

図48 桃屋「江戸むらさき」CM

オリンピック・シンボルに拘泥しなくても

１９６４年当時の数々の広告例を踏まえると、商店街から大企業に至るまで、別に自粛などしていなかった様子がよく分かる。この数年間のオリンピック組織の苦労はいったいなんだったのだろうか。また、「自粛ムードが起こるかもしれない」という広告業界や行政府の一部の懸念は、結局杞憂だったということだ。

ただし、自粛ムードは起こらなかったが、だからといって当時の日本が、知的財産権侵害が横行する無法地帯だったわけでもない。当時の日本において、オリンピック組織らの啓蒙活動により、知的財産権法を遵守し、あるいはオリンピック憲章に配慮する意識が養われていたことは確かだ。だが、それと同時に、表現上の工夫によって合法的にオリンピック・ムードと広告表現を上手に結び付けようという努力も行われていたのである。表現者たちは、おとなしくオリンピック組織の意向に沿った表現に終始するのではなく、オリンピック組織の言い分を理解したうえで、規制をかいくぐった表現に野心的に挑戦していたのである。

改めて当時の広告を参照すると、オリンピック組織らが最もこだわり、時には著作権を主張し警告の対象にしていたオリンピック・シンボルの無断使用は、まったくといっていいほど見られなくなっている。この点で、オリンピック組織らの啓蒙活動や警告活動はしっかりと成果を挙げたといえよう。

だが、同時にオリンピック・シンボルの代替表現ともいえるマークやアイコンが様々に展開されたのである。例えば、日の丸や月桂樹、聖火台、ストップウォッチ、スポーツ選手や聖火ランナーなど、オリンピックの雰囲気を感じさせる様々なイラストや写真が、様々な広告で見られた。中には、「5枚の5円玉」、「5台のテレビ」、「五ビンのマーク」といった、挑発的で巧みな表現もあった。また、大手企業の広告を中心に、「オリンピック」という語は大々的には使われなかったが、その代替表現として、「世紀の祭典」、「聖火」、「日の丸」、「日本代表」といった言い換えや暗示的表現が目立ったことも既に紹介した通りである。

こうした風潮は、当時の商業界を評したいくつかの論考からも読み取れる。特許庁意匠課審査官の直江《なおえ》博史は、１９６４年に意匠出願された衣服のデザインの傾向から、オリンピック・シンボルをそのまま使ったデザインが滅多に出願されなくなった代わりに、５つの輪を解体して、月桂冠や聖火などのデザインと組み合わせてレイアウトしたデザイン、オリンピック・シンボルの色彩だけを利用し、ストライプやチェックなどの５色柄、５色模様が増えていることを指摘している。[224] アパレル業界において、オリンピック・シンボルの使用規制を回避しつつも、そのデザイン要素を抽出した多様な「オリンピック・ムード柄」が生まれていたことを示唆する貴重な分析だ。

関連して、当時ファッション、コスメ業界では販促キーワードとして「ＴＯＫＹＯ」という言葉が流行していたことにも触れておく。例えば、「モード東京」（東レ）、「フレッシュＴＯＫＹＯ」（帝人）、「ビューティフルＴＯＫＹＯ」（コーセー）、「Ｍａｋｅ Ｕｐ Ｔｏｋｙｏ」（資生堂）などがキャッチコピーとして使用されていた。このうち東レは、週刊誌のインタビューに「オリンピックをあらわす言葉として五輪の『五』だとか、『栄光』だとか『ジャンプ』だとか、いろいろ案が出たが、けっきょく『東京』に落ち着いた」[225] とコメントしており、オリンピックに乗じたキーワードを模索していた様子がうかがえる。

規制をかいくぐりながら新たな表現に挑戦する当時の商業界のムードをストレートに言い表したのは、経営コンサルタントの大久保秋人《あきと》が、小売店向けの販促活動指南のために残したこの一文だろう。

別だん、そんなもの〔オリンピック・シンボル〕に拘泥しなくっても、方法はいくらでもあるはず

> だ。オリンピックも始っている時だから、それらしきものを使用すれば、よっぽど鈍感な人でもないかぎり、『ハハあ、オリンピックだな』と受けとってくれるはずである。このほうがゆかしさもあり、良識を疑われないですむだろう。……〔中略〕……小道具は、枚挙にいとまがないくらいである。聖火台、万国旗、地球儀、スポーツ選手の写真、バトン、円盤、ファンファーレ、輪を四つ半だけ、五つの色、競技用のピストル、ホイッスル、表彰台、カップ、世界の地図、外国の旅行書、横文字、月桂樹、キン骨隆々たる裸の男、体に一枚のきれを上手にまきつけた裸のギリシャ女、ギリシャ神話の神々、ギリシャの円柱、美の祭典、国際競技、特等席というようなことば、世界の楽器、世界の色、世界のスタンプ、富士山の写真、スポーツ用品の数々、ゼッケン、ワッペン、記章、制服。[226]

よくこんなに例が出てくるなと感心するが、確かに、オリンピックの雰囲気を表現する方法は、自分の心の中のオリンピックのイメージを呼び起こしてみればいくらでも考えつくのかもしれない。そして、まさにこの言葉通りの広告活動、販促活動が１９６４年の広告業界を彩り、オリンピック・ムードを盛り上げたのである。

自粛と分別は違う

１９６４年東京大会における、商業界のオリンピック資産との向き合い方を振り返ると、気付かされることがある。それは、「自粛と分別は違う」ということだ。知的財産権法などの法律を遵守することや、オリンピックの理念や品位、ブランドを尊重することは大切なことである。自粛も分別も、そうした思いが背景にあるという点では共通している。だが、両者には大きな違いもある。「自粛」とは、コンプライアンスや規則を重視はするが、行動を決めるうえで、その判断基準となる道理を見極めることをせず、何らかの問題が生じるおそれがあると感じれば行動を慎むことだ。一方、「分別」とは、どこからが違法で、どこからが合法かを考え、あるいはどんなことをすればオリンピックの理念や品位を汚してしまうか、しまわないかを、道理を踏まえたうえで判断することだ。

１９６４年東京大会を前に、オリンピック組織から「オリンピック・シンボルを使ってはいけない」といわれたわれわれは、「では何のマークならば使ってもよいのか」と考え、判断し、多彩な代替表現を生み出した。またある者は、「オリンピック・シンボルを使ってはいけない根拠はない」と主張し、その通りの司法判断を得るに至った。また、当時の我が国の行政は、オリンピック保護法制定のプレッシャーにさらされ、その気運が高まっても、そうしたムードに流されずに、立法の妥当性を丁寧に検討し、最終的に、オリンピック資産に特別な法的保護を与えることは道理に合わないとの判断を下した。

翻って現在、オリンピック組織から「オリンピックを連想させるいかなる表現も使ってはいけない」という命令を突きつけられたわれわれは、果たしてどのように行動しているだろうか。「使ってはいけないとする根拠は本当に正当なのか？」と疑ってみただろうか。「それならどんな表現なら使ってもよいのか」と自ら考えただろうか。

また、オリンピック組織からアンブッシュ・マーケティング規制法の立法を要求され、それが大会を開催する条件であるかのようにプレッシャーをかけられた各国政府は、国民が享受すべき表現の自由への影響、他の事業者との公平性、既存法が維持してきた秩序とのバランス等の観点から、要求の妥当性をしっかりと検討したのだろうか。オリンピック組織の迫力と、オリンピック招致がもたらす政治的、経済的メリットに幻惑されて、立法の意思決定に至ったのではないだろうか。道理を重視し、分別を大切にする姿勢は、50年以上前の日本の方が勝っていたような気がしてならない。

自粛に基づく意思決定の方が、簡単なのは確かだ。「法的根拠はなさそうだけど、『使ってはいけない』というのであれば、止めておいた方がいいでしょう」、「クレームが来るかもしれないから、その表現は禁句にしておきましょう」、「他の人も『止めておいた方がいい』という立場のようだから、それに倣った方が無難でしょう」、「有力者が法律をつくれといっているのであれば、つくらないわけにはいかないでしょう」。そのような事なかれ主義を貫くならば、摩擦は起きず、波風は立たない。

だが、意思決定にあたり分別を放棄するということは、その決定によって奪われる自由、もたらされる不利益、社会や秩序へもたらされる悪影響に対して見て見ぬ振りをして、私益のために規制を求める者の声や、規制に同調する世間の空気に従うことを良しとする判断に他ならない。それはやがて、声の大きな者の声をさらに増長させ、有力者が思い通りに振る舞える世界につながっていく。それは法律も道徳も無力化した世界である。

時に摩擦が起き、波風が立つことがあったとしても、自粛ではなく〝分別〟を行動原理として物事に向き合う方が、良い世の中になると思うのだが、いかがだろうか。

アンチ・アンブッシュ化する社会に向けて

アンチ・アンブッシュ・マーケティングを推進するオリンピック組織と社会との関わりについて述べてきたが、これを踏まえて、最後にわれわれ自身の生き方も省みたい。

人は、自身あるいは自身周辺（属するコミュニティや社会）の利益を貪欲に追求するものだ。われわれはそのために生きているといっても過言ではなく、それ自体は自然なことで、責められるべきことではない。一方、「自己の利益を追求することで、誰かの自由を制限することがある」ということの自覚が希薄になっていないだろうか。多様性の時代、多様な価値観が主張される時代にあって、このことはいかなる立場においても顧みられるべきものだと考える。すなわち、誰しも自己の利益を追求する際には、要所要所において、その追求行為が他者にどのような影響を及ぼすかについて思いを馳せ、利害が衝突するおそれを感じれば、調整を図り、妥結点を見出すべきである。それが公正公平な社会の在り方だと思うのだ。そして、その調整と妥結の際に判断の拠り所とすべきなのが、すべての者を等しく拘束する法律や社会通念である。

ところが、一部の利益追求者は、自己の過度な利益追求に正当性を与えんがために、都合の良いように意図的に捻じ曲げた（あるいは曖昧にぼかした）法律解釈を喧伝したり、自分で勝手につくったルールを法律であるかのように振りかざしたり、自己の利益追求があたかも社会の共通利益に資するかのように装ったりすることがある。あまつさえ、自己の利益追求に法的な正当性を与えるための立法まで画策することもある。これは法律や社会通念の悪用といってもいい。そうすることで、他者の自由を制限することに対する罪悪感を減じ、他者にもたらす不利益にますます無自覚になっていくのだ。

本書でこれまでつまびらかにしてきたオリンピック組織の行為はその一例でしかない。これに類する巧妙ないし狡猾な利益追求の姿勢は、他のスポーツイベントや、その他の産業界、あるいは学校で、会社で、政治で、インターネット上の議論で、もしかしたら家庭においても、世の中のあらゆる場面で見受けられる機会が増えているように思う（もっとも法律までつくれる集団は相当限られるが）。ある意味では社会全体がアンチ・アンブッシュ化しているともいえよう。

こうした現象が度を越えないように注視していくべきだと考えるが、同時に自由を制限される側の無力さも指摘しておきたい。「禁じられています」、「許されません」、「アウトです」。こうした言葉に、われわれはあまりに弱すぎないだろうか。「私の権利です」、「法律的にそうなっています」といわれたときに、その権利の本当の効力や、法律の正確な解釈を知ろうとしてみたことはあるだろうか。「国民の利益のために甘受すべきです」、「社会的な要請です」といわれたときに、その理屈は本当に筋が通っているかを考えてみたことはあるだろうか。自己の利益を追求する行為が人間の本能に近いものだとしたら、そこに自制が利かなくなることはある程度は起こり得ることだ。法律や社会通念を悪用することの不適切さを訴え続ける必要があると同時に、「言われる側」ももっと賢く、強くなる必要がある。

別に、正しい法律の知識を身に着けて相手を論破すべきだとけしかけたいわけではない。しかし、事なかれ主義に基づく過剰な自粛を肯定し過ぎると、それが自身にもたらす不利益や、社会秩序に及ぼす悪影響にも鈍感になってしまうという危機感は持った方がいい。

誰かから自由を制限されそうになったとき、相手の主張に合理性がなければもちろんのこと、一見して法律上の裏付けや社会通念上の正当性がありそうな主張でも、少し立ち止まって、そこに曖昧さや不合理さがないかと疑う姿勢を取るべきだ。そのうえで、自らの行動を自ら決めることが大切である。このとき、必ずしも相手と戦う必要はない。もちろん戦ってもよいが、他にも、説明を求める、対話をする、信頼できる専門家や身近な誰かに助けを求める、公にして第三者に判断を委ねる、受け流す、無視する、代替手段を考える、あるいは納得したうえで、納得できた部分において相手の主張を受け入れるという手もある。何も考えずただただ〝自粛〟する以外にも、道はたくさんあるのだ。

あとがき——法を敗北させてはいけない

本書を執筆するきっかけとなったのは、2020年東京オリンピック大会の開催が決まった翌年、ある業界団体が主催したアンブッシュ・マーケティング（便乗商法）に関する勉強会に参加したことである。オリンピックやFIFAワールドカップの主要なスポンサー企業の担当者が複数登壇し、大会主催者によるアンブッシュ・マーケティングに対する取り締まりや規制方針に間近で接した経験を語り、その法的な性質を議論するという内容だった。

そこで紹介されたのは、法律で認められた範囲や、一般的な社会常識をやすやすと超えて、市井の人々がオリンピックやワールドカップの盛り上がりに乗じて行おうとする宣伝行為をあの手この手で規制しようとするIOCやFIFAの姿だった。IOCによる「法を超えた権利行使」の実例は、本書においても存分に取り上げた通りだが、それはまさにカルチャーショックであった。

当時、筆者は企業で自社の知的財産やブランドを管理する業務に従事していた。そのような立場で参加した勉強会だったので、「法的根拠もないのにこんなに堂々と権利主張をしてもいいのか」とショックを受けると同時に、「ブランドを保護するためにはここまでやらないといけないのか」と素直に感銘を受けたことを覚えている。法律を拡大解釈することも厭わない、「どんな手段を使ってでもブランドを守る」という強い決意と行動力に、憧憬すら抱いたものである。

ただ、質疑応答の時間には違和感を覚えた。勉強会には、様々な企業の法務担当者が出席していたのだが、どうやら参加者の大部分の関心事は、ＩＯＣらのスタンスから何を学び、自社のブランド保護にどのように生かすかということではなかったようだ。それよりも、彼らは自分の会社がＩＯＣらからクレームを受けるかもしれないという危機感を募らせたのである。その結果、会場からは、講師に対して「お客さんに『金・銀・銅メダル』という触れ込みで賞をプレゼントするキャンペーンもダメですか？」、「『がんばろう日本』もダメですか？」などといった質問が相次ぐ事態となったのである。

本書をお読みになった方はお分かりと思うが、こうした質問に対して、大会主催者を代弁しようとするならば、法律上の基準には拠らずに、大会主催者が問題視するかどうかという基準に拠って回答されることが多い。すなわち、「おそらくダメでしょうね」、「これまでの事例からするとクレームが来ないとも限りませんね」といった、牽制的な回答になることが必定だ。それは想定済みだったのだが、予想外だったのは質問者の反応だ。ほとんどの質問者が「ダメなんですね……気を付けます」と、こうした回答にいとも簡単に屈してしまったのである。「（うちの会社の）現場部門が違反しないように指導しないといけない」と感想を漏らす参加者もいた。

繰り返すが、参加者のほとんどは企業の法務担当者である。各社が企業活動を検討するうえで、その法的妥当性について専門的な知見に基づき判断を下し、責任を持つべきポジションの人々が集まっていたのである。そうした法律のプロフェッショナルであるはずの人々が、堂々とはしているが法的根拠に乏しい主張に対して、やすやすと屈服していく姿に、大げさにいえば「法の敗北」を感じてしまったのである。法務担当者ですらこの有り様なのだから、十分な法律知識を持たない平均的な人々(そこにはマスコミや政府関係者も含まれる)など、IOCらの気迫とレトリックにかかれば、赤子の手をひねるように簡単にコントロールされてしまうことだろう。この状況は、IOCらにとっては望ましいことだろうが、果たして社会にとっては好ましいといえるのだろうか? そんな疑問がふつふつと湧き上がってきたのである。

以来筆者は、IOCらが自身のブランドに強力な保護を与えるために積極的に行動する姿勢に共感し、学びつつ、それと同時に、彼らの行動力に対してあまりにも無防備で脆弱な世間の風潮に歯噛みするという屈折した感情を抱いている。そうした感情を整理したいという思いが、本書執筆の原動力のひとつになったのだと思う。

ふとアンブッシュ・マーケティングの問題から目を離して、世の中を見渡せば、「正義」を自称する主張が様々に対立し、別の「正義」を見つけて攻撃し合い、時にはフェイクニュースのようなでっち上げも繰り広げられる時代である。そのような時代にあって、誰かの主張がいかにもっともらしくとも、それをそのまま受け入れ、屈服してしまうことには、自身の不利益や社会秩序の破壊につながるリスクが伴う。そうしたリスクについて、少しでも注意を喚起できれば嬉しく思う。

本書が完成に至るまでには、多くの方からの重要なご示唆、励まし、ご協力を賜りました。まず、国内におけるアンブッシュ・マーケティングに関する主要な研究者の一人である足立勝氏には深い敬意を表します。氏の先行研究に触れなければ、本書は成立しなかったでしょう。それから、このテーマで初めて講演の機会を与えて下さった若山高一氏、鈴木香織氏、安田和史氏に感謝申し上げます。貴重な経験となり、執筆を進めるうえでも励みになりました。書籍化にあたって丁寧なアドバイスと多大なご協力を下さった濱崎誉史朗氏にも感謝申し上げます。氏とのやり取りや取り組みもまた、執筆を進めるうえでの刺激と励みになりました。そして、打ち合わせや編集作業を通して、本書の内容や構成はもちろんのこと、筆者の物書きとしての姿勢も含めて大変親身にご指導下さった編集者の福田隆雄氏に、厚く御礼申し上げます。

最後に、これからのオリンピックが、自ら理念として掲げる、平等な社会の追求とフェアプレー精神に立ち返り、世界の人々に相互理解と尊重をもたらす公正公平なムーブメントとなることを期待します。

2018年10月14日　友利 昴

主要参考文献

《書籍》

アラン・フェラン、ジャン＝ルー・シャペレ、ベノワ・スガン、原田宗彦（監訳）『オリンピックマーケティング』（スタジオタッククリエイティブ）２０１３年
マイケル・ペイン、保科京子（訳）、本間恵子（訳）『オリンピックはなぜ、世界最大のイベントに成長したのか』（サンクチュアリ・パブリッシング）２００８年
猪谷千春『ＩＯＣ　オリンピックを動かす巨大組織』（新潮社）２０１３年
森喜朗『遺書　東京五輪への覚悟』（幻冬舎）２０１７年
森喜朗、田原総一朗『日本政治のウラのウラ』（講談社）２０１３年
日本体育協会、日本オリンピック委員会『日本体育協会・日本オリンピック委員会１００年史——1911 → 2011 PART 1』（日本体育協会、日本オリンピック委員会）２０１２年

日本オリンピック・アカデミー（編）、日本オリンピック委員会（監修）『オリンピック事典』（プレスギムナスチカ）1981年
足立勝『アンブッシュ・マーケティング規制法』（創耕舎）2015年
高橋由明、早川宏子、ハラルド・ドレス、ステン・ゾェダーマン『スポーツ・マネジメントとメガイベント』（文眞堂）2012年
日本広告審査機構『広告法務Q&A』（宣伝会議）2014年
仁科貞文、田中洋、丸岡吉人『広告心理』（電通）2007年
ジュールズ・ボイコフ、中島由華（訳）『オリンピック秘史　120年の覇権と利権』（早川書房）2018年
加島卓『オリンピック・デザイン・マーケティング』（河出書房新社）2017年
浜田幸絵『日本におけるメディア・オリンピックの誕生　ロサンゼルス・ベルリン・東京』（ミネルヴァ書房）2016年
小川勝『オリンピックと商業主義』（集英社）2012年
ヴィヴ・シムソン、アンドリュー・ジェニングズ、広瀬隆（監訳）『黒い輪　権力、金、クスリ――オリンピックの内幕』（光文社）1992年
青木博通『新しい商標と商標権侵害』（青林書院）2015年
金井重彦、龍村全『エンターテインメント法』（学陽書房）2011年
田村善之『不正競争法概説［第2版］』（有斐閣）2003年

岸川善光『スポーツビジネス特論』（学文社）２０１２年
原田宗彦、木村和彦（編著）『スポーツ・ヘルスツーリズム』（大修館書店）２００９年
海老塚修『スポーツマーケティングの世紀』（電通）２００１年
Phillip Johnson "Ambush Marketing and Brand Protection" (Oxford University Press) 2012
Mark A. McDonald, George R. Milne "Cases in Sport Marketing" (Jones and Bartlett Publishers) 1999
Philip J. Kitchen, Patrick De Pelsmacker "Integrated Marketing Communications: A Primer" (Routledge) 2004
Caroline Symon "The Gay Games: A history" (Routledge) 2012
George Daniels "The Olympic Century V&VI Olympiad Stockholm 1912" (Firefly Books) 1998

《論文》

水戸重之「スポーツと知的財産——オリンピック・マーケティングを中心に」／『パテント』（日本弁理士会）２０１４年４月号
黒田健二「国際的スポーツイベントと知的財産権保護——権利確保からアンブッシュマーケティング対策まで」／『パテント』（日本弁理士会）２０１４年４月号
中村仁、土生真之「スポーツイベントの商標保護——アンブッシュ・マーケティングを中心として」／『パテント』（日本弁理士会）２０１４年４月号

足立勝「2020年東京オリンピックとアンブッシュ・マーケティング規制」／『知財管理』（日本知的財産協会）2016年11月号
足立勝「アンブッシュ・マーケティングの法的問題」／『BUSINESS LAW JOURNAL』（レクシスネクシス・ジャパン）2014年7月号
足立勝「オリンピック開催とアンブッシュ・マーケティング規制法」／『日本知財学会誌』（日本知財学会）2014年第1号
足立勝「著名商標の保護について――アンブッシュマーケティング規制の検討を中心に」／『日本大学知財ジャーナル』（日本大学法学部国際知的財産研究所）2013年3月号
橋本正洋「オリンピック・パラリンピックと商標」／『日本知財学会誌』（日本知財学会）2014年第1号
黒田健二「アンブッシュ・マーケティングの現状と実務上の対策」／『ジュリスト』（有斐閣）2017年4月号
黒田勇、水野由多加、森津千尋「W杯における『待ち伏せ広告』の意味とその社会的インパクト」／『関西大学「社会学部紀要」』第38号第1号（関西大学社会学部）2006年
五十嵐敦、宮澤昭介「オリンピックと知的財産」／『ジュリスト』（有斐閣）2018年1月号
「東京2020組織委員会インタビュー」／『パテント』（日本弁理士会）2018年1月号
橋本裕幸「世界的スポーツイベントとアンブッシュ・マーケティング」／『BUSINESS LAW JOURNAL』（レクシスネクシス・ジャパン）2014年2月号

中川裕茂、李加弟「中国ビジネス法務Q＆A　北京オリンピックの知的財産権（上・下）」／『BUSINESS LAW JOURNAL』（レクシスネクシス・ジャパン）２００８年８、９月号
中川祐「アンブッシュ・マーケティング規制について――現行法解釈の概観」／『国際商事法務』（国際商事法研究所）２０１６年４月号
劉新宇「北京オリンピックに関わるアンブッシュ・マーケティング」／『国際商事法務』（国際商事法研究所）２００８年７月号
原田宗彦「オリンピックとスポンサー」／『Right Now!』（税務経理協会）２００４年10月号
王篠卉「スポーツにおけるアンブッシュ・マーケティングに関する一考察」／『関西大学大学院「人間科学」』（関西大学大学院社会学研究科院生協議会「人間科学」編集委員会）２００６年第64号
森津千尋「２００２年W杯におけるスポンサーシップとアンブッシュマーケティング」／『広報研究』（日本広報学会）２００６年第10号
マイケル・ペイン「マイケル・ペインのTOKYO 2020 ストーリー第６回　アンブッシュマーケティング（便乗広告）を仕掛けるライバル企業を打ち負かす」／『宣伝会議』（宣伝会議社）２０１５年４月号
村田歓吾「オリンピックの知的財産権と新聞」／『朝日総研リポート』（朝日新聞社総合研究センター）１９９６年10月号
福井健策「オリンピック応援禁止令？――ツイート禁止通知と『アンブッシュ』規制法の足音」／CNET Japan 2016. 8. 19

栗原潔「販促担当者が必ず押さえておくべき『アンブッシュ・マーケティング』の境界線」／『販促会議』（宣伝会議社）2013年12月号
冨井美希「商業イベントとしてのオリンピックと知的財産権――アンブッシュマーケティングを巡って」／『特許業務法人深見特許事務所ニューズレター』（深見特許事務所）2017年1月号
大橋良三「オリンピックシンボルの保護に関するナイロビ条約について」／『パテント』（日本弁理士会）1983年3月号
大塚文昭、加藤建二「オリンピックシンボルの保護についてのナイロビ条約」／『パテント』（日本弁理士会）1981年12月号
辻田宏「アメリカの修正『アマチュア・スポーツ法』（The Olympic and Amateur Sports Act Amendments of 1998）に関する研究」／『高知大学教育学部研究報告』（高知大学教育学部）2003年3月号
井上洋一「アメリカのスポーツ法に関する研究――アマチュア・スポーツ法の背景、成立、内容を中心として」／『東京大学教養学部体育学紀要』（東京大学教養学部体育研究室）1990年3月号
北川正「商標法4条1項6号の解釈についての一議論――オリンピック標章の商標法上の保護に関連して」／『発明』（発明協会）1964年2月号
勝本正晃「オリンピック標章の法律的保護について」／『パテント』（日本弁理士会）1964年

8月号

Jerry Welsh "Ambush Marketing: What it is; What it isn't" (Welsh Marketing Associates) 2009
Geoffrey Brewer "Be like Nike?" / "Sales and Marketing Management" (Sales and Marketing Management) 1993. 9
Barbara Ettorre "Ambush Marketing: Heading Them Off At the Pass" / "Management Review" (American Management Association) 1993. 3
Bent Flyvbjerg, Alison Stewart, Alexander Budzier "The Oxford Olympic Study 2016: Cost and Cost Overrun at the Games" / Said Business School Research Paper Series 2016. 7
Scott G. Martyn "An Uncomfortable Circle of Knowledge: An examination of the Nairobi Treaty on the Protection of the Olympic Symbol" / International Symposium for Olympic Research "Global and Cultural Critique: Problematizing the Olympic Games" (International Centre for Olympic Studies, University of Western Ontario) 1998
Ian Blackshaw "Protecting Major Sporting Events with Particular Reference to the 2012 London Olympic Games" / "Entertainment and Sports Law Journal" 2009. 12. 21
Robert K. Barney "An Olympian Dilemma: Protection of Olympic Symbols" / "Journal of Olympic History" Vol. 10 / No. 3 (International Society of Olympic Historians) 2002. 9
Jaco Treurniet "The Official Poster for the Olympic Games in Amsterdam 1928" / "Journal of Olympic History" Vol. 15 / No. 3 (International Society of Olympic Historians) 2007. 11

《データ》

IOC “Olympic Charter”（オリンピック憲章各年度版）

IOC “Olympic Marketing Fact File 2018 Edition”

IOC “IOC Marketing: Media Guide” (London 2012 – PyeongChang 2018)

IOC “Brand Protection: Technical Manual on Brand Protection”

IOC “Editorial Use of The Olympic Properties by Media Organizations”

IOC “Host City Contract Game of the XXXII Olympiad in 2020”

IOC “Host City Contract XXIV Olympic Winter Games in 2022”

IOC “IOC Social and Digital Media Guidelines for persons accredited to the XXIII Olympic Winter Games PyeongChang 2018”

IOC “Guidelines Regarding Authorized Identifications XXIII Winter Olympic Games PyeongChang 2018”

IOC “Report of the 2020 Evaluation Commission”

The Olympic Studies Centre “The Sports Pictograms of the Olympic Summer Games from Tokyo 1964 to Rio 2016”

東京２０２０オリンピック・パラリンピック招致委員会「TOKYO 2020 APPLICATION FILE」（申請ファイル）

東京２０２０オリンピック・パラリンピック招致委員会「TOKYO 2020 CANDIDATURE FILE」（立候補ファイル）
東京オリンピック・パラリンピック競技大会組織委員会「Brand Protection 大会ブランド保護基準（Ver. 4.1）」２０１８年7月

注

第1章

1. 東京オリンピック・パラリンピック競技大会組織委員会「Brand Protection　大会ブランド保護基準（Ver. 4.1)」2018年7月 pp. 11–13
2. 日本オリンピック委員会「JOCマーケティング——オリンピック等の知的財産の保護について」https://www.joc.or.jp/about/marketing/noambush.html
3.『朝日新聞（大阪版)』2013年9月10日夕刊「五輪商法　言葉にご注意」
4.『日本経済新聞』2013年9月30日「五輪商戦　商標に注意」
5.『パテント』2018年1月号（日本弁理士会)「東京2020組織委員会インタビュー」p. 23
6.『sina新闻中心』2007年5月16日「保护奥运知识产权」http://news.sina.com.cn/c/2007-05-16/120413002139.shtml
7. Daily Mail Online 2012. 5. 28 “Take down those rings! Florist falls foul of ban on Games logo - Florist told sued Coca-Cola unless takes Olympic rings window display”　http://www.dailymail.co.uk/news/article-2151093/Florist-told-sued-Coca-Cola-unless-takes-Olympic-rings-window-display.html
8. oiselle BIRD IS THE WORD 2016. 7. 6 “UPDATE: THE BIG EVENT IN EUGENE” http://www.oiselle.com/blog/update-big-event-eugene
9. ESPN 2016. 6. 22 “USOC sends letter warning non-Olympic sponsor companies” http://www.espn.com/olympics/story/_/id/17120510/united-states-olympic-committee-battle-athletes-companies-sponsor-not-olympics
10. IOC『オリンピック憲章　2017年版』第5章規則40付属規則3による。
11. スタジアム内での広告行為は、選手に限らず何人にも許可されないとされている。コラム1参照。
12.「スポニチ　Sponichi Annex」2018. 2. 16「羽生　プーさん愛変わらず　持参できなかったティッシュカバーにホテルで『いってくるよ』」https://www.sponichi.co.jp/sports/news/2018/02/16/kiji/20180216s00077000241000c.html
13. The Los Angeles Olympic Organizing Committee “Official Report of the Organizing Committee of the Games of Los Angeles 1984” (The Los Angeles Olympic Organizing Committee) 1985 p. 233
14. Jerry Welsh “Ambush Marketing: What it is; What it isn't” (Welsh Marketing

Associates) 2009 http://welshmktg.com/WMA_ambushmktg.pdf (2016); Phillip Johnson “Ambush Marketing and Brand Protection” (Oxford University Press) 2012 p. 8

15. Jerry Welsh “Ambush Marketing: What it is; What it isn't” (Welsh Marketing Associates) 2009 http://welshmktg.com/WMA_ambushmktg.pdf (2016)
16. Performance Research “STUDY: AT&T win official race with sprint” http://performanceresearch.com/independent-studies/att-win-official-race-with-sprint/
17. 仁科貞文、田中洋、丸岡吉人『広告心理』（電通）2007 年 p. 274
18. The New York Times 1988. 2. 24 “‘88 Winter Olympics; Corporate Rivalry Far From Calgary Over Games Logo” https://www.nytimes.com/1988/02/24/sports/88-winter-olympics-corporate-rivalry-far-from-calgary-over-games-logo.html
19. Philip J. Kitchen, Patrick De Pelsmacker “Integrated Marketing Communications: A Primer” (Routledge) 2004 p. 100
20. マイケル・ペイン、保科京子（訳）、本間恵子（訳）『オリンピックはなぜ、世界最大のイベントに成長したのか』（サンクチュアリ・パブリッシング）2008 年 pp. 242–243
21.『関西大学大学院「人間科学」』第 64 号（関西大学大学院社会学研究科院生協議会「人間科学」編集委員会）王篠卉「スポーツにおけるアンブッシュ・マーケティングに関する一考察」（2006 年）p. 4
22.『宣伝会議』2015 年 4 月号（宣伝会議社）マイケル・ペイン「マイケル・ペインの TOKYO 2020 ストーリー」p. 109
23. “Sales and Marketing Management” 1993. 9 (Sales and Marketing Management) Geoffrey Brewer ”Be like Nike?” pp. 69, 74
24.『宣伝会議』2015 年 4 月号（宣伝会議社）マイケル・ペイン「マイケル・ペインの TOKYO 2020 ストーリー」p. 109
25.『朝日新聞』1992 年 8 月 19 日「『オリンピック』は名詞か　商標か」
26.『朝日総研リポート』1996 年 10 月号（朝日新聞社総合研究センター）　村田歓吾「オリンピックの知的財産権と新聞」p. 19
27. マイケル・ペイン、保科京子（訳）、本間恵子（訳）『オリンピックはなぜ、世界最大のイベントに成長したのか』（サンクチュアリ・パブリッシング）2008 年 p. 216
28.『朝日新聞』1996 年 7 月 13 日夕刊「フィルム摩擦　五輪場外戦？　富士フイルム選手広告自粛」
29. Los Angeles Times 1996. 8. 4 “Always Coca-Cola? Not for Swimmer” http://articles.latimes.com/1996-08-04/news/ss-31340_1_pepsi-logo
30. マイケル・ペイン、保科京子（訳）、本間恵子（訳）『オリンピックはなぜ、世界

最大のイベントに成長したのか』（サンクチュアリ・パブリッシング）2008 年 p. 225
31. Jerry Welsh "Ambush Marketing: What it is; What it isn't" (Welsh Marketing Associates) 2009 http://welshmktg.com/WMA_ambushmktg.pdf (2016)
32. IOC "Host City Contract XXIV Olympic Winter Games in 2022"（2022 年冬季オリンピック競技大会 開催都市契約）pp. 38–39
33. 足立勝『アンブッシュ・マーケティング規制法』（創耕舎）2015 年 p. 14
34.『関西大学「社会学部紀要」』第 38 巻第 1 号（関西大学社会学部）黒田勇、水野由多加、森津千尋「W杯における『待ち伏せ広告』の意味とその社会的インパクト」2006 年 p. 160
35. ADWEEK 2016. 8. 5 "How Ford Is Snapchatting the Olympics Without Mentioning the Olympics" http://www.adweek.com/brand-marketing/how-ford-snapchatting-olympics-without-mentioning-olympics-172812/
36. もちろん、バンクーバーを擁する州である。
37. CBC news 2009. 12. 17 "Lululemon scolded for linking clothing line to Olympics" http://www.cbc.ca/news/lululemon-scolded-for-linking-clothing-line-to-olympics-1.843999
38. Montreal Gazette 2009. 12. 17 "Lululemon pulls marketing stunt" http://www.pressreader.com/canada/montreal-gazette/20091217/281921654152890
39. The Guardian 2012. 7. 25 "Paddy Power takes legal action against Locog over London ad campaign" https://www.theguardian.com/media/2012/jul/25/paddy-power-action-locog-billboards-campaign
40. Marketing Week 2012. 7. 26 "Paddy Power Olympic ambush avoids ban" https://www.marketingweek.com/2012/07/26/paddy-power-olympic-ambush-avoids-ban/
41. MK 매일경제 MBN 2018. 1. 18「` 평창올림픽 앰부시 마케팅 ` 논란에 SKT, TV 광고 중단」http://news.mk.co.kr/newsRead.php?no=39813&year=2018
42.『朝日新聞』1992 年 8 月 19 日「『オリンピック』は名詞か　商標か」
43.『信濃毎日新聞』1997 年 6 月 19 日「長野五輪　スポンサー権利侵害…　富士写の看板コピー、変更へ」
44.『信濃毎日新聞』1997 年 9 月 15 日「富士フイルムの看板騒動 『五輪想起』で変更」
45.『信濃毎日新聞』1997 年 5 月 30 日「長野五輪　市民の豚汁サービス『OK』NAOC が方針転換」
46. Thestars.com 2012. 7. 31 "London 2012: Porter Airlines forced to remove Facebook message" http://www.thestar.com/sports/olympics/2012/07/31/london_2012_porter_airlines_forced_to_remove_facebook_message.html

47.『毎日新聞』2018 年 3 月 4 日「五輪報告会の公開『規制』JOC は硬直的に過ぎる」
48.『毎日新聞』2018 年 2 月 27 日「五輪壮行会、非公開 『応援』『宣伝』違い不明確 機運損ねる過剰な抑制」
49.「時事ドットコムニュース」2018. 2. 25「五輪 PV 禁止で波紋＝母校困惑『なぜいまさら』――東京へ残る課題〔五輪〕」https://www.jiji.com/jc/article?k=2018022500360&g=spo

コラム 1

50.「読売オンライン」2004. 2. 3「アテネ最前線　記者所持品までテープで覆われ」http://www.yomiuri.co.jp/athe2004/special/saizensen/sa2004020301.htm (2014)
51.『朝日新聞』1992 年 7 月 31 日夕刊「道衣の選手名　使用禁止通達」

第 2 章

52. 1 ドル＝ 110 円で計算。以下本書において同じ。
53. IOC “OLYMPIC MARKETING FACT FILE 2018 EDITION” p. 11
54.『日本経済新聞』2015 年 3 月 14 日「東京五輪へトヨタ動く　IOC 最高位スポンサーに」
55. IOC “OLYMPIC MARKETING FACT FILE 2018 EDITION” p. 15
56.『東京新聞』2015 年 1 月 19 日「五輪スポンサー　最高位 150 億円超」
57. 大会組織委員会ニュースリリース 2016. 10. 31「大日本印刷株式会社および凸版印刷株式会社との東京 2020 スポンサーシップ契約について」https://tokyo2020.jp/jp/news/sponsor/20161031-01.html
58. 株式会社ポケモン　データ一覧 http://www.pokemon.co.jp/corporate/services/ ＊ 2018 年 3 月末時点
59. 猪谷千春『ＩＯＣ　オリンピックを動かす巨大組織』（新潮社）2013 年 pp. 82–83
60.『宣伝会議』1963 年 8 月号（宣伝会議社）「オリンピックに関連した広告キャンペインのアイデア」p. 99
61. 日本オリンピック・アカデミー（編）、日本オリンピック委員会（監修）『オリンピック事典』（プレスギムナスチカ）1981 年 p. 41
62. PyeongChang 2018 Tickets FAQ https://tickets.pyeongchang2018.com/Service/FAQ
63. “Management Review” (American Management Association) 1993. 3 Barbara Ettorre “AMBUSH MARKETING: Heading Them Off At the Pass” p. 55
64. “Journal of Olympic History” Vol. 10 / No. 3 (International Society of Olympic Historians) 2002. 9 Robert K. Barney “An Olympian Dilemma: Protection of Olympic Symbols” p. 11

65. IOC “MARKETING FACT FILE 2018 EDITION” p. 10
66. マイケル・ペイン、保科京子（訳）、本間恵子（訳）『オリンピックはなぜ、世界最大のイベントに成長したのか』（サンクチュアリ・パブリッシング）2008年 pp. 221–222
67. The Guardian 2012. 7. 20 “London 2012: Coe sparks Olympics sponsorship row” https://www.theguardian.com/sport/2012/jul/20/coe-olympics-sponsorship-row
68. The Atlanta Committee for the Olympic Games “The Official Report of The Centennial Olympic Games: Volume 1 Planning and Organizing” (Peachtree Publishers) 1997 p. 269
69. 長野オリンピック冬季競技大会組織委員会、日本オリンピック委員会『スノーレッツからのお願い　長野オリンピックの成功のために私たちにできること』1998年　*足立勝『アンブッシュ・マーケティング規制法』（創耕舎）2015年 p. 19による引用。
70. 日本オリンピック委員会「JOC マーケティング――オリンピック等の知的財産の保護について」https://www.joc.or.jp/about/marketing/noambush.html
71. IOC『オリンピック憲章　2017年版』第1章規則7条第4項
72. IOC『オリンピック憲章　2017年版』第1章規則14条
73. 猪谷千春『ＩＯＣ　オリンピックを動かす巨大組織』（新潮社）2013年 p. 39
74. IOC『オリンピック憲章　2017年版』第2章第15条第1項

第3章

75. 2018年10月現在。2018年の「環太平洋パートナーシップ協定の締結に伴う関係法律の整備に関する法律の一部を改正する法律」に基づき、TPP11の発効によって70年に延長される予定。以下、本書においては2018年10月現在の著作権保護期間に基づき記述する。
76. クーベルタンの著作権保護期間は、保護期間満了時の著作権法の規定により本人の死後50年だが、フランス人である同氏の著作権は、サンフランシスコ平和条約の「戦時加算規定」（連合国民の著作物のうち、戦前・戦時中に著作権が生じた著作物について、太平洋戦争期間相当日数分、著作権保護期間を加算する規定）に基づく戦時加算特例法により、3794日延長される。よって、1937年9月の翌年から50年＋3794日が同氏の著作権保護期間となる。
77. International Symposium for Olympic Research “Global and Cultural Critique: Problematizing the Olympic Games” (International Centre for Olympic Studies, University of Western Ontario) 1998 Scott G. Martyn “An Uncomfortable Circle of Knowledge: An examination of the Nairobi Treaty on the Protection of the Olympic Symbol” pp. 90–91

78. 後述するが商標権等による保護も検討する必要はある。
79. マイケル・ペイン、保科京子（訳）、本間恵子（訳）『オリンピックはなぜ、世界最大のイベントに成長したのか』（サンクチュアリ・パブリッシング）2008年 p. 198
80. “Journal of Olympic History” Vol. 15 / No. 3 (International Society of Olympic Historians) Jaco Treurniet “The Official Poster for the Olympic Games in Amsterdam 1928” 2007. 11 p. 20
81. IOC “IOC Social and Digital Media Guidelines for persons accredited to the XXIII Olympic Winter Games PyeongChang 2018” 2017. 9. 1.
82. ただし、転売などの不正な目的による先取り商標登録は、原則として無効性のある商標権となる。
83. 国によって異なるが、概ね3～5年、継続して使用されていない商標は、請求によって商標権を取り消すことができる。オリンピック組織はこの制度を利用して、多くのオリンピック関連商標を取り消している。
84. 無効2003-35347「がんばれニッポン」事件
85. 同社は2009年までギリシャの国営企業だったためか、商標権のうちいくつかは現在もギリシャ政府の関連機関が保有している。
86. 無効2004-035021「がんばれ！ニッポン！」事件
87. 登録商標第5626678号「TOKYO 2020」出願記録より。以下同。
88. 商標法第3条柱書。もっとも日本の実務上は、実際に使用予定のある商品カテゴリーよりも多少広めの範囲についての商標登録は可能である。あまりに広範な商品カテゴリーを指定した場合など、特許庁が出願人の商標使用実態、使用意思に合理的な疑義があると判断した場合は、登録が拒絶される。
89.『BUSINESS LAW JOURNAL』2014年2月号（レクシスネクシス・ジャパン）橋本裕幸「世界的スポーツイベントとアンブッシュ・マーケティング」p. 85
90.『知財管理』2016年11月号（日本知的財産協会）足立勝「2020年東京オリンピックとアンブッシュ・マーケティング規制」pp. 1388, 1394

コラム3

91. George Daniels “The Olympic Century V&VI Olympiad Stockholm 1912” (Firefly Books) 1998

第4章

92.『パテント』2018年1月号（日本弁理士会）「東京2020組織委員会インタビュー」p. 23
93. Les Echos 2004. 12. 1 “Protection: le parcours d’obstacles d’une marque notoire”

https://www.lesechos.fr/01/12/2004/LesEchos/19297-059-ECH_protection---le-parcours-d-obstacles-d-une-marque-notoire.htm; "The Trademark Reporter ANNUAL REVIEW" Vol. 96 March-April 2006 (International Trademark Association) p. 404
94. 異議 2009-900080「photolympics／フォトリンピック」事件
95. 無効 2016-890064「オカリンピック／Ocalympic」事件
96. 異議 2012-900101「やきとリンピック」事件
97. 異議 2010-900314「YAKITOLYMPIC／やきとリンピック」事件
98. カナダの商標法には、他人と同一主体によって商品等が製造販売等されているかのような混同を引き起こすおそれのある方法によって、商品等に対する大衆の注意を喚起する行為を禁じる旨が含まれる（カナダ商標法第6条、第7条）。
99. TSN 2016. 1. 6 "COC loses fight over emails in ambush marketing battle" https://www.tsn.ca/coc-loses-fight-over-emails-in-ambush-marketing-battle-1.418846
100. Canadian Olympic Committee 2016. 10. 19 "The North Face Makes Significant Donation to the Canadian Olympic Foundation" https://olympic.ca/press/the-north-face-makes-significant-donation-to-the-canadian-olympic-foundation/
101. The Sydney Morning Herald 2016. 7. 15 "Australian Olympic Committee sues Telstra over 'I go to Rio' ads" https://www.smh.com.au/business/companies/australian-olympic-committee-sues-telstra-over-i-go-to-rio-ads-20160715-gq6y8m.html
102. Australian Olympic Committee, Inc v. Telstra Corporation Limited. 2017 (Federal Court of Australia Full Court 165)
103. National Hockey League v. Pepsi-Cola Ltd., 1995 CanLII 2102 (British Colombia Supreme Court)
104.『ジュリスト』2017年4月号（有斐閣）黒田健二「アンブッシュ・マーケティングの現状と実務上の対策」p. 37
105. Mark A. McDonald, George R. Milne "Cases in Sport Marketing" (Jones and Bartlett Publishers) 1999 p. 189
106. 異議 2002-090106「恋文ロマン」事件
107. Daily Mail Online 2012. 5. 28 "Take down those rings! Florist falls foul of ban on Games logo - Florist told sued Coca-Cola unless takes Olympic rings window display" http://www.dailymail.co.uk/news/article-2151093/Florist-told-sued-Coca-Cola-unless-takes-Olympic-rings-window-display.html
108.『朝日総研リポート』1996年10月号（朝日新聞社総合研究センター） 村田歓吾「オリンピックの知的財産権と新聞」p. 19
109. マイケル・ペイン、保科京子（訳）、本間恵子（訳）『オリンピックはなぜ、世界最大のイベントに成長したのか』（サンクチュアリ・パブリッシング）2008年 p.

245
110. Teligence 2009. 6. 7 “Interactive Male Logo Registration Challenged by Canadian Olympic Committee” http://home.teligence.net/news/interactive-male-logo-registration-challenged-canadian-olympic-committee (2014)
111. THE GLOBE AND MAIL 2004. 10. 29 “Olympia Pizza ordered to scrap logo” http://www.theglobeandmail.com/news/national/olympia-pizza-ordered-to-scrap-logo/article18275803/
112. CBCnews 2004. 12. 29 “2010 organizers threaten legal action over restaurant sign” http://www.cbc.ca/news/canada/british-columbia/2010-organizers-threaten-legal-action-over-restaurant-sign-1.481798
113. OLYMPIA RESTAURANT ON DENMAN “Site of the 2010 Olympics Uprising!” http://www.olympiapizza.com/About.html
114. MTV NEWS 2005. 5. 8 “Olympic Hopefuls Forced to Change Their Name” http://www.mtv.com/news/1507047/olympic-hopefuls-forced-to-change-their-name/
115.『パテント』2018 年 1 月号（日本弁理士会）「東京 2020 組織委員会インタビュー」p. 22
116.『朝日新聞（大阪版）』2013 年 9 月 10 日夕刊「五輪商法　言葉にご注意」
117.『朝日新聞』2013 年 9 月 11 日「「五輪」セールはダメ」
118.『日本経済新聞』2013 年 9 月 30 日「五輪商戦　商標に注意」
119.『宣伝会議』2013 年 11 月号（宣言会議社）原田宗彦「オリンピックマーケティングと日本企業の活路。」pp. 21–23
120.『宣伝会議』2013 年 11 月号（宣言会議社）「IOC のスポーツマーケティング　公式スポンサーとその権利」p. 51
121. JARO（日本広告審査機構）2011. 4. 1「広告にオリンピック関連の表現を入れることは可能か？」http://www.jaro.or.jp/ippan/bunrui_soudan/sonota01.html
122. JARO（日本広告審査機構）2013. 9. 13「『祝！東京決定』 NG の恐れのあるオリンピック広告の表現例」http://www.jaro.or.jp/ippan/saikin_shinsa/20130913.html
123. 日本広告審査機構『広告法務Ｑ＆Ａ』（宣伝会議）2014 年 pp. 173–174
124. JTB パブリッシング法人営業統括部 2016. 11「東京 2020 オリンピック・パラリンピック競技大会の広告表現についてのお願い」http://www.rurubu.com/adsales/files/guide/tokyo.pdf
125.「日刊サイゾー」2016. 7. 14「松岡修造大困惑、事務所はブチ切れ !! 『C.C. レモン』イベントでマスコミ大混乱のワケ」http://www.cyzo.com/2016/07/post_28807_entry.html

126. JARO（日本広告審査機構）2016. 4. 21「オリンピック関連の広告事例――2016リオ編」http://www.jaro.or.jp/ippan/saikin_shinsa/20160421.html
127.『パテント』2014年4月号（日本弁理士会） 中村仁、土生真之「スポーツイベントの商標保護――アンブッシュ・マーケティングを中心として」pp. 27, 29
128.『産経新聞』2006年6月19日 黒田勇「認知度高める便乗広告」
129.『関西大学「社会学部紀要」』第38巻第1号（関西大学社会学部）黒田勇、水野由多加、森津千尋「W杯における『待ち伏せ広告』の意味とその社会的インパクト」2006年 pp. 169–170
130.「CNET Japan」2016. 8. 19 福井健策「オリンピック応援禁止令？――ツイート禁止通知と『アンブッシュ』規制法の足音」https://japan.cnet.com/article/35087137/
131.『販促会議』2013年12月号（宣伝会議社）栗原潔「販促担当者が必ず押さえておくべき『アンブッシュ・マーケティング』の境界線」pp. 42–43
132.『特許業務法人深見特許事務所ニューズレター』2017年1月号（深見特許事務所）冨井美希「商業イベントとしてのオリンピックと知的財産権――アンブッシュマーケティングを巡って」p. 25

コラム4

133.『朝日新聞』1992年8月19日「『オリンピック』は名詞か 商標か」
134.『AERA』1996年8月5日号（朝日新聞社）「JOCが進める言葉狩り 五輪と使っちゃ駄目」
135. 異議2006-090198「日本数学オリンピック」事件

第5章

136.『宣伝会議』1963年12月号（宣伝会議社）伊能繁次郎「オリンピック標章・標語使用制限の立法化について」p. 61
137. San Francisco Arts & Athletics, Inc. v. United States Olympic Committee, 483 U.S. 522 1987 (U.S. Supreme Court)
138. Govtrack “S. 2727 (95th): Amateur Sports Act” https://www.govtrack.us/congress/bills/95/s2727/text において条文を確認。
139. Caroline Symon “The Gay Games: A history” (Routledge) 2012 p. 56
140. Los Angeles Times 1989. 6. 15 “Long Arm of Law to Flex Its Muscle in Police Games” http://articles.latimes.com/1989-06-15/news/ve-2389_1_police-officers-police-games-police-olympics
141. National Senior Games Association “A Brief History of the NSGA” http://nsga.com/30history

142. ニュージャパンキックボクシング連盟2009. 11. 27「11月28日の試合が【赤十字竜】ラストマッチに！」http://www.njkf.info/news2009/1127.html
143. 日テレプラス2016年11月26日放送「日テレ　HALLOWEAN LIVE 2016」
144. International Symposium for Olympic Research “Global and Cultural Critique: Problematizing the Olympic Games” (International Centre for Olympic Studies, University of Western Ontario) 1998 Scott G. Martyn “An Uncomfortable Circle of Knowledge: An examination of the Nairobi Treaty on the Protection of the Olympic Symbol” p. 89
145.『パテント』1983年3月号（日本弁理士会）大橋良三「オリンピックシンボルの保護に関するナイロビ条約について」p. 66
146.『パテント』1983年3月号（日本弁理士会）大橋良三「オリンピックシンボルの保護に関するナイロビ条約について」p. 66、『朝日新聞』1988年7月25日「’88オリンピック社会学（3）」
147. Australian government Federal Register of Legislation “Sydney 2000 Games (Indicia and Images) Protection Act 1996” https://www.legislation.gov.au/Details/C2004C07359において条文を確認。
148. ICANN “Email from IOC & Redcross trademark counsel” https://community.icann.org/pages/viewpage.action?pageId=30343723, https://community.icann.org/download/attachments/30343723/Annex%20B%20Greece%20Legislation.docより条文の英訳を取得。
149. WIPO Lex “Regulations on the Protection of Olympic Symbols” http://www.wipo.int/wipolex/en/details.jsp?id=6368において条文を確認。
150. 中国では「オリンピック」は「奥林匹克」と翻訳されるが、略称として「奥運」の語も使われる。日本でいう「五輪」のようなものか。
151.『BUSINESS LAW JOURNAL』2008年9月号（レクシスネクシス・ジャパン）中川裕茂、李加弟「中国ビジネス法務Q&A　北京オリンピックの知的財産権（下）」p. 80
152.『朝日新聞』2008年8月5日夕刊「五輪便乗　懲りぬ『商魂』」
153. Legislation.gov.uk “London Olympic Games and Paralympic Games Act 2006” http://www.legislation.gov.uk/ukpga/2006/12/contentsにおいて条文を確認。
154. Entertainment and Sports Law Journal 2009. 12. 21 Ian Blackshaw “Protecting Major Sporting Events with Particular Reference to the 2012 London Olympic Games” https://www.entsportslawjournal.com/articles/10.16997/eslj.50/
155. Financial Times 2012. 7. 21 “Warning on Olympic brand ‘insanity’” https://www.ft.com/content/df5c6008-d282-11e1-abe7-00144feabdc0
156. WIPO Lex “Law No. 12.035/09 of October 1, 2009 (the Olympic Act)” http://www.

wipo.int/wipolex/en/details.jsp?id=16230において条文を確認。
157. WIPO Lex “Law No. 13.284 of May 10, 2016” http://www.wipo.int/wipolex/en/details.jsp?id=16232において条文を確認。
158.「THE PAGE」2016. 08. 19「リオ五輪で目立つ空席。現地では本当に盛り上がっているのか？」https://thepage.jp/detail/20160817-00000005-wordleafs
159.『宣伝会議』2015年4月号（宣伝会議社）マイケル・ペイン「マイケル・ペインのTOKYO 2020ストーリー」p. 107
160. IOC『オリンピック憲章　1974年版』pp. 52, 55
161. 東京2020オリンピック・パラリンピック招致委員会「TOKYO 2020 APPLICATION FILE（申請ファイル）」2012年2月13日提出 p. 37
162. 東京2020オリンピック・パラリンピック招致委員会「TOKYO 2020 CANDIDATURE FILE（立候補ファイル）」2013年1月8日提出 p. 66

コラム5

163. 東京2020オリンピック・パラリンピック招致委員会「TOKYO 2020 CANDIDATURE FILE（立候補ファイル）」2013年1月8日提出 p. 66
164. IOC “Report of the 2020 Evaluation Commission” (2013. 4. 19) p. 66
165. 森喜朗『遺書　東京五輪への覚悟』（幻冬舎）2017年 p. 38
166.『読売新聞』2018年3月3日夕刊「『五輪便乗』過剰規制せず」

第6章

167.『朝日新聞』1950年3月30日「五輪マークに制限」
168.『発明』1964年2月号（発明協会）北川正「商標法4条1項6号の解釈についての一議論――オリンピック標章の商標法上の保護に関連して」pp. 47–48
169.『週刊新潮』1959年6月8日増大号（新潮社）「東京五輪で頭を使え」p. 107
170.『週刊新潮』1959年6月15日号（新潮社）「『商戦オリンピック』開始」p. 22
171.『経済往来』1959年7月号（経済往来社）大宅壮一、加納久朗「東京オリンピックをこなすには」p. 165
172.『週刊新潮』1959年6月8日増大号（新潮社）「東京五輪で頭を使え」p. 107
173.『オール生活』1959年8月号（実業之日本社）「いまから準備すべきオリンピック目当ての金もうけ法」pp. 26–28
174.『読売新聞』1959年6月7日「五輪マーク　商標などにはダメ」
175.『週刊読売』1960年9月4日号（読売新聞社）「〔ローマ発〕の意外！東京五輪の目算狂わせる報道」p. 4
176.『週刊東京』1959年8月22日号（東京新聞社）「五輪マーク三億円なり」p. 53
177. 当時は五輪マークの管理は各国NOCに委ねられており、事実上、IOCの管理は

及んでいなかった（名目上はIOCの資産であった）。今日では、NOCや大会組織委員会が独断で五輪マーク単独の使用許諾を出すことはない。
178.『新週刊』1962年6月14日号（新週刊社）「東京オリンピックまであと842日だが」p. 99
179.『週刊現代』1963年9月19日号（講談社）「プレ・オリンピックニュース　守りきれなかった聖五輪」p. 102
180.『パテント』1964年8月号（日本弁理士会）勝本正晃「オリンピック標章の法律的保護について」pp. 7–8
181.『実業の世界』1962年12月号（実業之世界社）「チョコレート・オリンピック騒動」p. 90
182.『宣伝会議』1962年12月号（宣言会議社）片柳忠男「誇大広告とその影響　グリコの広告をめぐって」p. 48
183. 1960年代初頭は、このような誇大広告、不当表示等の問題が世間を賑わせており、1962年にこうした行為を規制する景品表示法が制定されている。
184.『宣伝会議』1963年5月号（宣伝会議社）鈴木良徳「オリンピックは広告に利用できるか」p. 88
185.『発明』1964年2月号（発明協会）北川正「商標法4条1項6号の解釈についての一議論——オリンピック標章の商標法上の保護に関連して」p. 48、『パテント』1964年8月号（日本弁理士会）勝本正晃「オリンピック標章の法律的保護について」pp. 14–15
186.『パテント』1964年8月号（日本弁理士会）勝本正晃「オリンピック標章の法律的保護について」p. 15
187.『カラーデザイン』1963年4月号（日本繊維意匠センター）「オリンピックのデザイン——標章、標語の使用をめぐって」p. 28
188.『カラーデザイン』1963年4月号（日本繊維意匠センター）「オリンピックのデザイン——標章、標語の使用をめぐって」p. 29
189.『宣伝会議』1963年5月号（宣伝会議社）鈴木良徳「オリンピックは広告に利用できるか」p. 86
190.『宣伝会議』1963年7月号（宣伝会議社）花輪勇、小林利雄、山田吉弥、小谷正一、久保田孝「オリンピックに関連した広告キャンペインのアイデア集」pp. 10–17
191.『宣伝会議』1963年8月号（宣伝会議社）花輪勇、小林利雄、山田吉弥、小谷正一、久保田孝「オリンピックに関連した広告キャンペインのアイデア　つづき」pp. 96–101
192.『宣伝会議』1963年7月号（宣伝会議社）花輪勇、小林利雄、山田吉弥、小谷正一、久保田孝「オリンピックに関連した広告キャンペインのアイデア集」pp. 10–

17

193.『読売新聞』1963年8月14日、『パテント』1964年8月号（日本弁理士会）p. 7、『週刊サンケイ』1964年1月6日号（扶桑社）p. 20、「第46回国会　衆議院オリンピック東京大会準備促進特別委員会議録　第3号」（1964年2月28日）

194. 知財誌『パテント』1964年8月号（日本弁理士会）には、法学者、勝本正晃の「（不正競争防止法の）内容は何れも、営業上の取引の信用の保護を目的とするものであるから、オリンピック標章の保護とは直接関係がない」とする見解が掲載されている。

195. 103ページの通り、IOC名義の著作物とした場合には日本では1944年で著作権が満了していると考えることもできる。

196.『読売新聞』1963年8月14日「五輪マーク乱用に初の訴訟」

197.『週刊読売』1963年9月1日号（読売新聞社）「オリンピック・コーナー　乱用まかりならぬ五輪マークの著作権」p. 26

198.『毎日新聞』1963年8月3日「五輪マーク盗用、強く取締り」

199.『経済往来』1963年11月号（経済往来社）与謝野秀、木舎幾三郎「オリンピックは引受けた」pp. 50–51

200.『読売新聞』1963年1月20日夕刊「はんらんする五輪マーク　商売繁盛の切り札？」

201.『宣伝会議』1963年5月号（宣伝会議社）鈴木良徳「オリンピックは広告に利用できるか」p. 85

202.『経済往来』1964年5月号（経済往来社）鈴木良徳「オリンピックと商標」p. 151

203.『週刊現代』1963年9月19日号（講談社）「プレ・オリンピックニュース　守りきれなかった聖五輪」pp. 102–103

204.『週刊読売』1963年9月1日号（読売新聞社）「オリンピック・コーナー　乱用まかりならぬ五輪マークの著作権」p. 26

205.『宣伝会議』1963年12月号（宣伝会議社）小谷正一、松沢一鶴、宮尾敏一、花輪勇、松丸稲雄、久保田孝「東京オリンピックに関連して〈広告・販売のキャンペーン〉を企画する人のために」p. 11

206.『宣伝会議』1963年12月号（宣伝会議社）小谷正一、松沢一鶴、宮尾敏一、花輪勇、松丸稲雄、久保田孝「東京オリンピックに関連して〈広告・販売のキャンペーン〉を企画する人のために」p. 19

207.『宣伝会議』1963年12月号（宣伝会議社）「標章使用申請についての実例」pp. 42–44

208.「第46回国会　衆議院オリンピック大会準備促進特別委員会議録　第2号」（1964年1月27日）

209.「第 46 回国会　衆議院予算委員会議　10 号」(1964 年 2 月 8 日)
210.「第 46 回国会　衆議院オリンピック東京大会準備促進特別委員会議録　第 3 号」(1964 年 2 月 28 日)
211.『パテント』1964 年 8 月号（日本弁理士会）勝本正晃「オリンピック標章の法律的保護について」 p .14
212.『名古屋商工会議所月報』1964 年 9 月号（名古屋商工会議所）「オリンピック標章使用による東京大会時の歓迎装飾について」p. 18
213.『商業界』1964 年 10 月号（商業界）「商店で使えるオリンピックの装飾」p. 9、「東京オリンピック大会　歓迎装飾と東京都の事例」p. 159
214.『ドレスショップ』1964 年 11 月号（私のきもの社）うらべ・まこと「オリンピックが日本の衣料分野にどんな影響を与えるか」p. 57
215.『商店界』1964 年 11 月号（誠文堂新光社）大久保秋人「オリンピック・ムードのサイン」p. 122
216.『商業界』1964 年 1 月号（商業界）成島忠昭「オリンピックと商店」p. 73
217. 東京地裁昭 39（ヨ）5994 号
218.『読売新聞』1964 年 10 月 4 日夕刊「オリンピック商戦　マークのハンラン」
219.『広告月報』第 55 号（朝日新聞社）向秀男「意外に静かだった《広告・1964・TOKYO》オリンピック広告」p. 8
220.『印刷界』1964 年 11 月号（日本印刷新聞社）「オリンピックにかけた宣伝印刷物」p. 28
221.『宣伝』1964 年 10 月号（綜合宣伝社）増田太次郎「オリンピックとチラシ広告の作り方」pp. 34–35
222.『宣伝会議』1965 年 1 月号（宣伝会議社）内藤俊夫「オリンピック CM 総決算」p. 35
223.『宣伝会議』1965 年 1 月号（宣伝会議社）内藤俊夫「オリンピック CM 総決算」p. 40
224.『発明』1963 年 5 月号（発明協会）直江博史「被服デザインに表われたオリンピックブーム」pp. 34–35
225.『週刊読売』1964 年 2 月 9 日号「火ぶたを切った “TOKYO 作戦 ”」p. 14
226.『商店界』1964 年 11 月号（誠文堂新光社）大久保秋人「オリンピック・ムードのサイン」p. 122

図表出典一覧

図1　Oiselle BIRD IS THE WORD 2016. 7. 4 (updated 2016. 8. 7) “NEW OLYMPIAN KATE GRACE IS GOING TO THE RODEO!” https://www.oiselle.com/blog/new-olympian-kate-grace-going-rio

図2　YouTube NHK「【NHK】【ノーカット実況なし】飛んだ！ほえた！泣いた！羽生結弦、金メダル！〈ピョンチャン〉」https://www.youtube.com/watch?v=joZmOrknpRE

図3・4　YouTube OLYMPIC CHANNEL “3 Flips & 5 Twist Aerial Wins Gold For Ales Valenta | Olympic Records” https://www.youtube.com/watch?v=uoBnRCeM_5o

図5　アメリカン・エキスプレス CM（1992年）

図6　ABC “1988 Calgary Winter Olympics Opening Ceremony”

図7　『信濃毎日新聞』1992年6月12日

図8　NBC “1996 Atlanta Olympics Opening Ceremony”

図9　NIKE NEWS 2012. 7. 25 “Nike Launches ‘Find Your Greatness’ Campaign” https://news.nike.com/news/nike-launches-find-your-greatness-campaign-celebrating-inspiration-for-the-everyday-athlete

図10　Eric McClellan “SNAPCHAT X FORD: WE ARE ALL FANS” https://www.ericmcclellan.work/we-are-all-fans/

図11　Korea Federation of Advertising Associations「연아와 함께 2018 평창 응원하기」https://www.adic.or.kr/ad/tv/show.do?ukey=1651814&oid=@251791|7|4

図12　ジェットスター航空ウェブサイト（2013年）http://www.jetstar.com/jp/ja/special-offers

図13　筆者私物

図14　ハウス食品 CM（1992年）

図15　『日刊スポーツ』2018年2月22日「丸わかり平昌五輪ガイド」

図16　パナソニック CM（2017年）

図17　日本生命保険 CM（2017年）

図18　IOC “OLYMPIC MARKETING REVENUE SOURCES AND DISTRIBUTION” https://www.olympic.org/ioc-financing-revenue-sources-distribution

図19　“Journal of Olympic History” Vol. 10/ No. 3 (International Society of Olympic

Historians) 2002.9 Robert K. Barney “An Olympian Dilemma: Protection of Olympic Symbols” p. 9

図 20　日本オリンピック委員会「JOC マーケティング――オリンピック等の知的財産の保護について」http://www.joc.or.jp/about/marketing/noambush.html

図 21　日本オリンピック委員会「オリンピック開催地一覧＆ポスター 1928 年アムステルダム大会」http://www.joc.or.jp/games/olympic/poster/1928.html

図 22　THE OLYMPIC MUSEUM SHOP WEB SITE　http://shop.olympic.org/en/product/index/view/id/492/product/en-chf-amsterdam-1928-games-poster-492

図 23　TMView 及び各国の特許庁データベースを参考に筆者作成

図 24　Flickr https://www.flickr.com/photos/aero_icarus/5832443259/in/photostream/

図 25　PPG 建築仕上が登録商標 1285713 号について米国特許商標庁に提出した商品画像（米国特許商標庁ウェブサイト）

図 26　YouTube Evania Hotels “Conociendo el Evenia Olympic Resort con Dron” https://www.youtube.com/watch?v=RxfFR0c43Jc

図 27　各商標公報

図 28　各商標公報、審決公報

図 29・30　ザ・ノース・フェイス（アメリカ）ウェブサイト（2014 年）https://www.thenorthface.com/

図 31　テルストラ CM（2016 年）

図 32-1　BORAD GAME GEEKS “Legend of the Five Rings” https://boardgamegeek.com/boardgame/1887/legend-five-rings

図 32-2　Alderac Entertainment Group “Legend of the Five Rings”（2016 年）https://www.l5r.com/

図 33　商標公報（第 4524436 号）

図 34　『朝日新聞』1996 年 6 月 17 日夕刊

図 35-1　インタラクティブ・メイル ウェブサイト https://www.interactivemale.com/

図 35-2　The Olympic Studies Centre “The Sports Pictograms of the Olympic Summer Games from Tokyo 1964 to Rio 2016” 2017 p. 11

図 36　Google Maps

図 37　『朝日新聞（大阪版）』2013 年 9 月 10 日夕刊「五輪商法　言葉にご注意」

図 38　『TOKYO TREND RANKING』2016 年 8 月号（ぐるなび、東京地下鉄）表紙

図 39　London Olympic Games and Paralympic Games Act 2006

図 40　『月刊屋内外広告』1964 年 10 月号（屋外広告通信社）表紙

図 41　『朝日新聞』1962 年 1 月 1 日

図42　『読売新聞』1964年10月5日（グリコ「アーモンドチョコレート」広告）
図43　『毎日新聞』1964年9月26日「五輪マーク　JOCに専用権なし」
図44　『宣伝』1964年10月号（綜合宣伝社）増田太次郎「オリンピックとチラシ広告の作り方」p. 35
図45　『朝日新聞』1964年10月7日
図46　『読売新聞』1964年10月1日
図47　『宣伝会議』1965年1月号（宣伝会議社）内藤俊夫「オリンピックCM総決算」p. 36
図48　桃屋ウェブサイト「懐かしののり平アニメCM――オリンピック水泳篇（1964年）」https://www.momoya.co.jp/gallery/norihei/cm/detail/315/

＊なお、参照、引用元がウェブサイト文献のものは、その最終アクセスは特掲したものを除き2018年7月16日。

友利昴（ともり・すばる）

著述家。慶應義塾大学環境情報学部卒業。1級知的財産管理技能士（コンテンツ／ブランド専門業務）。知的財産、ブランド論を中心に著述活動や講義を行う。主な著書に『それどんな商品だよ！――本当にあったへんな商標』（イースト・プレス）、『へんな商標？』、『へんな商標？　2』（発明推進協会）、『日本人はなぜ「黒ブチ丸メガネ」なのか』（KADOKAWA）、『30万円で素敵なお墓を建てる』（夏目書房新社）などがある。

オリンピックvs便乗商法——まやかしの知的財産に忖度する社会への警鐘

２０１８年11月20日　初版第１刷印刷
２０１８年11月30日　初版第１刷発行

著　者　友利 昴

発行者　和田 肇
発行所　株式会社作品社
〒１０２-００７２　東京都千代田区飯田橋２-７-４
電話　０３-３２６２-９７５３
ファクス　０３-３２６２-９７５７
振替口座　００１６０-３-２７１８３
ウェブサイト http://www.sakuhinsha.com

装幀　コバヤシタケシ
本文組版　大友哲郎
印刷・製本　シナノ印刷株式会社

ISBN978-4-86182-726-6　C0032　Printed in Japan

新版

テロルの現象学

観念批判論序説

笠井 潔

刊行時大反響を呼んだ作家の原点。連合赤軍事件とパリへの“亡命”という自らの《68年》体験を綴りながら、21世紀以降の未来に向けた新たなる書下ろしとともに、復活！

虚構内存在

筒井康隆と〈新しい《生》の次元〉

藤田直哉

貧困にあえぐロスジェネ世代…、絶望の淵に立たされる今、高度電脳化世界の〈人間〉とは何かを根源から問う。10年代本格批評の誕生！　巽孝之氏推薦！

シン・ゴジラ論

藤田直哉

破壊、SIN、享楽、WAR、神。　ぼくらは、なぜ、〈ゴジラ〉を求めるのか？　その無意識に潜む“何か”を析出し、あらゆるゴジラという可能性を語り尽くす、新しい「ゴジラ論」。

テロルとゴジラ

笠井潔

半世紀を経て、ゴジラは、なぜ、東京を破壊しに戻ってきたのか？　世界戦争、群集の救世主、トランプ……「シン・ゴジラ」を問う表題作をはじめ、小説、映画、アニメなどの21世紀的文化表層の思想と政治を論じる著者最新論集。

創造元年1968

笠井潔×押井守

文学、メシ、暴力、エロ、SF、赤軍、ゴジラ、神、ルーザー、攻殻、最終戦争…。“創造”の原風景、1968年から逆照射される〈今〉とは？半世紀を経たこの国とTOKYOの姿を徹底的に語り尽くす。

3・11の未来

日本・SF・創造力

笠井潔／巽孝之 編

小松左京、最後のメッセージ。豊田有恒、瀬名秀明、押井守ほか、SF作家ら26名が、いま考える。科学と言葉、そして物語……。

ジョジョ論

杉田俊介

荒木飛呂彦『ジョジョの奇妙な冒険』の天才的な芸術世界は、連載30周年を迎えてますます加熱する！苛烈な闘争の只中においてなお、あらゆる人間の“潜在能力”を絶対的に信じぬく、その思想を気鋭の批評家が明らかにする！

戦争と虚構

杉田俊介

いかにフィクションは戦争に抗するのか？　転換期としての2010年代。『シン・ゴジラ』『君の名は。』、押井守、宮崎駿、安倍晋三、東浩紀……、それらをつなぎ合わせたとき、見えてくる未来とは。新たなる時評＝批評の形。

◆作品社の本◆

なぜ世界中が、ハローキティを愛するのか？

“カワイイ”を世界共通語にしたキャラクター

クリスティン・ヤノ
久美薫 訳

世界を席巻した秘密と戦略

日本の「カワイイ」文化は世界を席巻し、“ジャパンクール"を象徴する言葉となった。その先頭旗手こそが“ハローキティ"である。いかにキティは、国境や文化を乗り越え、人種やジェンダーをも超えて愛され、さらにはパンクやLGBTの人々のアイコンになるまでに至ったか?

サンリオの理念と戦略、海外での社会的背景の調査、そして世界のキティファンへのインタビュー等を通じ、その謎と秘密を解き明かす。

◆作品社の本◆

クローザー
マリアノ・リベラ自伝

金原瑞人／樋渡正人訳

MLB記録の652セーブをあげた史上最高のクローザーが、母国パナマで父の船に乗っていた漁師時代、ドラフト外でのヤンキース入団、5度のワールドシリーズ制覇をはじめとする栄光の数々、そして2013年の引退まで、自らのすべてを語り尽くす！